U0659006

两代弦歌三春晖

钱辉 著

九州出版社
JIUZHOUPRESS

图书在版编目（CIP）数据

两代弦歌三春晖 / 钱辉著. -- 北京 : 九州出版社，
2022.7

ISBN 978-7-5225-1018-7

Ⅰ．①两… Ⅱ．①钱… Ⅲ．①钱辉—回忆录 Ⅳ.
①K825.46

中国版本图书馆CIP数据核字(2022)第110059号

两代弦歌三春晖

作　者	钱　辉
策划编辑	李黎明
责任编辑	周弘博
装帧设计	吕彦秋
出版发行	九州出版社
地　址	北京市西城区阜外大街甲 35 号（100037）
发行电话	（010）68992190/3/5/6
网　址	www.jiuzhoupress.com
印　刷	三河市兴博印务有限公司
开　本	880 毫米×1230 毫米　32 开
印　张	12.75
字　数	270 千字
版　次	2022 年 10 月第 1 版
印　次	2022 年 10 月第 1 次印刷
书　号	ISBN 978-7-5225-1018-7
定　价	88.00 元

自序

父母教我当教师

"谁言寸草心，报得三春晖。"

说起我对父母亲的认识，那是在中年以后才开始的。我出生于 1940 年，算来，今年虚八十三岁了。

我从十来岁就得到警告，要"划清界限"，这四个字震耳欲聋。懵懂年幼的我，不知道父亲、母亲是什么样的人。我把我对他们的爱恋，藏在我的心的深处。浮现在脑海的，是一些问题，一些无解的问题：我该不该爱他们？我该不该敬他们？父亲、母亲究竟是怎样的人？界限，究竟是怎样的线？

后四十年，是寻求答案的四十年。

我在母亲膝下，生活了十八年。后来回忆起一幕幕发生的故事，像食草动物的反刍，在反复的咀嚼、回忆与思考中，我认识了内在的本真，可以说是温故而知新。母亲的引导，让我从一个城市里长大的娇娇妹，走向了乡村，逐渐成长为一个能赤脚在田埂上奔跑，能栽秧割麦的乡村教师。母亲因病离开学校，虽然长期不在讲台，但是她的社会形象仍是教师的形象，得到周围群众的认可。直到几十年后，女儿行走西山，走过镇夏老街，还遇到街坊邻居，跟她说起当年的张老师……

在母亲离开我之后不久，继母来到我的生活中。前后二十年，她多次来大陆，为父亲寻找墓地，为父亲出版全集，举办国学夏令营，跑了很多地方，做了很多事情。我有机会和她一起，做她的助手，了解她的想法做法。我们之间建立了亦师亦友、亦姐亦母的亲密关系。我对她深刻的印象就是认真、努力。

她非常关心西山的发展，选择落户西山后，她曾经想为西山群众的读书阅览做一点事情。她两次为太湖西山大桥建设捐款。在我们到台湾去游览时，她用了相当多的时间，叫我们去参观台湾的农业，希望对西山的农业农村发展有所帮助。

我曾陪她到过上海、南京、杭州、广州、北京，有不少时间可以交谈，但所谈大多围绕工作，极少谈到生活。说到生活，给我们印象最深的是爸爸喜欢红烧肉，继母能烧好吃的肉。"一醋、二糖、三酱油、四黄酒"，配方绝佳，焖出来的是肥而不腻的鲜美的红烧肉，于是，这"一二三四"经常上我们家的餐桌。

对父亲的了解却是通过间接的方式。只有几十天的共同生活，其他都是通过听新亚学子、素书楼弟子的讲述，读他们的文章，看父亲自己的著作来了解他。

《师友杂忆》里记录了他十年乡村小学的教学经历。书中提到了一个叫杨锡麟的孩子，父亲作为小学校长，对待他的方式，跟父亲作为语文教师，指导学生学习形声字、学写作文，都非常生动地体现了作为乡村教师的父亲的形象。这激发了同样做乡村小学教师的我，对于小学教育思考和努力实践的热情。

《新亚遗铎》中记录了父亲对大学生们的谆谆教导。许多文字，比如"求学与做人，贵能齐头并进，更贵能融通合一"，好像我在礼堂里亲自聆听他的演讲，探索人生的道理；"培养情趣，提高境界"，提醒我要过好日子，做好中国人。

对父母亲的认识，在这种阅读思考当中逐渐清晰：做教师的人生是不断求问、终身学习和修养自己的过程。父亲七十几年的教学生涯，从十几岁到九十几岁，学不厌，教不倦，他的自学与教人的精神，是多么令人敬佩。这就是父母亲留给我的巨大精神财富，我为自己有三十整年的从教经历，感到充实和满足。

对父亲、母亲的认识太晚，向父母亲的学习和努力实践还很不够，直到现在，还要学习他们如何面对年老、多病、体衰，一息尚存，还要继续努力学习。

2022 年 6 月 12 日

目录

第一章 母亲

1955年，母亲在耦园

想念妈妈

如果妈妈还在世，那么今年她要过她的一百周岁生日了。可惜她不在，她已经离开我们有二十三年了。

妈妈在世的时候，我似乎总是在她的前边跑，很少注意妈妈在我身后注视我的目光，很少体会到妈妈在我身后对我人生的支持；妈妈离我们而去，悲痛之后，我却日渐感觉到了妈妈的目光，感受到了妈妈对我、对我们兄妹的爱，感受到了妈妈的人生。在迎接新世纪的激动中，我越来越想念我亲爱的妈妈。

一

我读初小，就在妈妈当校长的北街中心小学。我隐约感到因为妈妈当校长而受到异样的待遇，这使我不乐意，于是，1949年秋天，经考试进入苏州市实验小学去读书。之后进中学，进师范，毕业后又自告奋勇去了南京乡下的农村，离开了苏州，离开了妈妈。当时我只有十八岁，严格地说，实足年龄是十六周岁又十个月。我就这么义无反顾地从妈妈身边飞走了，我从没有回头看看妈妈，来不及看，来不及想。直到1973年，我从江宁县回来，到西山教书，才又同妈妈生活在一起。妈妈在西山生活了不到六年。这期间，我忙着学校的工作，忙着两个孩子，仍然没有关心过妈妈的心情。妈妈离开我们的时候，是1978年3月，冬季刚刚过去，料峭春寒也正让位于明媚春光，而国家则刚刚经过了十年浩劫，百业待兴。老百姓盼望的好日子就要来了，我亲爱的妈妈却走了。

我没有注意过妈妈，她的想法，她的情绪，她的人生。只在失去她之后，我才慢慢意识到我失去了多么宝贵的东西，才意识到妈妈伟大的人生。不过，毕竟我在妈妈身边生活过，也经历了一些事，妈妈的处事为人，留在我记忆中，影响了我的人生。

二

这是1952年，耦园里住进了荣校的学员，这些十七八岁、二十来岁的志愿军战士，却大都是"老革命"，参加过解放战争，又参加了抗美援朝，负了伤，回国来，住进荣校。他们见过山东的、苏北的农村妇女和女孩子为支援前线做军鞋、为战士洗军衣，他们到了耦园，很自然地叫着"老板娘""小妹子"，并要我们帮助他们缝被子。我从小被娇惯，哪里会做这个。这时候，妈妈对我说："我十三岁能站在石凳上踮着脚尖扶着大秤称稻柴。"（当时苏州的人家做饭炒菜都是用大灶的，烧灶所用的柴主要是稻草，生活七件事：柴、米、油、盐、酱、醋、茶，柴是列第一位的）说着，她用一只左手（妈妈因脑出血致半身不遂，右手右脚基本丧失了功能）帮助我拉平被单，一边口授要领，指导我成功地缝了我有生以来所缝的第一床棉被。这似乎也是妈妈自己说到自己能干的唯一一次。

妈妈同荣校学员亲如一家。她帮助他们学文化，补习四则应用题，使他们顺利通过小学毕业考试，升入中学。其中有一位叫吴和生的，后来一直读到大学，农学院毕业后还到非洲帮助坦桑尼亚人民办农场。这位朋友，一直把我们的妈妈称作"妈妈"，即使在"文化大革命"中，他也还常来看望"妈妈"。荣校有一个年轻干部要结婚了，妈妈把楼上的卧室让出来，给他们做新房，自己住到了楼下，还对他们说这只是"为了自己的方便"。妈妈自1951年新春脑出血致半身不遂后，在床上躺了近一年，荣校学员来耦园时，妈妈也正处在体能锻炼阶段，她努力地锻炼她的左手，学做自己独立生活所必须做的事，还养了一群鸡，趁喂鸡、取鸡蛋的机会，练练腿。荣校学员中有人是拄着双拐进来的，受到妈妈的影响，也努力锻炼身体，最后，丢了拐棍健步如飞，叫人几乎不相信他们口袋里的伤残证。

妈妈十三岁站在石凳上称稻柴，不只令当时的我有勇气缝棉被，还让我学会了踩缝纫机，帮年轻战士们缝个鞋垫什么的。在之后的生活中，我也学会了做许多事，家事、农活、制作教具以及其他许多事。我总想，我有一个能干的妈妈，我也要努力变得能干些。

妈妈独自把我们的家从耦园搬到了王洗马巷，这是1956年，大哥、二哥当时都在苏州当教师，我在师范读书，妈妈的理由是不能影响我们的工作和学习，并且她一个人能行。

三

搬家后，妈妈参与了许多社会工作，定期去苏州市政协参加学习、活动和会议（其实，搬家前也许已经参加了）。当时苏州市政协在鹤园，离王洗马巷比较近，妈妈就走着去，不坐车。我曾多次陪妈妈去。妈妈跟许多人打招呼，让我叫张伯伯、李伯伯的，可惜我大都没有记住他们的名字。我当时的注意力全在这些委员的签名上，毛笔字写得多么漂亮！妈妈因右手不便，让我代她签到，每每签完到，我都为我的字太幼稚而害羞，不敢看人。大致只记得三位长辈：张大发，当时苏州市民革的负责人，不知为什么，好像是他叫妈妈去政协参加学习的。马崇儒，解放初当过苏州市教育局局长，后来当了苏州市委统战部部长，记得就是在那个时候认识的。后来在大哥病危的时候，他代表组织安排我放下工作去苏州，大哥去世后也正是他对我们兄妹作了严肃的谈话，对大哥的一生做了充分肯定的评价。金静芬，苏州刺绣研究所老所长。妈妈曾介绍沈瑞华的女儿宝宝帮金所长做"走做"（就是现在称作"钟点工"的），金所长有了个帮助处理家务的人，沈瑞华家增加了收入，真是一举两得，两全其美。

不知怎么的，居民委员会陈主任发现了妈妈，让妈妈当了小组长或者人民调解员。哪家夫妻吵架，哪家长幼不和，都要请"张先生"去。有的夫妻为房事不协调或者为不断地生孩子而闹意见，吵了，打了，哪怕半夜三更，也要来叫。往往妈妈一到场，事情就解决了。现在回想到一次半夜三更陪妈妈去邻居家排解纠纷的情景，还能十分清楚地看见自己当时气鼓鼓的脸，我真恨这些不近人情的邻居，睡觉都不给人安宁，夜里冷，还要我们穿过黑得伸手不见五指的长弄，万一妈妈摔了跤怎么说呢？我是一百个不乐意。而妈妈也并不批评我，只是笑着说："好了，好了，我们回家。"不知是安慰我，还是安慰那一对吵架的夫妻。

三年困难时期，居民口粮定量发放，副食品少得可怜，往往得以瓜菜充当粮食，才勉强填饱肚子，一时间，连豆渣也成了难得的营养品。邻居沈瑞华家孩子多，当爹的不顾惜孩子，只知道自己吃好，不问孩子饥饱，当妈的过日子没有计划，一个月的口粮往往半个月吃光了。妈妈看了，心里难受，就同他们一家开会，把口粮分给每个人，当爹的一份，大的女孩子宝宝一份，十来岁的一个男孩子一份，沈瑞华同两个最小的孩子一起吃。妈妈还代管了他们的口粮，十天半月给一次，免得一个月的粮半个月就吃完。这样做，当然好，只是十来岁的男孩还不会做饭，更不会自己把握自己的口粮，孩子也没有工作，不能到工厂的食堂吃饭。妈妈就把男孩子叫到家里，他们俩合在一起做饭。为着节省粮食，常常做青菜下面条吃，男孩子吃了面条，妈妈就吃青菜，男孩子吃了青菜，妈妈就喝汤，就这样度过了困难时期。现在我看见妈妈摄于1961年的一张照片，一向圆圆的脸变成了一张长脸，就想起了当年的情景，特别清晰。我的内心也特别明白，特别感动。

◀ 1-1 母亲，摄于 1961 年 12 月 1 日

四

　　妈妈虽然早已因病离开了教师岗位，可是她对人、对孩子的情感真的是"夏天般的火热"，妈妈一直都被人呼作"张先生""张老师"的缘由就在这里吧。我心目中的老师就是妈妈这样的，我之所以当了教师，也是因为我把妈妈当作了我的榜样。记得苏联有个电影《乡村女教师》，就是妈妈带着我一起去看的。那是 1950 年冬天的一个傍晚，当时我们住在北街中心小学的校长办公室的后间，妈妈走到皮市街口等候放学归家的我一起去看电影。到了电影院，她解开列宁装胸前的纽扣，取出一个搪瓷缸子，原来，是给我当晚饭的一碗热气腾腾的面，她一直放在棉衣里焐着呢。当年这样的经历还有多次，比如电影《以身许国》

《丹娘》，都是妈妈带我去看的。我的少年、青年时期，做一个像妈妈一样的小学教师就是我不懈追求的人生理想。我该怎样向妈妈学习呢？这也是我经常思考着的。

五

妈妈的坎坷经历，语言不可描述。妈妈三十岁结婚，十年里，妈妈有了我们五个孩子，她的健康和青春都给了我们兄妹。四十岁前后，爸爸到后方教书，妈妈带着我们几个孩子，先在北京、后在苏州生活，孩子尚幼，时有病患，祖母和外祖父母又相继去世，除了奋斗和等待还能怎么样？1946年夏天，爸爸终于回来了！可是，爸爸在无锡江南大学工作，不到三年，又独自去了香港，而妈妈带着我们仍在苏州。新中国成立，本该盼来好日子，妈妈她刚过五十岁却不幸半身不遂。妈妈抱着残疾之躯，生活了二十七年，直到去世。可是，无论是痛苦还是无奈，快乐或者忧伤，以及别的感受，她从来没有对我说过，我竟也从来没有关注过。妈妈是一棵大树，背靠大树好乘凉，我竟然只知道乘凉，只知道一味地向前冲，去走自己的人生路，却从未想到为妈妈做一点小事，给妈妈一点关爱。尽管如此，妈妈对我的关爱却是一贯的，正如她的名字。我的一生中许多关键的时刻，都得到妈妈的全力支持。抗战胜利，我进学校读书，老师、同学因我的名字取笑我，说抗战胜利了怎么还"晦气"，于是我就在妈妈的支持下把"晦"改成了"辉"。小学五年级，又是妈妈支持我换了学校，给我独立。师范毕业，国家正提倡青年"到农村去，到边疆去，到祖国最需要的地方去"，我本已分配在苏州工作，忽然，为了帮助一个分到外地去的女孩子，自告奋勇陪她去农村。就这样决定了离开苏州，离开妈妈，妈妈竟什么也没有说，只在我整理行李的时候，硬塞进一条崭新的羊毛毯。妈妈支持了我的婚姻。1964 年春天，我什么具体问题都没有考虑，只是给妈妈一封信，说 5 月 1 日要回苏州登记结婚。等我 4 月底回到苏州家中，妈妈不但为我和为国各做了一套新衣服，还让大嫂把自己的房间空出来，同大嫂一起为我们布置了新房。走进这个房间，我心里酸甜苦辣咸五味俱集。妈妈支持了我的自尊，在我最痛苦、艰难的时候，总是有妈妈沉静的目光在看着我，还有妈妈做我的榜样，帮我度过艰难。

记得 1969 年年底，大哥和二哥先后被"下放"到苏北农村的时候，我正怀孕，要生我的第二个孩子。我的第一个孩子是在苏州生的，那时在妈妈的家里，在妈妈的身边，还有大哥大嫂在一起。现在怎么办？苏州只剩妈妈一人，我怎么可以再给她添麻烦呢？我决定回到黄埭婆婆家去生产。想不到，妈妈竟跟我一块去了。那一天夜里十点多钟，阵痛开始了，我叫着妈妈，两个妈妈都被惊醒。婆婆去镇西头请产科医生，妈妈留在家里，一边安慰我，一边生炉子、烧水，大约半个小时后，医生来了，一壶水差不多也烧开了。现在回想这些，想到妈妈当时已经是七十岁的老人，右手右脚又不便行动，还在半夜……我不能想下去，我的泪水充溢了眼眶。哦，妈妈，为什么我没有关注过你，没有体察过你的心情，没有给过你心灵的抚慰呢？我竟这样报答你的关爱！我是多么痛惜，多么愧疚呀！

六

在西山的生活是清贫的，又是平和的、温馨的，祖孙三代在一起，给我许多慰藉。经过了风雨，受够了委屈，分离了这么多年，终于能同妈妈、丈夫和孩子在一个屋子里睡觉，在一个锅里盛饭了！妈妈在家，两个孩子放学后便有了照应，我们回到家里的时候，妈妈已经烧了水，并指导我们的青儿灌了热水瓶。衣服已经收了，折起来放在床头，这当然又是祖孙二人的杰作。我们养了一些鸡，种了一些南瓜、葫芦之类的瓜菜。烧晚饭的时候，还可以在灶膛里爆爆白果或米花。有一次，放学回家的路上，为国买了一只大螃蟹。一只蟹，给谁吃呢？两个孩子想出一个合理的分配方案：外婆吃蟹的身体，爸爸和妈妈各吃一只大钳子，两个孩子各吃四条腿。当然，在吃的时候，外婆又把蟹肉和蟹黄分给两个小馋嘴。这个吃蟹的故事，每年秋天都要重温，令我们对那些清贫而快乐的日子怀念不已。可是，妈妈在西山的日子里，我往往白天在学校，晚上吃罢晚饭，早早地催老的小的上床，以便我们在灯下备课或去学校学习，我还是没有时间多陪陪妈妈。妈妈的朋友是幼儿班的老师、赤脚医生和邻居的"老地主婆"，淳朴的西山人都同她谈得来，叫她"好婆"，特别是赤脚医生，几乎每天来看她。妈妈的最后几年，健康大不如前，跌过跤，把锁骨跌断了，哮喘越来越严重，心脏也不行，安眠药吃多了，有后遗症，脚背生痛，等等。好在赤脚医生每天来看她，每次有病，配点药吃吃，就过去了。1978年3月1日，白天妈妈坐在窗边时间久了，因天气变化受了一点凉，晚上就发起哮喘来。这次病持续了五六天，我们几乎日夜守护在她身边，但都还以为是"老毛病"；可是妈妈自己感觉到了最后的日子正在临近，她说："你拿我怎么办呢？"7日的夜晚宁静安谧，妈妈安详地入睡。8日凌晨二时我们再看妈妈，妈妈的头落在枕上，枕上没有任何皱褶，妈妈的眼闭着，嘴角露出微微的笑意。妈妈已经在安详的睡梦中走完人生道路。

妈妈去得如此安详，叫我感到安慰；可是想到她最后还是这样牵挂着我，为我担着心，我禁不住大哭起来。妈妈走好！

七

妈妈离开之后，我们的生活渐渐有了起色。生活好了，便有更多的机缘触发我们对妈妈的怀念。尤其是我们同爸爸取得了联系，见了面，认识了继母美琦妈妈，同她相处，之后爸爸去世，哪一刻都不能不使我想念到妈妈。人们不认识她，我常为此感到愤愤。甚至都没有人说妈妈是一个成功男人背后的女人，是红花边上作衬托的绿叶。妈妈似乎已被逝去的岁月所淹没，妈妈只在我们这些做儿女的心里生动地活着。

妈妈离开我们之后，又有一些机会，使我又多知道了一些妈妈的事。

有一次，我在小阿姨家里。小阿姨八十二岁了，头脑还清楚得很，她同我、瑞祺表妹一起谈天，谈着谈着，谈到了妈妈和外婆。小阿姨说我们外婆的思想是很新的，她自己虽然是家庭妇女，却也参加当时妇女会的活动；对女孩子，她主张要读书，说如果嫁个好丈夫没什么，万一嫁不到好丈夫，读了书就可以自己去谋事，可以自立。为此，当年我妈妈考师范，就是现在的新苏师范，当年叫苏女师的，我舅舅很反对，我外婆却是支持的。考过了，能不能录取呢，我外婆很不放心，她切望着学校能录取她的女儿。我们的外婆竟自己跑到学校去找校长、找老师，诉说家里的困难和对女儿读书的希望。老师说："老阿姨，你不要急，你女儿叫什么名字，让我们先查一查她的分数。"查过花名册后，老师们又说："第一名！你女儿考了第一！你还急什么呢？学校一定录取她的。"小阿姨讲着故事，看得出来，她为自己的妈妈和姐姐感到骄傲，我心想，原来妈妈是这样的优秀，我也为她骄傲！

　　第二件事是我们发现了一些妈妈在1940—1945年间给爸爸的信。那段日子，爸爸先后在昆明、成都等地服务于西南联大、齐鲁大学、华西大学、四川大学。当时后方物资匮乏，没有足够的纸张，他利用妈妈给他的信纸背面做了许多读书摘要。在他去世后，继母发现这些书稿背面有当年的家信，就将这些爸爸的手稿交给二哥整理，于是我们看到了这些信。读这些信，我不禁长吁短叹。信里写到我的出生、断乳、牙牙学语和蹒跚学步，还有我婴幼儿时期的体弱多病，令妈妈有了多少不眠之夜啊！信里可以看见抗战时期的物价飞涨，而汇款还常常不能如期到达。没有钱，妈妈要愁生活不能应付；有了钱，妈妈也要愁，愁如何尽快地把钱换回日用的东西。妈妈就是在这种生活的煎迫中带着我们这五个年幼的孩子过日子的。不论生活多么艰难，妈妈对我们兄妹的爱始终热烈而诚挚，信里随处可见她用"智慧特开""颇着人爱""体魄雄伟""健康活泼""实在太乖"之类的语言来形容我们兄妹的聪明、懂事和可爱。妈妈又常常向爸爸报告她如何用有限的钱，千方百计让我们兄妹吃饱，吃好，吃得有营养，身体长得健康。信里还有一句"十一双棉鞋，在两星期里做完"，显得颇为轻描淡写，似乎这只是小事一桩，其实，当时妈妈老是"忙至无片刻暇"。只因她的坚毅、她的勇敢，才使她能面对艰难的人生。"烽火连三月，家书抵万金。"这些信，在当时，是多么可贵；在今天，更是可贵，又何止"抵万金"呢？

　　读着这些信，我常常想，如果能回到过去，重新在妈妈身边生活，有多么好啊！我又想起儿时的一件小事。那时我还在实验小学读书，妈妈已经半身不遂，大哥和我在家同妈妈生活在一起。有一天，忽然下大雨，家长们纷纷到学校送雨伞。家长们把雨伞送到学校，自己却被淋湿了。当时，我很感动，回家后吃晚饭的时候，就说："这些家长真伟大！"大哥听了，瞪了我一眼说："你是不是以为妈妈没有给你送伞就不够伟大？"此刻想起来，我才知道，聪明、能干、勤劳、谦逊、正直、热情、坚强、勇敢、乐于助人、大公无私等等形容词，都不足以来形容我们的妈妈，妈妈真"伟大"！大哥对妈妈的"伟大"是早有感受的，而我直到现在才有知，我太不懂事了！

八

　　妈妈的一百岁诞辰就在今年。①不久前，我读了董竹君女士所写的《我的一个世纪》，这本书记录了竹君女士将近一个世纪的生活，她的苦难和她的奋斗，她的事业和她的情感，而通过她的故事我们还可以了解除此之外更多更多的事。她的经历和情感特别令我产生共鸣。竹君女士和妈妈是同龄的，都是在20世纪开始的时候就开始了她们的人生，所不同的是，竹君女士生活了几乎一个世纪，而妈妈却过早地离开了我们。妈妈的经历已不可能由自己来写，而我们做儿女的、孙儿女的是可以写的。我写着，重新体验着妈妈对我们的关爱，我在字里行间寄托对妈妈的思念，我依稀希望：这或者也可稍许弥补我一向的过失。对我深深愧疚的心，也可是一个安慰吧。

　　新世纪来了。家里已经添了许多新人。妈妈，你的十个孙辈都已完婚，你有了八个重孙（女）。现在说"我们"，不只是指你的儿女、你的媳妇和女婿，你的孙儿女、孙媳妇和孙女婿，还有这八个第四代呀！妈妈，我们想念你！我们知道，什么时候你都还在我们的身后注视着我们，支持着我们。

　　妈妈永远在我们心中！愿妈妈安息！

---

　　①　编者注：本文写于2001年。

▲ 1–2　1962 年寒假，家庭合影
　前排左起：大哥钱拙、母亲、二哥钱行，后排左起：我、大嫂仲泽庆、二嫂
　盛美芳

▲ 1–3　1962 年暑假，三哥三嫂从北京来，合影留念
　前排左起：三嫂王绍先、侄儿钱军、母亲，后排左起：二嫂盛美芳、二哥钱
　行、大哥钱拙、三哥钱逊

我是妈妈的女儿

今天是我六十岁生日，我竟想到我的童年，我的婴幼儿时期，我的出生，我的妈妈。小时候，我最渴望的是妈妈的抚爱，最担心的是怕我不是妈妈的女儿。

从我记事起，就看见妈妈忙。妈妈是一个小学校的校长，在我起床之前，她早就起了床，在我睡觉的时候，她却还在忙。在我生病的时候，妈妈用她的手按在我的额头上，试着我的体温。这时候，我往往暗自喜欢，希望她温暖的手，在我的额头上多逗留一会儿。我也就常常希望自己时不时地发一个热，生一点小病，这样可以得到妈妈更多的抚爱。

我担心自己不是妈妈的孩子，这是因为阿姨们的玩笑。"你妈妈患疟疾，发抖，把你抖下来了。出生的时候，太小，太弱，医院把你放在保温的育儿箱里；只当养不活，连写姓名的牌子都没有挂。你妈妈出院的时候，医生从育儿箱里随便抱了一个小孩给她，这就是你！"这，就是我的两个姨妈对我讲的关于我出生的故事。为了证明她们所说的话是真实的，她们还往往补充说：

"看，你和姐姐长得不一样。你是长脸，姐姐是圆脸。"我和姐姐果然长得不一样，我自小瘦瘦小小的，身体很单薄的样子，而姐姐却胖胖的、结结实实的。我俩一个长脸，一个圆脸，真的相差很大。于是，小时候，我常常暗暗担心，我真的会是别人家的孩子。

妈妈对我关爱有加，哥哥姐姐也对我这个小妹妹宠爱万分，令我对姨妈们的话产生怀疑；但不知为什么，在心的深处，对自己的出身，我还是会有一份疑虑，我很想知道有关我的出生的故事。可是在我十一岁的时候，妈妈竟患脑出血致半身不遂。以后，经过了三五年的治疗和恢复，虽然病情渐渐稳定了，但右手的功能基本上消失了，抓筷子、握笔、使刀全用左手，右脚也不行了，走路都是瘸的。妈妈的病痛可想而知！我们很少有心情或者有机会讲过去，眼前的事也只是多做少讲。我只是乖乖地读书，早早地懂事。不过，我的心里，总有一个问题，我希望我是妈妈的女儿，我担心，会有意想不到的事发生。

这种疑虑的消除，是因为一些完全陌生的人，他们异口同声地说我和姐姐相像，他们不假思索地称我们是"姐妹"。1957 年1 月，姐姐考上了清华大学（研究生），要去北京，我那时正读师范三年级，放了寒假，就跟着姐姐一起去北京玩。火车过长江的时候，我俩跑到车厢外看长江。当时，是用轮渡将火车渡过江去，先把一列火车分成几段并列在轮渡上，然后，轮渡徐徐向江对岸驶去，到达彼岸后，再把火车连成一列，继续行程。整个渡江的过程需几十分钟，旅客们利用这个机会到车厢外透透气，看看江。其实我们并不敢下车，只在车厢连接处站站。旅途中陌生的人们，见到我们两个年轻姑娘，好奇而亲切地同我们攀谈。"你们姐妹到北京去吗？""你们去北京干什么呀？""你们姐妹多大年纪呀？姐姐比妹妹大几岁呀？"等等。在我们笑着回答这些问题的时候，我简直太兴奋了，那是因为，现在我可以确认：我的的确确是妈妈的女儿，我的的确确是姐姐的妹妹了。我这才确切地知道，两个姨妈一直都只是在跟我开玩笑。一般家庭里，长辈对孩子开玩笑，常常说"你是网船（渔船）上抱来的"，"是石头缝里蹦出来的"，孩子们听了，很容易识破这些谎言，我的两个姨妈都是知识分子，玩笑也开得有水平，编得真实可信，我竟然直到十七岁才恍然大悟。

师范毕业后，我就去农村当了教师。在我师范毕业的前一年，我十六岁的时候，妈妈曾经独自操持着搬了家，我们兄妹读书的读书，工作的工作，谁也没有请假。妈妈在重新学会走路以后，参加了人民政协的活动，还在居民委员会做人民调解工作。她没有把自己看作是有残疾的人，她用左手，学会了所有事，切菜，写字，使剪子，自理生活，她甚至还会自己腌菜。无论什么事，妈妈都不愿意给我们"添麻烦"，不愿意"拖"我们的"后腿"，总是支持我们好好学习、努力工作。我去农村教书，哥哥们下放到苏北，妈妈都没有提出什么异议。我们义无反顾地离开了家，离开了苏州，把妈妈独自留在家里，奋斗，生活，生活，奋斗。

妈妈一生经历七十八年，在她生命最后的六年，我才又和她生活在一起。当时，我已经有两个孩子，在学校教着一个班级语文，当班主任。工作很紧张，生活很艰苦，闲暇的时间很少，除了应付日常事务，根本没有和妈妈谈心的时间，似乎也没有谈心的心情。关于我的降生和我的婴幼儿时期，我仍然是一无所知。1978年春天乍暖还寒的时候，妈妈去世了。但以后的日子，天空变得晴朗，空气变得清新，人们紧锁着的心扉渐渐打开，人们口袋里的钱逐渐多起来。改革开放了，生活越来越好。在变迁之中，在幸福的时刻，我的心，常常带着深深的遗憾向着过去遥望，遥望我亲爱的妈妈。但，时光的隧道既深又远，妈妈与我已是天上地下，我到哪里可以寻觅到岁月的踪迹呢？

　　十分意外的事发生了！在我的孩子已经嫁娶，我自己即将当外婆的时候，我竟读到了有关我的出生和我婴幼儿时期的一些文字。爸爸去世之后，二哥帮助继母整理爸爸的文稿，二哥发现，文稿背面都是当年妈妈或姨妈们给爸爸的家信。爸爸的这些文稿都是抗战时期写的，写在一些信纸的背面。爸爸于1939年在耦园生活一年，1940年9月下旬离开苏州去后方，妈妈在他离开后的第十四天住进了医院，第十六天就生下了我。大阿姨1940年10月10日给爸爸的信上说："（贯姐）离产期尚有两周，我们劝她等疟病痊愈后仍在院休养，谅彼必能听从。"小阿姨在10月11日信上却告诉爸爸说："姐丈：今晨九时家中事毕到医院去，见姐姐恰稍有腹痛，到下午一时一刻即产下第六小妹妹，体重七磅有余。现姐姐疟病已止，姐及甥均安，请勿念。姐请姐丈替小小妹取一名字。"妈妈在医院住了十天，回家后的第三天就给爸爸写信，说："小孩整整八月一天出生，只五磅，就是用奶妈恐怕也很烦心的。"这些信，无疑就是我的出生证明！原来，我是这样一个急性子，在妈妈腹中只待了八个月零一天，就匆匆忙忙地来到了人间；我又是这么一个瘦弱的小小孩，只五磅（原来小阿姨所说"七磅"，仅仅是为安慰千里之外的爸爸）；我的生命的开始，是 1940 年 10 月 11 日下午 1∶15；而当时，赋予我生命的妈妈正在患疟疾。这太令我震惊了。试想这些家信，在抗战时期，在炮火和空袭中，不知通过哪条渠道，从沦陷的苏州去到后方的昆明。爸爸读了信，在它的背面写了文稿，之后带回苏州，带到香港，带到台湾。最后，这些文稿又被继母带回苏州。转了这么一个圈，经过了半个多世纪，此刻，由我读到了关于我自己出生的记录！患疟疾时给了我生命的妈妈早已离我而去，而我的生命中留有多少妈妈的希望、妈妈的爱呀。我是妈妈的女儿，有这样有力的证明，还用有什么怀疑吗？

我的婴幼儿时期，正是抗日战争最艰苦的时期，国家在炮火

▲ 1–4 摄于 1941 年春　　　▲ 1–5 摄于 1941 年秋

之中，人民在苦难之中。在那中华民族最危险的日子里，爸爸给新生的我起名"晦"。妈妈独自带着我们兄妹五个在苏州，每日里愁的是爸爸寄出的钱能不能准时到达，到了又不知会是什么折扣，能买多少米面或者布匹；念的是爸爸独自在外，寒暖饥饱，不能为他操持，又不知何日才能团圆；忙的是我们兄妹五人吃喝拉撒，学习成长，喜的忧的，全由我们的肥瘦左右。在我出生之后的一年里，家里实在是很不幸，先是祖母去世，后来是外婆和外公去世，老人病中须请医生、抓药、服侍、陪伴，老人去了要送终，一切都要妈妈来操持。在妈妈的家信里，只写了事，没有写她的忙、她的累、她的痛苦和她的忧伤；倒是几乎每一封信都要向爸爸报告我们兄妹的情况，我们兄妹的成长是妈妈和爸爸最关心的，是他们最大的欢乐。信里也有许多处写到我，我由此知道了自己的婴幼儿时期。比如：

这几天小女孩种痘发热已九天，明后日天可好了。易出痧子已第六天，再有三四天可出齐。行昨今两天发热，大致也将出痧子，我有五六夜不上床了。（1941 年 4 月 22 日）

晦儿确有营养不良征象，因此孩生尚未足月，生后奶水不足，满月即食米糕，小时尚足维持。稍大虽改吃粥，菜不会吃，少许菜汤实不足营养。服陈医生药（据云增加维他命 B，C）渐见肥硕，虽大便每天一次，总是稀。（1941 年 9 月 28 日）

晦周岁日，去照一相，附上。后日是父母开吊日。（1941 年 10 月 25 日）

晦儿毕竟最吃亏，去年这时，适母病，未暇顾及，今年又以

我病而忽诸致患疟、患肠炎，虽则短短十天病而瘦得可以，今日已完全无病，快活如常。（1941 年 11 月 18 日）

拙儿进初中后懂了许多，且知节省，品性学业均可过去，常以家长自名，诸弟妹亦颇顺服。晦儿智慧渐开，聪敏不亚于姐，家人均爱之。（1941 年 12 月 19 日）

晦儿较诸兄姐敏慧，简单语，都能说，只体质较弱，尚不能独行，因此迟迟未为断乳。（1942 年 4 月 20 日）

六官已极活泼，看见人就会叫。昨天大阿姨给她一件泡泡纱做的衣服，她穿了去对二表兄说，泡泡纱，阿伯做，引得大家都笑了，她也笑了，笑得跌了一跤，真有趣呀！（二哥给爸爸的信 1942 年 8 月 31 日）

晦很能说话，简短歌谣，唱来很好。身体均好，今冬寒衣，还穿来很少，只绒衫棉袍夹裤，易晦较多，均穿棉裤棉袍。我最近一月多，总算很好了，食量大增了，做事亦不觉累，十一双棉鞋，在两周里做完了。棉裤棉袄，亦渐渐地做起来了。只是晦儿在家，白天很少有空，老给她缠着。（1942 年 12 月 22 日）

等等。

这些信，我是读了又读，信上大都只写了某月某日，而没有写明年份。我仔细地揣摩出它们的确切日期，了解从 1940 年到 1944 年物价的变化，妈妈的健康，家中发生的事情，我们兄妹的成长，仔细咀嚼着妈妈对我们的爱，以及字里行间传达出来的一切信息。

"烽火连三月，家书抵万金。"可以想象，当年爸爸收到这些信，从中获知家中一切时的心情；而无论爸爸或者妈妈，都不会想到在半个世纪之后的今天，这些信对于我们做子女的，更是千金不换、万分珍贵的。

"我是妈妈的女儿。"我为此骄傲。

妈妈在耦园（一）：1940 —1945

从北平马大人胡同迁出，妈妈带着祖母和孩子们迁回苏州，家就安在耦园。更具体说，是耦园东花园的城曲草堂那一落房子里。

耦园，一个废园也。"不出租金，代治荒芜即可，园地绝大，三面环水，大门外惟一路通市区，人迹往来绝少。园中楼屋甚伟，一屋题补读旧书楼。楼窗面对池林之胜，幽静怡神，几可驾宜良上、下寺数倍有余。"这是爸爸对耦园的描述。

1939 年暑假，爸爸携《国史大纲》书稿去香港商务印书馆付印，乘便赴上海，归苏州探望祖母。请假一年获准，于是这一年爸爸在耦园完成了《史记地名考》，同时学习了英文，通读了西洋通史。

1940 年 9 月 26 日，爸爸假期已满，终于离开，返回昆明西南联大。苏州家中，上有祖母，下有我的哥哥姐姐拙、行、逊、易。妈妈即将临产，爸爸走后半月，10 月 11 日，第五个孩子降生，这就是我，爸爸给取名晦。当时大哥十岁，大哥以下是二哥九岁，三哥八岁，姐姐五岁，刚开始生命的我，按照苏州的算法是一岁。堂姐劭华因在苏读书的原因也住在我家。大阿姨在仓街有老家，离耦园很近，两边住。小阿姨尚未婚嫁，白塔子巷外公外婆需要照顾，她就住在娘家，在必要的时候也来耦园住宿。两个阿姨多少可以帮助妈妈照顾一下孩子。家中也请了工人料理家务。所以，实际在一个锅里用饭的人，总数超过十个，真是好大一个家！

爸爸不在家的日子，妈妈是怎样安排照应一家生活的，我们是怎样在妈妈身边长大的？一个四十岁的女人，养育一群孩子！常常听到一些朋友露出探究的神情在我面前这样赞叹。对于这个问题的答案，我始终是很模糊的，原因是根本不知道，只能做一些抽象的猜测；幼时留下少数模糊的记忆片段，再怎么苦苦思索，也不能拼凑成完整的图像。直到自己老了，才渐渐有了答案。最近，把1940—1945年间一些妈妈写给爸爸的家信重新翻阅整理，这个答案才清晰起来。

物价飞涨，为生活煎迫

生活，过日子，过去人们常常用柴、米、油、盐、酱、醋、茶七个字来概括。自1940年10月起，至1945年1月，抗日战争之中，沦陷区里的苏州物价飞涨，人们为生活所迫，住在耦园的妈妈也不能幸免。

我们来看看物价的脚步：

柴　1941 年 1 月八十元八百斤（即十元一担）；1943 年 8 月五十元一担。

米　1940 年 10 月六十元一担；到了 1944 年，5 月、6 月、7 月，米价来一个三级跳，从三千三百元到六千元再到七千元一担。

油　1941 年 1 月十元十一斤半，仅过十个月至 1941 年 11 月，油价便上升至二百二十元一担了。到 1943 年 8 月则"每天伙食中须用油十二元（四两）"（亦即四十八元一斤）。

猪肉　1940 年 10 月一元可买十两（十六两一斤）；1941 年 10 月，二元买七两半；1942 年 2 月"猪肉偶有，一斤六元八元不等"；1943 年 7 月，四十元一斤。

蔬菜　1940 年爸爸刚刚离家的时候，家里"大众吃的菜"一元五角一天；1941 年 4 月，则"菜金十元一天不够"。1944 年 8 月西红柿需十六元一斤；到了秋末冬初，青菜萝卜八十元一斤，山芋二十五元一斤，吃素菜一天要二百元到三百元。

开水　爸爸离家之前二分钱可以到老虎灶灌五瓶水，八个月以后 1941 年 5 月一热水瓶开水就要五分钱，1944 年 8 月同样一瓶开水就需二角了。

……

无须一一列举了，就凭这些数字，我们都可以做出合理想象了。妈妈告诉爸爸说，当时的物价"过十五分钟就会变花样"，所以对生活费用根本没有办法来预算安排。妈妈在 1941 年 1 月曾经做过一次家庭财务预算，当时预算的月生活费是三百元；可是不久，妈妈告诉爸爸说，"你离家仅八个月，已花七千余，每月开支总得四百元"。再过半年，1942 年 2 月，"一家开支千元一月"。1943 年 7 月"一家开支三千一月"。1943 年 3 月（或者是 1942 年年底），妈妈"谋得一私立小学之职，半年来零用各费，可量入为出……心境可稍安"。至 1944 年年底，全家"不吃闲食，月化六万尚不够"，"为生活煎迫，终日无安定，举债十五万以上"。

敬老爱幼，勤劳持家

　　毕竟生活并不只是柴米油盐，妈妈有老人要照顾，有五个绕膝儿女要抚育。在大众吃的菜一元五角一天的日子，她用一元钱单独买肉做了给祖母，或者买酱鸭、点心之类，保证老人的营养。"每天为母亲买一元钱食物，酱鸭酱肉水果点心之类，爱吃的随便吃吃。今天早晨吃团子一个，粥半碗，皮蛋做菜；中午两碗半粥，酱鸭酱肉佐膳；下午四时，吃面衣豆浆；夜里菜粥两碗。鱼肝油每天吃两次，还吃些红枣和猪油。"1940 年和 1941年两年间，祖母病、祖母亡、祖母的丧葬，是家里最大的事；之后还有同样的大事，即外祖父母的病和殁。

　　家里另一同样重要的事，就是我们，孩子们。妈妈关注着操持着我们的饮食、体况、智力发展、学业情况，我们在妈妈呵护下健康成长。妈妈常常告诉远在昆明的爸爸，"诸儿体况颇健，堪以告慰"；常常带着我们去照相，然后寄给爸爸，同时让几个已经是小学生的孩子给爸爸写信。放了寒假，孩子们把作文本拆开，一页一页把作文寄去给爸爸，请爸爸指导。妈妈常常对爸爸一个个讲述这些孩子，如数家珍："拙儿太懂事了"，"比较的肯用功"，"常以家长自名，先生谓父兄是家长，父亲不在家，他长兄自为家长，诸弟妹亦颇顺服。""行长得高，不认识者见之，均呼之为大哥，盖以其气派雄伟，只稍瘦。""逊儿仍瘦小，样子比较漂亮些。""易儿胖胖的。""晦儿病后，智慧特开。"……大哥在 1942 年 1 月给爸爸的信报告说："小妹生病，今天已好，共计五天。我在写信，她在床上说，爹爹欢喜我，横抱三年，竖抱三年，抱到六岁才不抱。"这个横抱竖抱的话，像儿歌，后来我也学会了。妈妈 1943 年 5 月 10 日的信上说："晦儿也会拿起墨笔，画几个圈，说是寄给爸爸的信，叫爸爸回来，横抱三年，竖抱三年。"……写到这里，我的眼睛不禁湿润了，1936 年 12 月出生的姐姐，爸爸究竟抱了多少日子呢！这"横抱三年，竖抱三年"其实只是一个愿望，是妈妈的愿望，姐姐的愿望，我们兄妹们的愿望。可是，爸爸在北平的时候，在耦园这一年里，肯定真的抱过这个难得的女儿的。在姐姐唱着念着"横抱竖抱"的时候，她应该还记得那温暖的怀抱。而我们在这样说着唱着的时候，妈妈又有怎样的一种心情呢！

妈妈"天天盘算着如何可以省些，如何可以使小孩吃得快乐些"，如何让孩子们有合身的衣裤和舒适的鞋和袜。当年妈妈常犯疟疾，又有哮喘，在发疟疾的时候，小女儿八个月零一天早产。妈妈住院十天就出院了，因为这一次住院就花了一百八十元之多，"生病实在生不起"。妈妈产后体弱，出汗，唇白，腿软，却毫不犹豫抖擞精神挑起一家老小的生活。

　　妈妈有很多既增加营养又节约费用的好办法，比如：吃饭之外吃些面食；比如鸡蛋不做白煮蛋，而是做菜吃，炒蛋、蛋汤之类；又比如多吃南瓜、山芋、西红柿之类，比较有营养。利用耦园有山水有土地的条件，自己养一些鸡鸭，种种蔬菜、豆角、南瓜……这些习惯，至今还留在我们的生活之中。妈妈更常做的是克扣自己，辛苦自己。

　　昨天一鸿替我剪了一件棉袍面，价八元二角，做起来须里子四元，棉花一元，缝工四元，一件衣服做成要十七元，我不想做了。（1940 年 10 月）

又比如：

　　小女孩种痘发热已九天，明后天可好了，易出痧子已第六天，再有三四天当可出齐，行昨今发热，大致也将出痧子，我有五六夜不上床了。（小孩出痧子，我很有经验似的，不慌不忙，听其自然，只请了一次医生，夜间恐着冷，所以不敢睡。一切希勿念！）（1941 年 4 月）

　　最近飞先患疟，继之行、逊、易，延长至两星期，我三夜不得睡，明日可上学。（1943 年 10 月）

　　十一双棉鞋，两星期里做完，棉裤棉袄也渐渐的做起来了。（1942 年 12 月）

　　……

就这样，幼年留下的记忆只"快乐"二字可概括，如今更加知道是妈妈给我创造了快乐！

仁爱敦厚　心存感恩

妈妈有一颗仁爱之心、感恩之心，对家人关怀备至，对亲戚朋友也一样。凡家里有亲戚，遇病痛或红白事，妈妈必有关照，有周到的礼数。在两元钱只能买七两半猪肉的日子，她可以用六元钱请来客午餐。在艰苦岁月中，虽然妈妈"仿佛生活在孤岛上，极少得到助力"，然而对于帮助过她的人或者需要她帮助的人，她总是怀着仁厚之心。要过年了，她让孩子给老师送米；为感谢医生，给医生送个药箱；当朋友来访，说起生活的艰难，她就让朋友带走一块衣料或者一只猪蹄、一斤菜油、几块肥皂之类。妈妈所送的"礼物"，都是实用之物、稀缺之物，妈妈这样做，丝毫没有虚情假意，也并不只是什么礼尚往来，我看到这里有贴心的温暖，有共度艰难的诚意。

在这几年里，最经常的话题，除了祖母、孩子，那就是搬家了。耦园换了主人，要租户迁出，也还有举家西迁、合家团聚的讨论。西迁之讨论，一年延续一年，久久不能有结论，因为这完全不能由自己做主，时局变化是一个最大的指挥棍。若全家迁去后方，"经济损失太大"，路上会有多少困难，孩子们太小，"无妥伴不敢冒险"。直到1944年6月，大家都议论到了走的路线，一从宜兴出发，一从杭州出发，但最终还是没有成行。因为爸爸曾说过两年以后时局会有变化，妈妈坚信着，忍耐着，盼望着。

妈妈说："如再过一两年能得我们见面者，我愿忍一切痛苦，以待来日也。""愿上帝给我们开路，放出曙光，劈开光明大道，任我们行走，那是快乐幸福的时候，愿你旅外永远康健！"

耦园换了主人，新园主是刘国钧（1949年新中国成立之后曾经是江苏省副省长，民族资本家，经营纱厂、棉布厂，引进灯芯绒织造技术第一人）。一开始要让我家迁出，要所有租户迁出。租户们陆续地搬了，1942年12月中，新房东的管家来说"年内要迁空"，其态度"仿佛办差似的"。妈妈其实已经看过好几处房子，有两处是上海人所有的，也有苏州房东。有一处在花驳岸，1942年暑假去看，要价月租四十元，当时没有决定，到了年底要百元了。就这样地段、大小、价格多方衡量，始终没有合适的，也就没有结论。之后，1943年3月我们还是搬了，不过没有搬出耦园，而是搬到西花园去了。"新居系小楼四檐，楼底三间，前面天井一方，后面小天井一条，即灶位柴房各一间。仍是独居，空气阳光，只能与普通住房相较，远非东花园可比。"到了西花园，"起先几天六官不肯住，睡觉醒来就要叫母亲抱她到旧家里去"，"好在花园尚非禁地，可自由走走"。

为什么所有房客都迁出耦园而留着我们家呢？ 1943年6月的一封信里似乎有答案。这是一段介绍房东刘国钧的文字：

刘先生系一精明商人，而其道德性格，使人钦敬。彼系苦出身，身为学徒，妻在家以手工酬劳侍奉其母，及稍裕，事母恪守孝道。母死后，由小康而至巨富，乃妻亦贤淑，事姑事夫，无微不至。刘先生感其贤淑，待妻系亲属多加照顾，照顾方法，提拔人才，小辈不论男女，均由乡间领出，分送学校，家中请先生补课，飞和我做了他们的家庭教师。他本人绝无嗜好，治家颇严，饮食起居，均有定律，上下平等，在家已久不闻老爷太太之称。与他有关系者，他总放人，常以钱赠人。我于此常觉他施舍似的，受之不免难堪，因之他们加惠于我，我总设法回敬他。现在我们所沾他光处，房金一项，我们所住房，照市价一二千一月不为多，现出二百元一月，这并不是我们独享，是和他们的两位经理先生同例。……

这中间只有一句写到妈妈自己，"做了他们的家庭教师"，当时刘家有"内侄姨甥三人"，放学后是跟从妈妈和大阿姨读书的。房东和我家相处，也有说明："房东刘师母，此次来苏颇久，与我很相得，我以此自慰矣。"在刘先生主动提出之后，爸爸还通过他的工厂来汇款给家里。1945年1月，在生活煎迫之中，在举债十五万以上的时候，妈妈给爸爸信，请他与刘先生所在工厂经理又一次联系划款的事项，并对爸爸说：

你再致信刘父（即刘先生），告以刘师母在前月十一忽患寒热，经检验结果，系伤寒。延中西医并诊，得在二十八天上退热，现正在调养中。病中颇念刘父子媳女，希来信慰她病后枯寂。

妈妈的仁爱敦厚，谁能不为之感动呢！

抗战胜利后，西南联大旧同事仅二人留昆明，其中之一就是爸爸。当时，北大将于北平复校，傅斯年暂代校长，函邀北大旧同事同赴北平，却并未邀请爸爸；又因时局动荡，爸爸决定不赴京津沪处各校，而要选择偏远地，以便闭门埋首温其素习。1946年，爸爸曾往常熟做演讲，那一次，应该是回了耦园合家团聚过吧。秋天，爸爸又往昆明五华书院，并兼云南大学课务。当时爸爸受胃病之苦，正好荣德生创办江南大学，1948年春转赴无锡江南大学任教。幸哉大哥！大哥进入江南大学读书，有短暂机会与爸爸在一个学校生活，有得到爸爸亲自指导的机会。

　　妈妈为了家庭，为了儿女，还在独自奋斗中。

2015 年 3 月 9 日

妈妈在耦园（二）：1945—1950

上一篇，大都根据妈妈在这一时期给爸爸的信；这一篇就只能根据我的片段记忆，或者我的感觉、分析来写了。

又一个五年，我长大一点了。1945 年，我六岁，秋天上了小学一年级，妈妈当时四十五岁。等这段时间结束的时候，我已

◀ 1–6 摄于 1945 年 4 月

经是小学六年级学生，对许多事都可以有正确的认识和清晰的记忆了。

搬回东花园

1945 年 8 月 15 日，日本宣布无条件投降，抗日战争胜利了！如前所述，西南联大迁回北平，爸爸没有得到邀请，也没有希望到津、京、沪等大地方去。1946 年他曾经到常熟做演讲，然后秋天，又回到昆明，去五华书院工作。

记忆中没有爸爸住在西花园的事，只有东花园，他的书房兼会客室在那一带最西头一间，孩子们走过，都轻手轻脚的，生怕打扰了爸爸。这么说，是抗战一胜利，我们就搬回东花园城曲草堂了。应该是 1945 年秋天吧。

搬家的原因，现在想来大概有三条。第一条是怕被军队号房子。抗战一胜利，日本投降，国民党要接收敌产，占领地盘，大官小兵蜂拥而至。外边风吹草动，家里立即有了反应。东花园自从我们迁出之后，经过了一番修缮，就始终空着。这么多空房子，若被军队看中，一定是"占你没商量"。所以，连夜就让我们搬迁，占满城曲草堂。记得大人们、兄长们都忙着，我也搬了一个小凳子，从西搬到东。依稀记得凳子有个抽屉，里边装着我的玩具（究竟是什么玩具，已经想不起来了）；记得我还在走廊转弯的地方休息了好久，看大人们忙碌。第二条，为了保密。我们搬到东花园后，西花园就可以由房东家独居，比较可以保持私密。大约 1948 年，房东家在大厅（载酒堂）里，摆放若干织机，有若干工人在那里做工，说是办厂。房东家住的大楼，在外边天井里看是两层大楼，又高又大，一个尖顶，走进屋子里边看二层的顶却是平的，是由望砖平铺的。细细想，能够想到这平铺顶和尖顶之间是有个很大的空间的，但一般人并不注意这些。其实望砖平顶众多椽子中有三根是活动的，可以移动这三根椽子，进入房顶夹层。大厅里的工人其实是一些从苏北来苏州的地下工作者，而这房顶夹层里可以住人，还安置了印刷机之类的东西。大楼的底层，还有两间密室，其中有一间是在楼梯底下。这些情况除了房东家就没有谁知道了。直到1998年，当年住在耦园的小朋友已经快步入老年的时候，回到耦园相聚，听房东刘先生的外甥叶铭祺一一介绍，并现场参观，才得以了解。第三，为我家改善住房条件。相处久了，我家几个孩子也都长大了，房东有这样

▲ 1–7 1954年，上初中，在耦园城曲草堂楼上写作业

的想法也未可知。

这一次搬家是很匆忙的，是没有预兆的，说搬就搬。看来，怕军队来号房子，还是最重要的原因。1945年秋天这一次搬回东花园以后，住了十年没动，直到1956年春天，搬去王洗马巷26号。

宠我

小时候，总觉得妈妈很是宠我，她是否也宠着哥哥姐姐呢，我没有想过，只是总感到妈妈是宠爱我的。记忆中妈妈没有打骂，甚至没有批评过我，唯一的一次，也只是说："不可以的，不可以这样做的。"但是我却做过许多出格的事。

吃南瓜，南瓜面疙瘩一起煮或者南瓜瘪指团一起煮，这是节约粮食增加营养的吃法，家里经常这样做。有一次，姐姐说她不能吃南瓜，吃了容易发疟疾，我正好喜欢南瓜，就把自己碗里的面疙瘩挑到姐姐碗里，把姐姐碗里的南瓜挖过来。小舅妈看见了（当时她在我家帮忙），就批评姐姐，说做姐姐的不懂事，欺负妹妹。我觉得小舅妈冤枉了姐姐，大概算是帮姐姐讨公道，顿时发起小姐脾气来，一边把饭碗摔到地上，一边号啕大哭。碗碎了，白的黄的一地狼藉。妈妈回来了，正在这最热闹的时候回来了。妈妈一看，放下手中的东西，拉住我的手，连连说"好了，好了"，不知是安慰小舅妈还是安慰两个女儿，反正几个"好了"一说，风波平息。这事，我记了一辈子。我小的时候，大概真不是一盏省油的灯。

抗战胜利那一年，我进小学读书。全国人民都在欢庆胜利，老师、同学，恐怕主要是老师吧，认为我的名字"晦"，太不合时宜了，于是我就回家要求改名字。我让妈妈帮我查出字典上与"晦"同音的字，并给我说说这些字的意思，然后自己选了一个"辉"字。就这样改名了，妈妈没有阻拦我。

我读二年级的时候，姐姐也进中学了，再没有人带我一起上学了。妈妈在北街小学当校长，就把我带在身边，我也就去北街小学读书。在学校里，我考试成绩好了，有同学就会说这是因为妈妈当校长，老师偏心的；如果我表现不好，老师又会说到妈妈，说我坏了妈妈的声誉。反正，日子长了，我渐渐长大了，觉得很不好。三年级的时候，有了珠算课。我很爱珠算，"百子图"（从一加二开始不断叠加，加到一百，最后的和为五〇五〇）打得溜溜的，既快又准确。但是许多同学不喜欢珠算老师，都说要故意考试不及格，让别的老师说这个老师不会教课。我"从众"了，考试的时候，我故意不做或者做错好几题，不及格，再补考，得一个六十分。这样的鬼点子，大人们并不知道。

不久后，1949 年春天，解放军进了苏州城，随之而来的有许多干部，许多家庭，许多孩子。为此，实验小学（二院，在草桥）准备招收插班生，多开一个五年级班。我去参加考试，并被录取了。从耦园家里到实小上学，步行需半小时到四十分钟，没有同伴，更没有妈妈或老师同路，我虚十岁，毅然去了。从北街转到实小，妈妈也毅然支持，没有阻拦我。

1948 年，耦园里来了新房客。蒋慧娟带着她的儿子胡大中从南京来了。蒋慧娟曾经是妈妈的同学，胡大中与我年龄相仿。

当时在耦园与我常在一起玩的，还有竹竹、芳芳、王育川，现在增加了胡大中。春天我们一起在菜园里挖了几株桃树、梅树苗，移栽到假山边。过了几天发现少了几株，原来是胡大中把小苗移到他自己家的小天井里去了。并且因为移了再移，小苗受伤了，都蔫了。怎么可以把大家的东西占为己有？我们觉得很气愤。结果就在走廊的矮墙上涂满了"某某移走小树苗""某某要赔小桃树一百棵"之类攻击大中的话。蒋阿姨看见了，很凶地批评自己的孩子；妈妈看见了，对我们说："不可以的，不可以这样做的！"

后来，我们这几个人总在一处玩，儿时的友谊延续到今天。"不可以的"，这几个字，似乎是妈妈对我最为严厉的批评了。

眼睛

妈妈确实无须对我批评、呵斥，因为妈妈有一双厉害的眼睛，只要看一眼，她全都明白，只要看一眼，又什么都表达了。

妈妈的眼睛能把什么都看穿。我做的、我想的，妈妈一看就都会知道。

1950年的妇女节，上午大约第二节课，我忽然被老师叫出教室，说是有电话找我。电话挂在教师办公室的墙上，我须站在一把椅子上才能够接电话。这是我平生第一次接电话，刚从教室里同学们的注目之下像逃一样出来，又到了办公室在空课老师的注视下站在椅子上听电话，我的紧张真是不能形容，脸涨得通红，心跳得咚咚响。电话是妈妈打来的，说今天有一个三八妇女节的庆祝会，要我在学校门口，等妈妈随队伍走过的时候，也一起跟着去参加庆祝会。

那时候，我在苏州市实验小学二院读小学五年级，每天中午在学校吃饭（学校一般不供应学生的午餐，只有包括我在内的两三个学生同老师们一起吃饭）。那一天，生怕妈妈所在的队伍在我不经意的时刻从学校门口走过了，我连吃饭都没有心思，下了课就匆匆到了校门口。我左等右等没有等来妈妈。下午，学校放了假，同学们都回家了。老师们大概也在准备过妇女节，没有人注意到我。只有我自己暗暗心焦，不明白是怎么回事。我是那么执着地等着，一直到了薄暮时分，路灯快要亮的时候，在鼓声、锣声中，在红旗、彩旗下，大队人马到了校门口。妈妈来了。

晚会在附近的一所中学里举行。晚会开始不久，我就发起高烧来。妈妈不得不带着我早退，叫了一辆人力车赶回家去。

妈妈看着我，摸着我的额头，说："下午在外边吹了一下午的风吧？"妈妈又说："恐怕你是两顿没有吃饭饿的。"于是，当晚妈妈做了姜糖汤，又做了粥。我心里明白，因为我的紧张，妈妈在电话里说的事情我没有记清楚，把时间搞错了。我很责怪我的无能，可是，我没有对妈妈说。我感觉着妈妈手掌的温暖，听妈妈这么说，心想："妈妈怎么都知道呢？"接下来的两天，吃粥的时候，有鸡蛋或皮蛋当粥菜。没有请医生，没有吃药，我的病就痊愈了。

还有一件事，发生在这一年的秋天。校庆，学校布置了一个展览会。妈妈到学校来参加校庆活动，后来就拉着我的手一起去看展览会。有一个展室里布置着学生的手工制作，纸工、木工、竹工作品，刺绣和编织作品。那里有我编织的三四顶小绒线帽。我自小对编织有兴趣，因为常常在被窝里看到妈妈在灯下织毛衣。一两个晚上，妈妈就可以织成一件空花的背心，我穿起来很漂亮。于是，我用家里的旧毛线学编织。从织平针开始，一上一下，两上两下，桂花针、空花针，等等，学了许多花样。这次拿到学校展出的小帽子，有三顶是我自己织的，可是有一顶却是家里的，可能还是妈妈以前给姐姐或我织的。这顶小帽是红色细绒线的，以平针做底，上边缀着一粒粒像樱桃的小球。我一直喜欢这种花样，只是还没有向妈妈学。这次竟把家里这顶现成的小帽也夹带上了。走到展台前，妈妈看了一眼，回过头来又看我一眼。妈妈什么都看清了，我也什么都明白了。妈妈的眼睛就是亮。以后我永远地记住了这件事，也再没有做过这样荒唐的事，永远地做一个诚实的人。

◀ 1-8　母亲戴着我编织的帽子、围巾，约摄于 1962 年

大哥病了

城曲草堂北边屏风后有楼梯，通向二楼。楼梯口一间，西边一间，东边一间，这东边的一间就是名叫补读旧书楼的。记得在我七八岁或者十来岁的时候，也就是 1947 年至 1949 年前后，妈妈睡在西边一间，二哥在楼梯口那一间，大哥睡在东边补读旧书楼，我跟着妈妈睡。楼下城曲草堂西边一间，也是我家用作卧室的（爸爸的书房还在西边一点）。

大哥在江南大学读书，指挥合唱团唱进步歌曲，参加学生运动。后来他得了肺病，学校也要开除他，他就回家来了。这大概是 1948 年的事。

一个夏天的夜里，刮风，我被什么惊醒。听人声都在大哥房里，睡眼惺忪的我也去了。妈妈已经在大哥床边张罗，痰盂已经拿到床边，大哥抬起腰，侧过身，还在吐血。地上许多白纸散落，雪白的纸、鲜红的血，很是触目惊心。窗外还在刮风，桌上的白纸还在飘落，窗户咯咯作响。妈妈叫姐姐和我去请医生。

医生家不远，姐姐独自去了。我在大门口守着门，守着一盏照亮的煤油灯。我被吓得瑟瑟发抖，不知是因为夜的黑、呼呼的风、摇曳的树枝和黑影，还是那鲜红的血，或者兼而有之。年幼的我感到正在经历一场"灾难"！

大哥病了。多么无助！多么叫人害怕！

医生来了。大哥房间里已经收拾过了，已经看不见满地的血迹和被鲜血染红的纸，窗户也关了，已经不再那么恐怖，而是透出一丝安详的感觉。

大哥病后，妈妈照例把大哥作为重点保护的对象。过去，祖母生病，妈妈要重点关注祖母的营养；祖母走了，妈妈关注我的健康成长，把每天一元的特殊待遇给了我。现在，妈妈照顾大哥，并没有什么特殊的做法，只是为了止咳润肺，让大哥多吃梨而已。大哥每吃一个梨，就在门背后用粉笔画上一道，吃了五个就画成了一个"正"字，一个秋冬，几乎把木门画满了。

妈妈叫我多吃白萝卜、红萝卜，说也是润肺的。这样我从小就养成了爱吃生萝卜的习惯。

大哥病后，在家休养，养了一大群鸡，参加一些劳动，既有益于健康的恢复，又有一些收入，可以贴补家用。大哥成为妈妈的帮手，还担负起照顾弟弟妹妹的责任。其实，当时哥哥姐姐都已经大了，需要照顾指导的就是我这个小妹妹，连同常在一起玩的小伙伴们。病好了以后，他就在苏州找了工作，当了中学教师。

妈妈病了

妈妈病，比大哥生病更加可怖。

那是1951年元旦后不久。在镇压反革命运动中，妈妈所在北街中心小学有个叫俞盛钧的年轻教师被逮捕了，他是沈倬民舅舅的外甥，经沈舅舅推荐而来北街小学当教师，并寄住在我家。另外胡大中的妈妈蒋慧娟当时也在北街中心小学，因为曾经在三青团任职而"畏罪自杀"（未遂）。当时妈妈是校长，在运动中波及的三四十个教师中两个都与她有关，于是，妈妈毅然辞去校长之职，奉命调往大儒中心小学做教员。

不知为什么，那段时间我的床搭在大哥的房间里，大约是因为大哥希望妈妈能够好好休息吧。一天夜里，我醒来的时候，听见外边有嘈杂的人声。妈妈的床前围了好多人。耦园里的二王先生（住在桂花厅北边的）往妈妈鼻子下边抹了什么药，大家都在等妈妈打喷嚏。喷嚏打出来，二王先生就说"好了，好了"，大大松了一口气。大家也跟着松了一口气。

原来，以中医的诊疗手法，患者如果能够打喷嚏，说明呼吸系统也没有问题，那么脑出血就没有伤害到要害的器官。这是很久以后我才弄明白的。不过当时，只是莫名其妙地跟着松了一口气。妈妈虽然保住了命，但仍然病得很严重，半身不遂，右手右脚失去了功能，恢复得很慢。

那天夜里，妈妈得病时，起初还能够出声呼唤，之后舌头大了，吐字不清了，右手不能动弹了，也不能开床头的灯了。大哥听到响声，却不能进入妈妈的房间，因为门被反插上了。后来到窗外，沿着屋顶摸过去，找到一扇里边没有扣住的窗户，才从窗户进入屋子的。

妈妈病了！我还在实验小学六年级读书，二哥当时在派出所工作，三哥去北京读书了，姐姐从师范出去到了文工团。

一切起了天翻地覆的变化。养病在家的大哥一下子担当起责任，照顾妈妈，照顾我。

2015 年 3 月 14 日

妈妈在耦园（三）：1951—1956

说不出什么原因中断了这个题目，两年忽忽过去，今又急切念着妈妈，妈妈的生日又快到了。妈妈在耦园的日子，又活跃在我脑海。

从"老板娘"到"妈妈"

妈妈病，在1951年元旦之后没几天。妈妈中风，虽然没有生命危险，却有严重的后遗症——半身不遂。妈妈的右手和右脚都不能动了。

最初，妈妈只能卧床休息。当时妈妈只有五十一岁，她怎能容忍自己不听话的躯体！躺了几个月之后，妈妈终于起床了，下楼了，右手虽然僵僵地耷拉在身边，右腿却渐渐长了力气，撑了拐棍，也可以学习走路了。这大概是1951年下半年到1952年春夏之间。

轰轰烈烈的抗美援朝开始了，发展了，全国人民都关注着前线，努力生产，捐献飞机大炮；魏巍一篇《谁是最可爱的人》，引起全国上下的关注。1951年秋冬在朝受伤的志愿军战士，一批批回国休养安置。苏州也接纳了许多，办了荣誉军人学校、荣誉军人康复医院。仓街一带，有若干处民房都腾出空屋，供志愿军伤病员住宿。耦园也是一处。大厅载酒堂、东花园安乐国都住了人，最可爱的人！大都还只是小青年，十八九岁，二十来岁，伤脚的很多，有的是冻坏的，有的是被打伤的。

志愿军伤病员入住耦园，他们想要缝被子，请妈妈帮忙，就说"老板娘，老板娘"。后来才知道，队伍里的老战士大都来自山东、苏北，在老区，他们称呼老乡家妇女为"大娘"，现在到了城里，觉得称"老板娘"才显得尊重。"老板娘"的称呼怪怪的，妈妈又有不能动弹的右手，尽管如此，妈妈欣然接受，叫上

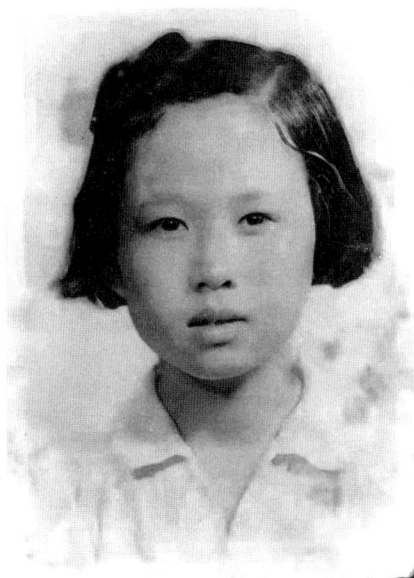

◀ 1-9 1951年夏，小学毕业

我，并教我完成平生第一次的功课，缝了被子。从小娇滴滴的我，竟能够缝被子，连我自己都大吃一惊。

缝被子，补衣衫，做袜底，做背包带，等等生活杂事，妈妈有求必应。在妈妈的指挥下，我学会了许多本领。我不能胜任的，妈妈常常请蒋慧娟阿姨参与来做。也是在这个时期，我在蒋阿姨那里学会了使用缝纫机。

在这样的来往中，战士们知道妈妈并不喜欢"老板娘"这个称呼，他们开始改口叫"张老师"。荣校一方面关心战士们伤病的治疗和康复，一方面关心他们文化学习。有条件的战士，被收进工农速成中学读书，没有条件的，康复以后就退伍回家了。妈妈鼓励这些青年学文化，成天为他们辅导，学语文从识字开始，学数学从四则计算开始。有几个拄双拐的青年，见妈妈半身不遂，却努力学步，也积极锻炼，一段时间以后，双拐改成单拐，再过一段时间，单拐也丢了。有个叫吴和生的，从四则运算学起，之后考进工农速中，再之后进入南京农业大学，大学毕业了，去坦桑尼亚工作。十多年后，"文革"之中，妈妈被社会冷眼相对的时候，他还是到王洗马巷看望"妈妈"。这声"妈妈"，如此温暖人心；这声"妈妈"，就是他在荣校喊出来的。战士们对妈妈的称呼，从老板娘到张老师到妈妈的转变，至今想来，我还不能不为之动容。

妈妈确实用爱子之心对待这些孩子。当时荣校的青年干部游昌贤、陈年连俩热恋已久，到了成婚的年龄。妈妈知道了，把自己的房间让了出来，给他们做婚房。只说自己腿脚不便，不适宜住在楼上了。从此，妈妈就住到了城曲草堂西边一间里。最近我

◀ 1—10　志愿军叔叔游昌贤（照片后书："1952.12.28 钱辉小妹妹：我热烈地祝你继续迈进！"）

去耦园，看见茶室扩大了，这最西边的一间，也成了茶室的一部分。我就坐下来泡一壶茶，待了两小时，回想当年。

当年还有两件事，在记忆中活着。

我还在小学里，应该是1951年夏天，下午大雨，家长们纷纷去学校送伞，为了孩子不被淋着，自己被淋个透。我回家告诉妈妈和大哥，说："这些妈妈真伟大！"大哥反问我说："你的意思就是我们的妈妈不伟大？"

还有一次也是与大雨有关，大约是下一年的暑假里。妈妈坐在城曲草堂方桌边，我们几个小朋友也在桌边，育川、竹竹等四五个人说着笑着，忽然狂风大作，雷电交鸣，豆大雨点从天而降。在狂风鼓动下，雨点打进城曲草堂，半个屋子顿时尽湿。我们在听到第一声响雷的时候，就七手八脚帮妈妈站起来转往房间里去，还是不够快，大家都淋湿做了落汤鸡。

妈妈的身体尚未恢复健康，她是最应该得到帮助的人，却以最大的努力帮助着别人。

曙光养鸡场

大哥病中，为了增加营养，为了有利康复，就养了鸡。那时候，我们几个小朋友认识了洛岛红、莱克亨这些洋鸡。洛岛红是那种全身红褐色羽毛的；而莱克亨全身雪白，配上鲜红色鸡冠，美丽骄傲得像公主一般。那时候的舆论，洋鸡要比草鸡更有营养，洋鸡下蛋又大又多，所以，养的都是些洋鸡。城曲草堂前土地广大，用篱笆把西半边围起来，就让鸡们散步嬉戏，晚上就在西边的小阁里宿夜（如今小阁修缮一新，挂匾藤香阁，游人们无论如何不能想象这里曾经是鸡舍）。大哥试着把鸡蛋竖起来，让自己静心。小朋友们也学着竖鸡蛋。记得当时大哥在桌上竖了好多鸡蛋，拿相机拍下来时，照片上显示竖着的蛋只有几个，其余八个都倒了，他就把照片命名为"横八蛋"。

后来妈妈病了，大哥出去工作了。家里还有我这个小妹妹要读书，没有一个固定的收入怎么行呢？大哥当教师了。先在乐益中学，不久到市一中。虽然当时没有名目，却的确是名真正的教师，教物理。

家里继续在养鸡。妈妈在忙着，拖着病体，照顾着这些莱克亨和洛岛红，还有照片留存。当时还小，不明事，只当养养鸡，既锻炼了身体，也增加了营养。直到最近，梅在苏州档案馆发现

▲ 1-11 母亲在耦园养鸡

了一些档案，原来妈妈养鸡还是正儿八经的，经过登记的。1954年，曙光养鸡场，独资。显然，妈妈曾经希望能办好养鸡场，获取一定的经济收入，以便自力更生！"曙光"，这么一个充满希望的名字，至今鼓舞我们以妈妈为榜样，心怀曙光，努力向前！

给我无忧无虑的少女时代

在这个时期，我读完了小学，进了初中，又进了中等师范。

记得在此期间，我小舅舅和姨夫先后去世，妈妈都去参与治丧，安排一切事务，并安慰未亡人。哥哥们当教师，教学要紧；我还在初中，学习重要。妈妈都没有要我们到场，只是在治丧期

▲ 1–12 1955 年，与母亲（中）、姐姐（左）合影

间让我佩戴黄头绳，尽了悼念之意。工作和学习比什么都重要的理念就这样种入我心，几十年不变。

　　除了最初妈妈得病的时候，我惊慌失措，不久就恢复了快乐和平静。我在楼梯旁的小房间里过周末，做功课，写日记，在山茶树上读书，在假山和花园里玩耍。难得有时候姐姐回家，两个姐妹还跟妈妈开个玩笑，妹妹戴上姐姐的眼镜，两人一起开口叫妈妈，看妈妈是否分辨得清谁是姐姐谁是妹妹。我们俩声音极像，都有很长的大辫子，有时候，妈妈竟真的搞错了，引得三人一起哈哈大笑。

　　除了养鸡，妈妈那时候还学习使用左手，有很多成绩。她用左手拿勺子，自己吃饭。勺子以后是筷子。用左手举菜刀，捏铲子，她渐渐可以做菜了。还学习抓笔，写字。当时三哥、姐姐先

◀ 1–13　母亲在耦园城曲草堂前，
约摄于 1954 年

后到了外地，必须靠通信来联系，我在师范毕业之后也离开了苏州到农村工作。妈妈用左手写的字从铜钱大小、蚕豆大小，渐渐变得正常。可惜经过历次运动，搬家又搬家，当时的信件竟没有一件留存。

妈妈甚至学会用一只左手来腌一缸菜，用一只左手来劈豆瓣。双脚的能力也在锻炼中提高，她可以从耦园走到观前了！

生活自理之外，妈妈一直都照顾着我和姐姐这两个小女儿。陈年连穿着漂亮的连衣裙（当时学苏联，连衣裙不叫连衣裙，叫作布拉吉），妈妈看见了，心里就想着一定也要给女儿们做。她会跟裁缝说，提出要求，不久我和姐姐就都有布拉吉穿了。我

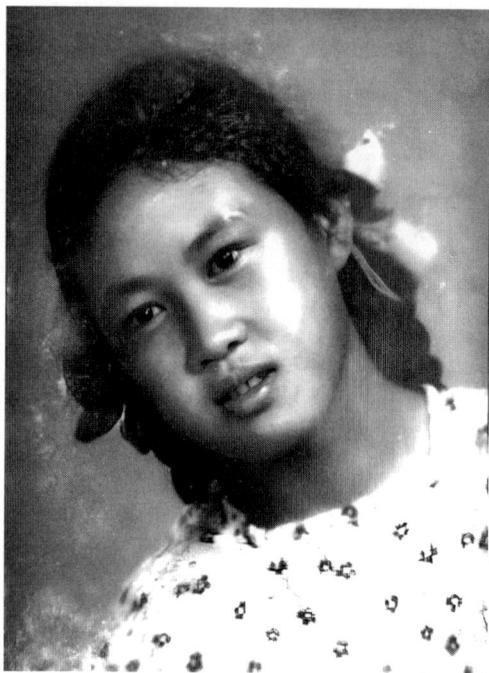

▲ 1–14 1955 年，穿母亲设计的"布拉吉"

的两件是蓝色花布做的，妈妈说师范里要求朴素；姐姐在大学读书，做了苏联大花布的，与环境协调。有一回妈妈拿出一段浅绿色的布，裁缝说，做一件太多，两件又不够。于是，妈妈买了一些白布加上去，做成两件镶拼衫，姐妹二人一人一件。当时我在校园里很是出了一阵风头。妈妈还把她自己的一件黑色丝绒外衣改成我的风衣，把我小时候一套玫红色的西装改成一件夹克衫，妈妈的头脑里有无尽创意，她总能说服裁缝，为我缝制这些"新衣"，一时之间，我便成为校园里的一道风景。

回想起来，我的中学生活可以用快乐学习、无忧无虑来概括。

搬家了

1956 年春天，耦园面临一个大的变动。房东刘先生将耦园赠送给了振亚丝织厂，园内住户都必须迁出。妈妈开始看房子，准备搬家。当时我住校，只在周末回耦园家里。每次回家，就会听妈妈说些看房子的事。妈妈说，房子看到了，很大的，一并排是五间，前后房间，一共十间，还有二楼，也是十间；天井也很大，楼上还有厢房。妈妈很满意的样子，让我以为新居也真不错。妈妈说，下个星期不用回到耦园来了，直接去王洗马巷吧。王洗马巷离新苏师范近，从新苏师范出来经东大街、司前街、养育巷到中街路，一直向北，看到王洗马巷左拐向西，26 号就到了。

妈妈是独自请人帮着出力，把家从耦园搬出来的，至今我都不能想象。

新家并不如我听了妈妈的介绍而想象的那么好。这是一座商业家庭的建筑，在我家租住的第五进天井西侧，有一间石屋，上下左右前后六面都是花岗石砌的，这个石屋可以存储钱财，也可以藏人，既防盗，也防火。前后七进，前五进是十楼十底的住房，两进辅房，下人住宿用，还有柴草灶间。有长长备弄，几十米，把七进房屋串联一体。这里除了每一进之间的天井，没有其他空间，更没有花园。如果说耦园是光明，那么王洗马巷 26 号就是黑暗。然而，妈妈用她乐观的态度，随遇而安，使我也很快适应了新的环境。

搬家之后，妈妈常常到养育巷鹤园参加政协组织的学习，又在居民小组里当了调解组长。妈妈的视野更加开阔，生活更加丰富。乡邻们又给了她新的称谓——张先生。这是后话。

明天是农历六月二十六。妈妈的生日，谨以此文纪念亲爱的妈妈！

2017 年 7 月 18 日

第二章 走向乡村

身体弱了，什么事也干不了，唯一可做的是回忆。

好吧，回忆。回想到六七十年以前年轻的岁月，忽然好像年轻了许多，我明白，我无悔，我赞赏我十八岁的选择。

当上乡村女教师

　　一个在城市里生、在城市里长的女孩子，熟悉的是书本、操场、图书馆、电影院、街道和公园，喜欢的是唱歌、画图、运动、看电影和逛大街，一切都简单得很，却有一个不简单的愿望——当乡村女教师。

　　1950年冬，新中国成立才一年时间，我还在小学五年级读书的时候，当时苏州各影院公映的电影大多数是译制片。一些冬日的傍晚，妈妈站在皮市街路口等候我放学回家。她的胸口鼓鼓的，原来列宁装棉衣襟下藏着一个搪瓷口杯，里边是热腾腾的面条。妈妈领我到电影院，在看电影之前，我就在影院里黑漆漆的座位上享受我的晚餐。电影是《以身许国》《乡村女教师》这些苏联革命题材的影片。

　　自从看了《乡村女教师》以后，瓦尔瓦拉的形象就印在了我的脑海里。我的妈妈是教师，两个姨妈是教师，还有堂姐、姐姐都在师范读书，父亲是教师，伯伯、叔叔、舅舅也都是教师，三个哥哥同样也是教师或准备当教师。生活在这样一个教师家庭，对教师工作的向往早就与我的生活紧紧联系在一起，我一心想做一个像瓦尔瓦拉一样的乡村女教师。这种急迫的心情驱使我小学毕业就进了新苏师范的初中部，初中读完又顺理成章地经过考试进入了本校普通师范部。

在师范学习，我很明白三年之后自己是要去当教师的，是要当乡村女教师的，必须好好学习，全面发展，充分地充实自己，做好各方面的准备。我确实这样做了，各门功课都学得不错，毕业时是一个"全优生"。实习的时候，当时的苏州市教育局局长听了我的课，十分满意。实习指导老师也把我宠爱得不行，她只有四个儿子，就把我当女儿一般爱护。

实际上，从瓦尔瓦拉开始，我们这一代青年结识并崇拜的英雄实在太多了，卓娅和舒拉、青年近卫军、马特洛索夫、刘胡

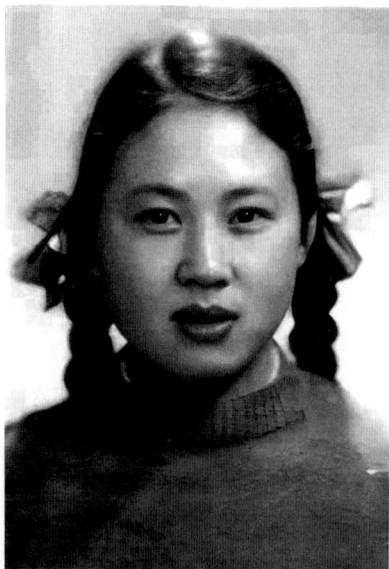

◀ 2-1 1955 年，就读新苏
师范时摄

兰、董存瑞、黄继光、邱少云，还有保尔·柯察金以及牛虻……
个个都曾经叫我们热血沸腾，个个都召唤着我们向前！当年王蒙
写的《青春万岁》拍成了电影，其反映的精神力量，在我看来十
分神圣；吕远的《克拉玛依之歌》，唱着唱着，心向往之，血沸
腾了。革命英雄主义的情愫时刻伴随我成长，追随火热的社会主
义建设，追随英雄的足迹前进，这样的思绪和心情，与日俱增，
成为我生活不可分割的一部分。

1957 年 7 月，我们从新苏师范毕业。毕业分配我留在苏州。

同班的苏州同学全都留在了苏州，也有一些外地的分在苏州
的，只有一个例外，那就是受敏，她被分配到镇江专区。据说班
主任老师以为她正在同一个男生谈恋爱，心想与其以后再调动工
作，不如现在就分在一起，就做了这样的好事。其实，并没有谈
恋爱的事。

受敏，特别是受敏的妈妈，很不能接受这个事实。受敏妈妈
对一个不到二十岁的姑娘独自远离家乡去一个近似苏北的地方，
很是舍不得。我去他们家的时候，受敏妈妈竟泪流满面，不能自
制。就在这样的情况下，我提出陪受敏一起走。受敏妈妈连声说：
"最好，最好。"校长支持了我们。

锦贤，宜兴人，本来已经分配回镇江专区。校长把我们在表
格上的名字相互改了位子，把我们的毕业去向调换了一下。镇江
专区则把我和受敏都分配到了江宁县。唐老师虽然没有教过我
们，但知道这件事情后，热心地对我和受敏说："你们要去的江
宁县，是一个山明水不秀的地方。"

山明水秀呀，还是山不明、水不秀呀，管他呢！我的心已经

◀ 2–2 1956 年，在新苏师范校
园里，与曹锦贤同学（右）
合影

飞向远方，我真的可以做乡村女教师了！

　　到了江宁，分管教育的副县长在给新教师开会的时候，介绍了江宁每一个乡镇的情况，大致的地理位置和教育概况，它们各自的特点，有的依山，有的傍水，有的地方有好吃的土产，有的地方有历史的故事。

　　想到哪里去呢，首先让我们自己选择，然后才由组织决定。因为新教师人数少，还不够每一个乡镇都分到一个，所以，一个乡里最多只能分一人，我同受敏也就不能在一起，只能在相邻的乡镇里。她选择了有山林的东善桥，我到了陶吴——据副县长介绍，《儒林外史》中的马二先生就是陶吴镇人，当年叫作陶红镇。我在学校读过《儒林外史》，依稀还记得这马二先生爱吃肉，能

▲ 2-3 1958 年 1 月，与一起到江宁县做乡村女教师的金受敏同学（左）合影

一口气把两碗肉全吃光，还把汤汁都喝干了。我就冲着这个马二先生去了陶吴。但说也奇怪，后来在陶吴待了两年半，却并没有去探访过马二先生的遗迹。

从苏州到江宁，先是乘坐火车到南京，再坐三轮车到长途汽车站，最后乘坐长途汽车到东山镇（江宁县城）。第一次去东山镇报到，所乘坐的火车是夜车，大约十一点以后开车，天亮四点多才到南京。初见南京，吸着清晨清新的空气，看着宽广清洁的街道，感受到寂静的晨曦发出柔和温暖的气息。沉睡的城市刚刚苏醒，高大茂密的行道树伸出枝丫轻轻摇曳，像是对这两个年轻的女孩子表示欢迎。这是一种圣洁的欢迎仪式，永远铭刻在我们心里。三轮车夫先把我们送到长江路长途车站，后来知道错了，又把我们送到中华门车站，多绕了许多路。这一程，从下关到中华门总起来算，大概载我们走了三十华里之多。原来我们做学生时就几乎没有坐过三轮，觉得工人付出的劳力太多，自己有脚自己走。这一次带着行李，竟让工人载了这么多路，内心的不安没法形容。可是，他们并没有多收钱，他们说多走弯路、多费周折是他们的责任。善良、负责任的三轮车夫把我们深深打动。就这样带着兴奋和感动，江宁，我来了！

江宁县城到陶吴行约八十华里方可到达。县里正式分配了我们的工作，我就要去陶吴了。那时候虽然通了长途汽车，我们坐的却是解放牌的大卡车。路是砂石路，坐在卡车里，车后黄尘滚滚。汽车一路向前，身上、脸上，到处是灰、是土。有一段路还是红色的（后来才知道原来那里有铁矿，铺路用的是褐铁矿石），所以到达时，身上脸上已经是黑白红黄杂陈，说不出个究竟了。尽管如此，我们心里都喜滋滋的，总觉得自己就这样参加了社会主义建设，实践了"到农村去，到边疆去，到祖国最需要的地方去"这样豪迈的口号。瓦尔瓦拉在西伯利亚的工作环境在眼前浮现，感到自己即将做一个瓦尔瓦拉这样的人，激动之余还遗憾地想，艰苦都过去了，我们现在的条件太好了！

到学校吃的第一餐午饭，菜是"火腿"。当地的老教师向我们这样介绍。其实那就是酱园里用南京大萝卜腌制的酱萝卜，切开来一片一片的，红红的，像火腿。饭后见到来校的教导主任，照老教师们对我们说的去做，问道："您姓王吧？"引起哄堂大笑。原来"王吧""王八"谐音，老教师们跟我们开玩笑呢！报了到，教导主任说"把生活安排好，休息吧"之后，我们就把一路弄脏的衣服鞋袜换了去塘里洗刷。原来陶吴好像没有河，这里的水都在池塘里。在来的路上，我们已经看见许多池塘。在公路两边的田地间，池塘里水面平静，波澜不兴，很像大地的眼睛，明亮地睁着，看着蓝天。现在，眼前的池塘是锅底形的，池边水浅，不方便清洗衣服，有一条跳板伸向水里，一头搁在池子边上，另一头搁在一个木架子上，人们可以走到跳板那头去洗衣服，那边水比较深也更干净些。跟我一同分到陶吴去的郭立华（镇江人，幼儿教师）不敢下去，我就自告奋勇端了盆向跳板前端走去。不料那一头是浮着的，人走过去，板就被压下去了，跳板上全是水了，并且还有青苔，滑得很，一不留心，我就跌坐到跳板上，裙子、内裤、袜子和鞋全都湿了，不得不在清洗完手头的衣物之后再次来到塘边洗衣服。后来我俩戏称这次有惊无险的经历为"接受战斗洗礼"，大笑一场。

就这样，我终于在陶吴当上了乡村女教师。此时，我虚龄十八岁，实足年龄才十六岁又十个月。

在陶吴中心小学

我当教师服务的第一所学校是江宁县陶吴中心小学。

学校有两排主要的房子，是教室和教师办公室。前排教室前面是不大的一片场地，当操场用。东侧有校门，稍偏西侧有几间小屋，是厨房和教师用餐的饭厅，校园最南端，是幼儿园。这样的布局不错，幼儿和小学生可以相互不干扰。操场东墙边比较靠北的地方也有一排房子，是教师宿舍。学校虽然不很大，却很干净漂亮，教室前有花草，厨房外也有。

学校让我教一个二年级班。如前所说，学校有前后两排教室，这前排教室又被一条通道从中间分开。我的班级紧靠通道，在西边第一间，而通道东边第一间就是我们的教师办公室。我教室里的动静在办公室里是可以听得清清楚楚的。我把在师范里学得的语文教学法都用上，画呀，写呀，做了不少贴绒教具，比如《乌鸦和狐狸》，就随课文出示大树、树洞、大树上的乌鸦、树洞里的狐狸等等，伴随着我的朗读或讲解，课堂上常常伴随着开心的笑声。学生都"不怕"我，学生们爱我，爱得在课堂上鼓掌、哈哈大笑，还给我的长辫子插满了鲜花。办公室里的教师们就摇头说"一个大孩子带一群小孩子"，颇有否定的意思。

放学后去家庭访问，让我看到了学生的生活，我往往不能在学生家里见到我想见的人。家长都还在地里忙着，学生也在田头河边，他们在放鹅，要等每一只鹅的嗉子都饱鼓鼓凸了出来才可回家，那时也近黄昏了。而早上，他们也是首先要让鹅吃饱才可以到学校上学。一群鹅从春天到夏天，养不到三个月工夫就长成了，卖了可以添置几件汗衫裤头，母亲要用的针头线脑，孩子要用的铅笔橡皮，父亲偶尔娇惯自己抽的几支香烟（平时大多抽旱烟袋），都由这群鹅造就。孩子放鹅对家庭的贡献也很不小哦！我的这些学生，在家里基本没有时间读书写字，读书是学校里的事。这样的学习生活是我从未见的，也从没有老师告诉过我。难道我们不应该把课上好，尽量让学生在课堂上学得多一点、好一点吗！就这样，要千方百计提高课堂教学的效率，这个认识差不多就在那个时候形成了。

在家访的时候，总不免要向农民问路，得到的回答也总是

"一条白路向东走"，或者向南、向西、向北等。我对方向的把握，就在这样的实践中形成，并由此知道"路在嘴边，路在脚下"，这样的理念对我的人生也很有意义。

自从到陶吴当了教师，我在学校工作三十年，教过无数个学生。

在平常的年月，我是"革命的动力"，在"革命"中，我又成为"革命的对象"，这样，我就常常被调动工作。工作第一年，因为我没有能把握住低年级的学生，课堂纪律有点乱，学校没有让我教完一学年，就让我撤退下来。从第二年起，我教了六年级，很有成绩，于是就被视为很能干的教师，并逐渐成为学校的教学骨干。从此往后，带乱班叫我；要下乡代课是我；遇到复式班，别人嫌麻烦，也就叫我去；来了新教师，就把我带过的有点基础的班级让给新教师带，而我则得重新带一个班级；遇到换了新教材，要摸索使用并适应新教材，是我去；要搞什么重点班，也还是让我去尝试……总之，或当"救火队员""替补队员"，或种"试验田"，这么一来，我几乎只有英语没有教过，而教遍了从小学到初中的所有课程（另外还有师范学校、教师进修学校里教育学、心理学、教材教法之类的课程）。没有一个班级是教满了两年的。短则半年，长则一年半时间，非调一个工作不可。不是调学校，就是调班级。我几乎在每一个学校都当过音乐教师，每学期教六个、八个、十个班级的音乐课不等，所以，根本无法计算我的学生人数，大致说来恐怕是成百上千，甚至有数千。而这些孩子，大多是农村的孩子。

实际上，我这第一年的工作没有成功，真正的半途而废。办公室里的纷纷议论，学校领导十分重视，下学期没有结束，领导就安排我离开了这个班级。一天，教导主任王家箴把我领到五年级教室里，把从我宿舍里拿来的一大堆书往讲台上一放，开始了对我的介绍：

这位老师从我们江苏省最好的师范学校毕业，高才生，爱读书，会画画，善唱歌，体育也不错。你们看这些书，这是大学的语文（《文学概论》），这是讲怎样当个好教师的（马卡连柯的《教育诗》），这些是故事书（小说），这还有讲画画的和唱歌的。总之，你们有什么问题她都可以回答你们，你们想知道什么都可以向她请教。你们之中有的年龄比她还大，所以你们可以是师生也可以是姐妹兄弟……

如此这般把我夸了一通之后，教导主任宣布让我当他们的少先队辅导员，并担任他们的地理课授课教师。他这样做，不但在孩子面前树立了我"高大"的形象，让他们一开始就以崇敬、羡慕的眼光看待我，并以能做我的学生而自豪，更加重要的是，半道上从二年级被撤下来的我，竟然因此而没有一点挫败感。且不问他这样做是否正确合理，他对一个新教师的关注和爱护，确确实实地保护了这个新教师的自尊心和自信心，使我以后的工作变得顺利。

在事隔数十年之后，我同王教导还有两次接触。一次在1987年，在江苏省教育厅主办的小学语文教师教材教法讲习班上，我去讲了低年级识字、写字教学，王教导主讲的是基础训练。他听了我的课说："你成熟了。"眼神里还透出对新手晚辈的关切。另一次，电视上播放有关第一汽车制造厂的节目，说到他是当年为东风牌汽车的生产自发捐款的第一人，由此想见他青年时代对社会主义建设的热情。这两次接触增加了我对他的了解，而这却是当年的我还不懂得去了解和关心的。

关心我的不止教导主任一人，当时幼儿园的许惠如老师对我也很关心。许老师的爱人朱剑虹也是陶吴小学的老师，夫妇俩就住在幼儿园的宿舍里。我常常会在课余到幼儿园去，因为同我一起分来的郭立华就是幼儿教师。我们在那里玩，弹琴唱歌。有一次，白天我到乡下一个单班小学去了，那里的小徐老师叫我去教他集体舞。晚饭的时候，许老师就问我情况，我说徐老师头发梳得油亮亮的，皮鞋也擦得能见人影，她说："你知道他为什么这样？难道他不是对你有意思吗？"这对少不更事的我来说，提醒得很及时。没过几天，徐老师又叫我到他父亲开的药店去，取他给我写的生字卡，我去了，并没有拿他写的，却拿了我自己写的带去，说："我自己会写的，你写的留着自己用吧。"我私下里想，我还比你写得好一点呢！我跟许老师说自己对徐没有什么意思，请她为我转言。这事就这样处理了。

一起的青年教师男男女女很多，大家相处得都很好，住校的教师也不少。学校请了一个老妈妈，为教师们做饭，做饭的就是胡妈。

我们在学校住宿和吃饭的只有八个教师，五个男教师，三个女教师，胡妈就是为我们这八个人做饭的。我有一篇《胡妈》写她。

我当五年级的少先队辅导员很顺手，同学生们一起劳动，一起玩。有个叫韦殿益的学生爱画画，还会画老虎，拿了作品来找我，请我"指正"。我可不会画老虎，只能老实告诉他我不会，而画面上的石头、小草，画得好不好，我还能说上几句，也能画上几笔，还能叫韦殿益满意和信服。他是"大同学"，班上大约有三分之一的学生年龄同我相仿或比我略大，他的信服，也使这些大学生都接受了我。我带着学生出去劳动，到林场、到生产队，常常有人问："你们的老师呢？"当看清楚我们是一个小老师、一群大学生，问的人就会目瞪口呆，而我们却哈哈大笑。

暑假里，学校让我去县里参加小学升初中的阅卷工作（这是绝无仅有的，一般都是教六年级课的教师去阅卷，所以我的出现引起了老师们的注意和好奇），这也是教导主任的安排，是让我在担任六年级教学工作之前先接触一下，进入角色。1958年秋季开学，我就继续教这一班，担任了六年级的班主任和语文等科的教学工作。

大概是我在学校的表现不错，六年级的教学中也不再有什么纪律问题，工作有成效，能说一口普通话，写文章也通顺流畅，工作效率还很高，另外爱画画，爱唱歌，似乎有很多优点，被人误认为是一个人才。1959年2月，过完寒假我刚回到学校的时候，就有一纸调令在等着我，县里要调我去县广播站当播音员。我没有接受！我学习师范是为了当小学教师的，我这个乡村女教师只当了一年半，怎么可以半途而废去当播音员？再说，在陶吴的日子很快乐，我怎么能离开呢？我哭着哀求校长为我说情，终于没有被调走。这恐怕是我"不服从分派"的第一次。

1959年暑假前，学校领导就对我说，暑假后让我教五年级，他们准备培养我熟悉五、六年级的教材和教法，以便胜任高年级的语文教学。于是我利用暑假把五年级的语文书读了又读，并开始备课。但是开学的时候，来了一个新毕业的小李老师，领导就叫我仍然教六年级，把五年级给了她。我把一大本备课笔记全给了她，自己重新准备六年级的课。我还当了大队辅导员，在少先队工作中我也得心应手。其实，六年级语文教材里还是有一些课文我不能很好地理解，更不能带领学生理解掌握，比如有的课文涉及两岸关系、政治形势和观点。我当时不到二十岁，根本想不到这些事，也不适应这样严肃的语言，教学也只能是走个过场，心里对自己很不满意，所以事隔半个世纪，还是耿耿于怀。1959年秋冬，经济困难已影响了广大农村，对于当时的教学工作我已经没有深刻的记忆了，只无端地记起我们照例每晚要夜办公，九点多了，又冷又饿的，就到校门口买上二两饼干，大约有十四五块，与书桌对面教平行班的小戴分了吃。这几乎是一个冬天每天的功课。白天，下课的时候，学生们都挨着挤坐在走廊里晒太阳，根本没有什么拌嘴打架的事。最困难的日子里，因为吃不饱，很多学生都懒得上学。每天早晨，教师们就分头跑到乡镇附近的村子里一家家喊学生上学。农民对教师很尊敬，只要有教师去喊，总能叫学生跟着走。

学干农活

20世纪50年代，一个乡村教师差不多也是一个乡村干部；学当教师的同时，必须学做农活，学习做农村工作。这是我当教师头几年就开始有了认识和实践的。

第一堂学农课是认识锯镰刀，学割稻

深秋时节，晚稻成熟了，收获晚稻之后就要种下麦子。秋收秋种关系着当年的收获和来年的希望，关系着农民的生活，这在农村是非常重大的事，乡里要学校派人支援农村。就我们当时所受的教育和形成的观念来说，教师也应该参加田间劳动，改造世界观。所以，一天下午，一些男教师和年轻的女教师们十几个人就很高兴地下乡去劳动了，留下几个年老的教师在学校应付着。

晚秋的天气特别晴朗，天空湛蓝湛蓝的，像大海，田野里金黄一片，稻穗在阳光下散发着一种香味。我们去劳动的地方视野不是很开阔，从大路转上小路，再转到田埂上，可以看到田野的尽头就在眼前不远处，其中有接连着的三块田，一块比一块高一点，不过百米开外就是山坡了。山坡上是马尾松，翠绿翠绿的，山坡的线条很柔美，一层又一层，翠绿的马尾松有松香散出，和着稻穗的香味随小风飘来。我的鼻子告诉我，这就是农村的味道，田野的味道。我的心情开朗兴奋起来，真想唱支歌来表达我无法用言语描述的情绪。

田头，一个农民走过来，手里捧着许多短棒。我在队伍的前边，他自然就首先给了我一个。说是短棒没有错，一根木棒不过四寸长，在木棒的一头斜斜地安着一片铁锯子，也不过一寸宽、四寸长的样子，而这铁锯子还有锈，脏不拉几的。这是什么东西？镰刀可不是这样的！我对农具并非什么也不懂呀，在学校里不是唱过歌跳过舞吗，"手拿着锄头锄野草呀，锄掉了野草好长苗呀"，这是锄草歌。还有什么农作舞，跳舞的时候还拿着道具镰刀做收割的动作呢，镰刀可是弯弯的月亮一样的，难道割稻不是用镰刀？这个家伙还能割稻？该不是他们看我不像会劳动的样子，随便拿个破东西糊弄我吧。我站在田头，心里的念头一一涌出来，脸慢慢红了。

大家手里都有了刀，男教师们已经陆续下到了田里，见我还在田埂上站着，那个发刀的农民对我说："这个小老师，你第一次割稻吧？来，我教你。"他让我走到队伍的最后，又说让他们在前边好了，我们慢慢来。我这才注意到他很年轻，年龄似乎并不比我大多少，脸上也全是诚恳而没有丝毫取笑人的意思。最重要的发现是，他的手上也同样是这样一把小锯子。我放松了，脱口就说："难道割稻不用镰刀吗？用这么个东西？"他立刻哈哈大笑，说割麦才用镰刀，割稻子是要用锯镰刀的。这就是锯镰刀，因为是锯口，稻秆才容易被拉断。他还教我两手如何配合协同，左手的五个手指如何都用起来，将稻棵儿一一夹住，因为每个人都必须负责割六行，嚓嚓嚓嚓地，割了并排的六棵稻才可以放手。六棵稻并排有一米多宽，我看他把两腿叉开，从右往左一棵棵地割过来，腰肢也由右向左配合着双手转，姿势很是优美。稻桩子不能留得太高，而割下的一把稻秆子也并不是圆圆的一把，好像折扇骨子一样，一棵压着另一棵，那稻穗也就像扇子一样稍稍展开，据说有利于把稻穗在阳光下再晒一晒；稻把子须搁在稻桩上，以便捆稻的时候别人可以把稻把子一下子抱起来。小青年说着，做着示范，让我跟在他后边。我弯下腰割起来，觉得这把小锯子很厉害，稻棵碰上它就被割断了。我学着把稻把子放成一个扇形，有时候，一把稻从稻桩子上滑下来，还要回头去把它放好。看我落后了，这青年又不时跑回来，帮我割几把。

傍晚，给我们的任务完成了。要把手里的锯镰刀还给那小青年的时候，学他的样子，把它在田埂上的草棵上擦一下。锯条上的泥被擦掉了，锈斑也没有了，锯口铮亮的，真神！看稻田里，那一把把的稻棵子排得整整齐齐的，我心里的快活就没法说了。我又发现，除了这个青年，一下午并没有碰到别的农民。问了才知道，这块田是他们村里特意留给老师们的。田块呈长方形，横宽竖短，我们一群教师一字排开，正需要这么宽的田块才可以展开，而竖里直线距离短，让老师们显得从容。累了，稍稍坚持一会儿，也就到头了，不至于在稻田里有"一眼看不到头，累了也得不到休息"的痛苦感觉。

这一次，我遇见了一个农民，并得到他的具体帮助，我认识了锯镰刀，学了怎样割稻，也参与了一个集体，割完了三块田的稻。

我真的进了农村这个大学了！我完成了第一课！

车水抗旱

江宁县有一条很有名气的河——秦淮河。可是，除此之外，江宁就几乎没有什么河了。江宁的广大农村里，多的只是池塘。人喝的是池塘里的水，牛饮的也是池塘里的水，浇灌田地还是用池塘里的水。

我第一次到陶吴看见池塘，很感兴趣。池塘在路边或者山坡下，时时可见。偶尔有几只水牛在池塘里泡着，露出两个鼻孔和一线脊梁；几个放牛娃在草地上玩耍，也有的干脆陪着老牛一起泡在水里；狗爬着，溅起些许泥水，还高兴地叫着。多数池塘里的水很静，叫我想起"一潭死水"这种叫人扫兴的成语。然而，水面波澜不兴就使这池塘变得明镜似的，镜子里映出蓝天和白云，再加上不远处连绵的小丘那柔和的线条和山坡上青翠的马尾松，路边的景物就生动起来。看了又看之后，我又把这些池塘称作大地的眼睛，他们一眼不眨地看着天空，表达着他们对蓝天白云的无限眷恋。

不久我就同这些大地的眼睛交上了朋友。1958 年一整个暑假里，我就整天在它们身边活动。

池塘对农民、农业太重要了。当年农业有个"八字宪法"：

水、肥、土、种、植、保、工、管，水是第一位的。没有水，庄稼是无论如何长不好的。在江宁的农村里，田边地头就有池塘，作物需要水的时候，将水车架起来，几个人踏水车，一两个小时就可以完成对田地的灌溉。因为是丘陵地，地块有高低，水车架在高地边，高地灌满了水，就把地边的水沟开一个缺口，让水自己往低地里流。就这样，一块地一块地，把水灌满浇透。

　　1958年，是"大跃进"的一年，从春天起就不怎么下雨，到了夏天，就更显出缺水。农村里喊出的口号是"天大旱，人大干"，"抗旱抗到天低头"之类。田里没有水，收割了小麦之后种不下水稻，即使是种大豆、玉米也不行。有的池塘已经干涸，只

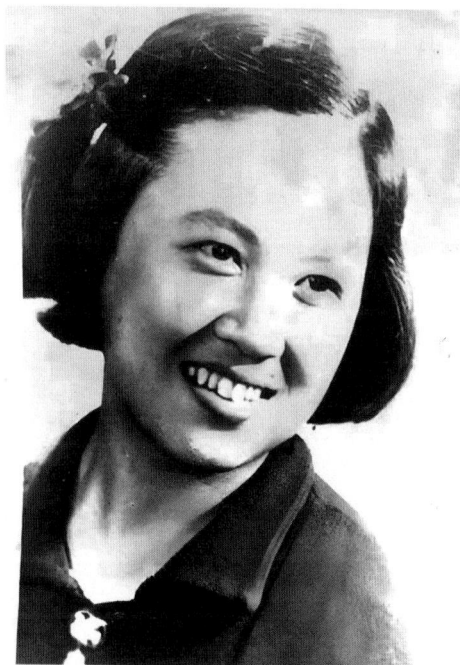

◀ 2-4　1958年，剪去长辫子

有比较深、比较大的池塘还行。所以，必须将水车架在有水的池塘边上，而那里离村庄和田地太远，就要在路边先开凿水沟，造出一条专供水走的路，然后大约隔十来米远就安一架水车，让水车们来个接力赛，把水从距离田地几十米、上百米甚至几千米的地方，送到需要水的田地里。水流进了田地，才可以种作物，不致耽误了农事。

如今早已用电力灌溉，轻易看不到水车了。那水车主要由一根大轴和一串翻斗组成，当然，支撑大轴还需要一个呈 H 形的木制架子。大轴是一根橄榄形的圆木头，中间鼓，两头细，轴上安一些踏脚，类似自行车的脚蹬，一般视大轴的长短而定，须有四组或六组脚蹬，四组的就由四个人来踏，六组的则须六个人来踏了。人力就是水车的动力，大轴被踏得转起来，轴中央的齿轮就带动了那串翻斗。这串翻斗一般有二十多米三十米长，一边连着大轴，另一边就伸到水里，翻斗实际上就是一连串木板，排列成行的时候，稍微有点斜，安卧在一个长条形的木槽里。木板有瓦片大小，它把水带起来，直到把水送进田地里，空斗就又随队而下，再次到塘里把水舀上来，再送进田里，如此循环不断。人在水车上实际是不停步地在走，只是脚并不是踩在地上，而是踩在那木脚蹬上，而两只手则搁在水车架子的横梁上，整个人就像是悬空着的。

初学车水，总有点紧张，以为两脚会踩空，其实，车水也不过就是在那些脚蹬上不停地走路而已，把脚步与呼吸调匀了，跟同伴一致，听他们说笑话、唱山歌，是很轻松愉快的事，完全不必紧张，越紧张就越容易出错呢。或者在水车上时间久了，会觉得很累，有点不想走了，脚步慢了下来，这样就真的会出问题，脚真的踩空了，找不到脚蹬了，整个人就吊在水车架子的横梁上，这就是"吊田鸡"了。也有的时候，同伴故意试试你的技术和胆量，故意加快速度，把水车踏得溜溜转，看你是否跟得上，看见你"吊田鸡"的时候，他们会善意地大笑的。去车水，往往是四人车去六个人，六人车去八个人或九个人，这样可以轮流休息。究竟多少时间能轮到休息呢？田野里没有钟，劳动的人们也极少戴表，或者说农民中根本就没有人有表可戴，然而，农民们有他们自己的办法。几个人中间总有一个领头的，这领头的就在田边采一把野生的席草，这草的草茎有柔性，很光滑，不容易折断，不容易烂。他把草抓在手里，每当车斗转了一圈（在某一块车斗上也系上一根草作标准），他就数过一根，一把草数上二十次（三十次、四十次不等），就可以换下两个人休息，再数过二十次，再换另两个休息。学会了车水，觉得很自在，脚步不徐不疾，半个小时下来，脸不红，气不喘，并不觉得很累。人在车上，双手趴在横梁上，可以看风景，可以唱山歌，还可以聊天。再说，池塘边上多数都种有几棵杨柳，人在水车上，不但没有阳光直射，还间或有凉风吹拂，简直是一种享受呢！

1958 年的那个夏天，陶吴镇抗旱的声势真叫大。各村在田头车水抗旱自不必说，镇里还组织了一支抗旱大军，沿着公路排开了几十架水车，水车的长龙翻过一个小山坡，首尾不能相见。人们决心要把水从山这边翻到山那边。除了农民，市镇上各单位也派人参加，一天又一天，几乎持续了整个夏天。我同另一个教师一起被分派每天出版《抗旱快报》，白天在公路上从这里跑到那里，在这边水车踩几圈，到那边又上水车踩几圈。跟农民交了朋友，就容易掌握情况，出快报就有了素材。傍晚两个人在一起交换一下情况，写出稿件，到了晚上，就刻钢板，印快报。继隔年秋天学习割稻，掌握了锯镰刀之后，在这个夏天我学习车水，这可以说是我的"第二单元"学农课。从初次上车学习，频频"吊田鸡"，到逐步适应，直到我几乎成了车水能手，在水车上几乎可以同农民平起平坐，再怎么也不会"吊田鸡"，经过学习、练习，从不会，到会，到熟练，并取得较好的成绩。同时我学会了赤脚，走在池塘边湿湿滑滑的泥地上，走在铺了沙石的戳脚的公路上。农民们夸赞我，说我像个乡里的妹子了，不过还有眼镜和我的口音暴露我教师的身份。

其实，我的进步还在于我对那大地的眼睛有了新的认识，我知道它并非只在注视蓝天和白云，它更关注的是它身边的人，它也是滋养这片土地的乳汁。

整个江宁县的抗旱，在全国"大跃进"的浪潮里，是一朵小浪花，它却谱成了一首"与天斗争，其乐无穷"和"人定胜天"的赞歌。不知哪一个电影制片厂还为此拍了纪录片，后来我在修水库的时候，在工地上看到过。

众所周知，"抗旱抗到天低头"的结果是赢得了丰收。当年秋天，报纸上都登载了一些小娃娃坐在稻穗上的照片，说亩产多少多少，上万斤十几万斤的，当然，这是浮夸风，不能相信；但确实是大丰收，稻穗沉甸甸的（我又去割稻了），玉米棒子像小娃娃一样，每根玉米棒都有一尺多长，却是我亲见的。

"大跃进"的秋季——大丰收

丰收的日子，多忙啊！多喜人啊！你看，每个稻棵子都又粗又壮，割稻的时候，一只手要抓六棵稻，抓都抓不过来。稻穗沉甸甸的，当然，脱粒的任务也就相应地增加了。秋种的要求也高，要深翻、要选种、要施基肥什么的，都有一番新套套。所以，教师、学生都被动员起来。即使这样，也还是忙不过来。因为"大炼钢铁"也是刻不容缓，很多劳力被分散到学当工人"大炼钢铁"方面。这么多的事情等着人做，总有一些被忽略、被耽搁的。

冬天的脚步越逼越近，大风降温的报告忽然来了，霜冻报告也来了。

一天中午，乡里广播站的大喇叭响了又响，呼叫集镇上各个单位都到乡下去抢收山芋和玉米，给每一个单位分派了去向，说是"哪个单位收获了的就归哪个单位所有"。目的在于将丰收了的粮食收回来，免得在地里被冻坏了。

我们三四个老师带着几个高年级班的学生到村里去了。村里有一个老婆婆接待我们。什么农具也没有，只叫一个学生在仓库里拿了三只箩筐，老婆婆咳嗽着、喘着，把我们带到地头，说是吩咐过了，玉米秆不必一棵棵砍下来，让它们留在地里好了，只把玉米棒子掰下来就可以了。看她不断地喘、不断地咳，我们几个老师就让她回去休息。

孩子们可高兴了！抢着、闹着，掰开了玉米棒。玉米棒都有一尺多长，抱在臂弯里，就像抱着一个初生儿。一个孩子先这样做了，男孩子们都学着，连女孩子也都放开了，都表演着"抱娃娃"，还一边摇晃着，嘴里胡乱哼着"摇篮曲"。剥开玉米皮，露出一排排玉米粒，浅黄的像象牙，微微发亮，有人叫它"白孩子"，那深黄色的显然就成了"金娃娃"，紫色的更美丽，一粒粒一排排整齐的玉米粒，紫得发黑，显得很高贵。小戴说这应该是"黑美人"，于是，学生们都兴高采烈地找"黑美人"。还有白、黄、紫三色相间的玉米棒，虽然很美，但农村的孩子们给它起了个极不雅的名字——"杂种"，所以大家都不爱它，一看到，就扔进了筐，没有谁愿意抱着它唱歌的。笑了，闹了，玉米棒也都掰下来了，被抬到仓库。那个喘着的老婆婆死活不肯收，她说乡里的规定，谁收了，就归谁，如果她收了，肯定被队长批评。

这么些玉米棒，怎么就不要了呢？不是"粒粒皆辛苦"吗？我们只是收了一下，为什么就该归我们呢？……三筐玉米棒最后由学生们送到幼儿园，这是参加收获的老师和学生大家商量决定的。幼儿园的娃娃，从此有了点心——爆米花。这些玉米，娃娃们吃了整整一个冬季。

入冬以后，我和几个教师到水库工地上去，在那里"吃饭不要钱"，连粮票也不必付。

直到第二年春天，开始觉得粮食紧张的时候，乡里才派人来同我们算账，追缴粮票。在这个时候，我内心里十分清楚，在丰收的时候，确实有许多浪费，而这些浪费是因指挥不当造成的。看到农民饿肚子，我总会想起那些玉米娃娃，虽然那是没有人来"算账"的。

乡村饮食点滴

　　从陶吴开始，到东山镇（江宁县师范学校），到湖熟，我在江宁县待了十七年，1973 年 3 月回到吴县。回到吴县以后，我继续在乡村学校工作，几乎在工作三十周年的时候，我才离开乡

▲ 2–5 假期从江宁县回家，与母亲（右）合影留念，约摄于 1963 年

村学校，但我还是在县里，没有离开农村和农民。

乡村生活毕竟有乡村生活的特点，特别是我在江宁的那些年，乡村生活的最大特点那就是贫穷。当然贫穷并不一定与痛苦难耐紧相连。在我记忆中留有深刻印象的事，直到今天还新鲜活泼。

火腿和软香糕

第一天到陶吴，是上午十点多钟，学校里几个教师已经吃过了午饭。他们热情招呼我们吃午饭，说："巧了，今天佐饭的菜有'火腿'。"其实，这"火腿"是指酱园里加工后的红萝卜。南京多的就是大萝卜，酱萝卜是最廉价的一种酱菜。切片的萝卜，与火腿片形似。

日子久了，才知道，不到十点就吃过午饭，这不是午饭，而是一日两餐中的第一餐。湖熟的农民，大多只吃两餐，假期里的教师也随了大流。而在吴县，也有不到十点吃饭的，那却是一日四餐中的第二餐。吴县农村那时候种双季稻，劳力强，一日四餐勉强维持体力。这里可见江宁与吴县经济发展不同之一斑。

因为只给两个新教师吃了"火腿"，老教师们心中不忍，安慰说："我们这里有最好吃的软香糕，比'火腿'好吃多了！等三月三，吃软香糕！"从8月到次年3月，开学，放学，再开学，不知听了多少次，软香糕，软香糕，不知经历多少引诱，三月三终于来临。

这是一个迎接春耕春种的大集市，或者叫作赶庙会，卖掉家里母鸡生的鸡蛋、老婆婆扎的笤帚、孩子捡的破烂，买回小农具、种子、针头线脑、小孩子的汗衫裤头，或者也买几支香烟，慰劳辛苦的父亲，买一点棉花糖、软香糕之类吃食，让孩子们尝尝鲜，让欢笑充盈草屋。

我吃到软香糕时，已经到了下午，集市将散，因为那天我被分配在广播站工作。糕已经冷了，但还是软的。原来这糕正像苏州的白松糕一般。主要原料是糯米粉，加入白糖，面上点缀少许红绿丝。记得小时候在家里，妈妈若买糕，多数买最平常、最价廉的松糕，白松糕、黄松糕。什么猪油年糕、松子黄千糕、大方糕，都只是从叫卖者音乐一般的呼喊声中，进入我的生活。如今陶吴人给白松糕起了一个特别好的名字——软香糕，城里姑娘和乡村女教师的生活在这里交集。

蚕豆

最喜欢吃蚕豆。春天里，一个蚕豆季，几乎每天餐桌上都会有蚕豆的。依稀记得，在我不过四五岁时，家中有一个帮忙处理家务的江妈，她剥豆，能左右开弓，中指按在豆荚中部，拇指和无名指一用力，豆荚折断了，豆粒随即蹦了出来。每每江妈坐在门槛上剥豆，我总要在她身边痴痴地看，看这一双神奇的手。

到了江宁，总盼着春天，盼着蚕豆。蚕豆却并没有如期而至。我想，是因为集体伙食，胡妈一个人剥一桌人吃的豆，忙不过来吧。再说，新教师要对自己有所约束，所以，尽管馋，还是空等了两个春天。江宁师范几百个人的伙食，就更别指望有蚕豆了，即使吃个莴笋，也要我们没有课的女教师五六个人去帮厨呢。

终于等得不耐烦的时候，我已经到了湖熟。那一天放学了，我问吴羽："蚕豆该上市了吧？"吴羽的爱人是湖熟乡里的干部，他们的家在靠近镇区的村里，不远。她说："馋蚕豆了？明天来我家吧。"第二天正是星期天。吴羽陪我一起去地里采豆，回家后我们吃到了新鲜的、大锅上炒出来的蚕豆。蚕豆的味道太好了。但是，小镇的集市上还是很少看见有卖蚕豆的，更不见人们把蚕豆当菜吃。

又过了若干年，我在后山冈工作了，春天，长了新的知识。原来政治课本上学到的"青黄不接"就在身边发生了。隔年的口粮吃得差不多了，年已经过了，缸里、柜里的粮食所剩无几，根本过不成一日三餐吃米饭的日子。但总得应付人们的肚子。山芋干煮煮，加点野菜，一锅汤，一碗碗捧着喝。刚长成的瓠子，连肉带籽削成一条条的，丢进稀汤里，再加上一些面糊，做成一锅糊汤汤。父亲和哥哥要下地干活，光喝汤不行，就另贴几个野菜饼子，供男人们补贴。地里的麦子还有一段日子才能收割，地里被人们期望着的还有蚕豆。新鲜的、嫩的蚕豆很可爱，但不能顶主粮。农民们眼睁睁等待蚕豆的成熟。蚕豆老了，都长黑芽了，豆干也快枯黄了，这时把老透了的豆子，煮它一大锅，就像米饭，可以吃一饱。

这就是青黄不接，麦收以前的这些日子，青菜、萝卜、莴笋、瓠子、茄子、黄瓜、山芋干、苋菜、空心菜、老蚕豆都坐了主位，成为主粮，它们做出了贡献。我在德明家锅里盛了一碗豆子，尝尝豆子饭的味道，被噎得不行，终于懂得从小吃那么多新鲜蚕豆是多么奢侈。

大蒜炒胡萝卜

三年困难时期，胡萝卜大红大紫，人们说"胡萝卜胜过了工人老大哥"。陶吴有民办教师辞了学校的工作，回家去种胡萝卜的例子。当时我在江宁师范，学校分给教师每人一堆胡萝卜，二十来斤吧，贴补口粮的不足。

大哥到南京出差，来学校看看我这个小妹妹。中午我在学校食堂里买了几个菜，其中一个菜，是胡萝卜炒大蒜。红的红，绿的绿，色彩很鲜艳。盘子也装得比较满。大哥问价钱。"五角一盆。"大哥说："很好很好。"

那时候，我的月工资是三十五元。一个月的工资可以买七十盆大蒜炒胡萝卜。

我是一个资深的"月光族"。

肉，狗肉，狗獾肉

多么想吃肉！无论在那个三年还是三年以后，肉总是生活美好的象征。哪怕是蔬菜，同猪肉一起煮过后，味道也鲜美无比。更别说有些肉里还带着比肉更为鲜美的情味。

小葛是我江宁师范的学生，学校解散后，我们一起到湖熟小学工作。那时是1962年，困难的日子还没有结束，到处都有浮肿的病人。小葛的爸爸在南京工作，星期天回家与家人团聚。葛伯伯每次回家，总要买回来一刀肥肉（肉价每斤在两元或三元之间），加上萝卜或者土豆，烧上一大锅，犒劳全家人。为大家添一点滋味，添一点油水，添一点必要的营养，添一点家庭的温馨。而我，几乎就是小葛的姐姐。每次她们过周末，都有我在场。

在后山冈，冬天里很冷。为了御寒，农民们常常聚在一起打狗吃。一家一家轮流把狗打了，全村老少一起吃。男人吃肉，女人孩子喝汤。从张家到李家，一个冬天，这样的聚餐进行着，轮下来，差不多冬天就过去了。狗肉真的能让人发热，帮助受冻的人度过难熬的寒冬。

大宝妈知道我没有尝试过吃狗肉，一定要我尝一尝。村庄里的狗没有人喂，那时哪里有什么狗粮，甚至它们也没有享受过残羹剩饭。它们自生自灭，在田野，在山岗，在小河边刨食。小孩子拉屎，狗们早就在一边等着了，把孩子的小屁股都舔得干干净净。

我当时在三界村代课，大宝妈就是村里的，学校在圩埂上，她家在圩埂下。见我在教室里打扫，大宝妈就认定了我是一个好教师，要同我做朋友。在我离开三界，回到后山冈以后，大宝妈赶十来里路给我送吃的来。一缸子瘦肉，切得整整齐齐的，一片又一片，没有一点碎屑，像卤菜店里出来的刀切牛肉。她用筷子将肉送到我嘴里，然后看我的表情。味道不错。吃了几筷子，后背上感到热乎乎的。是狗肉！看到大宝妈期待的眼神，我欣然连连点赞，"好吃，好吃！"

狗獾肉也是可以让人发热的。与狗肉不同的是它特别油，皮下脂肪丰富。那也是农村还很困难的时候，兆宏的爸爸用套子还是用烟熏，逮了一只狗獾。兆宏就请我跟几个江宁师范的同学一起去他家分享。毕竟相隔半个世纪，记不清具体的细节，只记得那天十分尽兴。除了多油的狗獾，还吃了许多菱角。饱餐一顿，食物填到喉咙口，整个人像一支没有拆封的牙膏。

黑鱼两吃

深秋以后，食物不容易变质了。那时候没有冰箱，甚至连像样的碗橱也没有，并不是什么时间都可以储存食物的。只有在深秋和冬季，做一锅菜可以吃上一周。我常常做的是小鲫鱼烧咸菜，孩子一天一条小鱼，我就吃咸菜。

我还学会了黑鱼两吃。把筷子长半斤来重的小黑鱼去皮去骨，鱼肉切成片，黑鱼片与韭菜一起炒，黑鱼的皮和骨加咸菜做汤。那黑鱼片与韭菜，绿白相间，色彩鲜明，好看又好吃。孩子吃饭时，小手不停地指，再喝喝汤，一小碗饭很快就吃了。

也不总是吃小鱼，有过一次吃大鱼的经历。下了一夜大雨，第二天早上一看，家成了孤岛。门前原来有一大一小两个池塘，大塘是生活用水，小塘是饮牲口、洗脏物用的，现在连成一片。此岸到彼岸浩浩汤汤、无边无涯似的一片大水。村道全被淹没，不可能去学校了。家里原来是天井的，现在是塘，只有四周走廊可以沟通几家住户。站在廊下发呆时，哗啦啦的水声里跳出一条大鱼，有两斤多吧。承宝将鱼抓住了。德明说："钱老师，我们烧鱼吃。"

我的营养餐

把孩子送回家以后，我的健康很快就出现了问题，头发脱落得厉害。用手一捋，手指缝里全是头发，还出现了斑秃。有时候走在路上，眼睛一黑就摔跤了。一搔头皮，有小珍珠一般的东西落下来。村里医生说，是患了脂溢性皮炎，开了药，药品说明书上写，该药有"帮助分解吸收脂肪和糖分"的功用。意思是我对脂肪、糖分的分解接受的能力差，需要药物来帮助。

回想自己的伙食，根本没有脂肪和糖分。于是，我决定反其意而用之，给自己增加脂肪和糖分。

寒假里，我在苏州中医院配了两瓶首乌。开学后，我给自己增加了一餐营养餐。

将一大碗水加一把米放进瓦罐，做完晚饭将瓦罐煨到灶膛里的火灰中，等八九点时，把瓦罐取出来，倒出黏稠喷香的粥，加一勺白糖、一勺猪油。

每晚临睡前，吃一碗白糖猪油粳米粥，这就是我给自己的营养餐。半年以后，脂溢性皮炎的种种症状竟全部消失。

一只鸡蛋的价值

常常在影视作品中看到支前的农民提着一整筐鸡蛋，送到子弟兵手上。感觉上，农村虽穷，鸡蛋还是容易拥有的。一个家庭，父母亲和哥哥去生产队劳动，姐姐在家做饭烧水，弟弟放鹅养鸡，每天捡蛋，积少成多。这日子该多么安逸！

其实不然。

我在后山冈工作。每逢开学，我的工资多数给学生交了学费、书本费。并不是无偿地给了学生，往往是家长拿了几个鸡蛋来，说："一个鸡蛋七分钱，五个鸡蛋三毛五分钱。过几天再拿蛋来给老师，不够的书本费请老师先垫一垫。"

鸡蛋的功劳不仅如此！与我比邻而居的老德明家，大儿子已经是劳力了，大女儿帮母亲操持家务，能提着满筐山芋去塘边清洗，小儿子是我的学生，经常会守着母鸡，等它下蛋。鸡蛋刚生下来，还是热乎乎的，就被他握在手里送去小卖店了。

七分钱，其中两分，拿两支最次的香烟，这是给他爸爸的，三分，拿几小块萝卜响（就是萝卜干，当地叫萝卜响），全家人的小菜，还有两分，可以买一块橡皮，自己用。

如今的养生理念，每天要吃一个鸡蛋，这是必要的营养。吃着鸡蛋的时候，我常常会想到这七分钱的分配，当年鸡蛋的价值。

我家的猪，死了

小戴是我的同事，晚一年参加工作，家在江宁县农村，毕业于晓庄师范。

一到学校，小戴就同我对面坐，教平行班。我们都是刚从学校毕业不久的新教师，都对工作充满热情，可以算志同道合，相互间是平等的、友爱的，尤其喜欢讨论教学中遇到的各种问题。

　　寒假里，在苏州家中，我收到小戴的一封信。其实寒假很短，没有必要写信，有什么是不能等到开学后再讨论的呢？

　　小戴的信里，满篇都是下学期语文课本中的内容和问题。原来他在家里没有闲着，在认真地备课呢！

　　信的最后，有一句"我家的猪，死了"。

　　我很不理解，为什么突然写到他家的猪，告诉我他家的猪死了。这句话，我接不上，我也就没有回这封信，以后也没有再提这个话题，再以后我调回老家工作了。

　　家里的猪，死了！小戴，如今我有了答案，我想同你谈谈这件事了。你在哪里？你还好吗？

学习走路

　　"衣食住行"，人的生活就可以概括在这四个字里。首先在回忆中浮出的是有关吃，解馋的各种食物，饥饿时感觉特别香甜的食物，饱含温情的食物。

　　在我的乡村生活中，当教师之外，学习做农活是一大课题，学习走路是另一门课程。

　　从陶吴到汤山鞍子桥的"行军"是第一次走长路，竟走了一百多里地，从上午走到半夜，从兴致勃勃走到精疲力竭。随着大部队走，不服输，不掉队。有了这个信念，才真的走到了目的地。

提货

　　不久，我被调到江宁师范，工作任务是当音乐教师。

　　学校买了四架风琴，需要去货场提货。货场在和平门，南京的北边，后来的长江一桥就建在这里。江宁师范在东山镇，出中华门南二十里。所以，去提货，须从南到北贯穿南京市，单程四十里。当天往返，也需要略起早出发才行。早上我坐公交车到了中华门，内心忐忑，觉得无论如何要陪着学生。我买了不少大饼油条，等学生到了，就一路照顾着学生的饥饱和安全。我们去货场，提货，满载而归。

在热闹的街市，在沙石公路上，当天往返八十里，运回四架风琴！当时我对自己的成绩十分满意。这些琴之后得到我们怎样的爱护，可想而知。

家访

如果修水库时是"行军"，运风琴是一个小组活动，那么这一次家庭访问，就真正是孤军作战，独自一人行走在山谷里的田间小道上。

家访的目的是与家长见面并到大队里盖章，完成空军招收飞行员的政治背景审查。江宁师范的学生有幸参加招飞考试，我们当教师的，就去做这个政审的家访。我被分派到汤山镇，有四五个学生。

公路只在镇乡之间，当时根本没有"村村通"的梦想。而这些学生家都在农村，步行走访是唯一选择。

这一次走路功夫也很了得，全程也在八十里上下。一路全是丘陵山路。山谷里氤氲着湿热，基本遇不见人，走上一里两里，偶尔有一两所茅屋，三里五里进入一个村庄。想问路，也很困难。参考隔夜学生所画的简易地图，不停地看路边的树、草和影子，来确定方位，不停地确认"一条白路"，才勉强免走弯路，找到一家又一家。

这一次走访，印象极深的还有两处。

第一是农民的窘迫，没有午饭接待你，甚至也拿不出一口热水。不仅家长，连大队干部也一样，闭口不问渴了吧，饿了吧，只是反复道谢，满脸尴尬，回避着中午这个时间，回避着敏感的话题。走了两家，发觉了，我也就主动回避了，在山野间找一棵大树，在树荫下休息了一会儿。

第二，我在这一天喝了生水。思想斗争千百回，实在熬不过干渴，终于违背自小所受的教育。从含一口润润口腔，到喝一口试试，不停地辨着味道，不停地辨着肚子里是否有什么异样……终于，淙淙流淌的清冽的田间沟渠的水，顺畅地进了我的嘴巴、喉咙、肠胃，一次一次又一次，消了暑气，清凉了身心，助我完成跋涉。

下关—中华门—东山镇

困难时期粮食少，什么物资都少。公交车也饿肚子，没有汽油，只得用柴油，还有用煤气的。煤气包硕大无比，顶在车顶上，差不多与半辆车相当。

用煤气包的车速度也不行，数量恐怕也少。火车在下关停下，有公交车去中华门，本来交通还算方便，但是等车的人排着长长的队伍，首尾不能相望。清晨到站，九点十点还在等车，算算真不合算。去中华门，不过二十里路，有两小时也能够走到，不如就不等车了。这个念头一出现，很快变成了行动。背着背包，背着手风琴，迈开双腿，向南走！

中华门到了，同样是龙一样的队伍，到东山镇不过再加二十里，于是，就再走二十里。到了东山镇，到了学校。

这门学行走的课，渐渐地学成了。哪怕一个人，也能坚持，也能兴致勃勃。后来我回到吴县，也还有几次从黄埭经蠡口、陆墓回苏州的经历，只二三十里，算一碟小菜了。

不止这些

学习走路，并非只是走长路，十里，几十里，上百里。

走长路，要有一个耐力，一个决心，不达目的不罢休。一个人走，要看地形，要体会什么是"一条白路"，体会东南西北，要在没有路的地方走出一条路来；几个人一起走，要鼓劲，不能泄劲，在团体中要起一个积极作用。记得在读书的时候，曾经看到过马特洛索夫有这样的经历，他用旺盛的斗志、饱满的精力、风趣诙谐的语言，鼓舞同伴完成艰苦的劳动任务。

乡间小路，没有路牌。每每出门，就要问路，"不耻下问"。

乡村小路，晴天硌得脚痛，雨天泥泞不堪。刚下雨，走路的人一脚深一脚浅，踩在泥水里，等晴了，路上留下脚印，地干了，硌脚了。若是走路的人多，一脚一脚不停地有人踩，后面的脚印盖住了前面的脚印，好像被充分揉搓的面团，渐渐地结实起来，表面光滑起来，干了，在阳光下就白生生发光。乡间主要的通道，自然有很多人走，成为一条白路。那没有成为白路的小道，就都是通向偏僻角落的。识别白路的本领很重要，不但能让我在每一次家访时准确找到目标，还让我常常想到"世上本没有路，走的人多了，就有了路"，路在嘴边，路在脚下。

走小小一段路，并非没有考验在等待你。酷暑难耐，大雪纷飞，瓢泼的大雨，弥漫的浓雾，沙石、泥泞，上坡或下坡，各种称得上路或者称不上路的状况，不能一一详述。我曾经在大雪中，给学生发送成绩单，跑遍后山冈和冲西两个村庄；也曾经在洪水泛滥时，在泥水里跋涉，还有夜行。在后山冈工作的那几年，每逢开学，学生的书本都需要教师自己去中心校领取。那时的我常常要走夜路，一个人，背着沉重的背包，在公路边匆匆赶路。原本压抑着自己对黑暗的恐惧，不料路边偶尔出现的行人开口赞扬，"这个女人竟敢一个人走夜路！"而这赞扬，引发的却是我更加深层的惊惧。

孩子们先后同我一起生活在农村的时候，走路就有新的意义。书包斜背，孩子骑坐在肩，可以聊天说地，一起看花看草。运气好的时候，会有人相助。后山冈村子沿大路，路东边有一个劳改农场。他们的大车经常会捎我们一段路，从湖熟街上到后山冈村，我们只需坐在高高的草垛之上，摇晃着，享受着触手可及的太阳。而那时候，则可以托骑自行车的行人把女儿带回家了，丝毫无须有孩子会被拐的担心。

湖熟乡下有一位老教师，他所在的学校离镇上将近五里，每天他要沿着圩埂往返。圩埂南北向，早上由南往北，太阳晒他的右臂，傍晚由北往南，太阳还是晒他的右臂。日子久了，他的那件蓝色外衣的右边衣袖，就褪色了。一件衣服，蓝灰各半，极有特点。当时教育领导部门要求教师必须住在离学校三里的范围之内，否则就要住校。他的这件衣服常常成为他不住校、过分恋家的证据。我们几个年轻人却常常暗暗不平。他几十年走在这条圩埂上，几十年走在清贫之中，坚持着农村教学。圩埂上这条白路就是由他和像他一样走在路上的人，走出来的。世上本没有路，走的人多了，就有路了。

走路，是农村生活的应有之义；学会在农村走路，也就是学会在农村生活。学习走路，除了长体力，也长智慧。决心，毅力，坚持，站得住，看得远，不动摇，等等一切，也都在了。克服懦弱和胆怯，坚持勇敢前进。走路要这样，过日子也是一样。

如今我在回想着那山明水不秀的地方，内心仍然涌动着热流。我能看到我的人生轨迹，看到我那年轻的甩着两条大辫子的身影，活跃在山坡上，在池塘边，在简陋的校舍里，在农民家的锅台边。

对于十八岁时的选择，我庆幸，我感谢。

"大跃进"的1958年

1958年秋天，在学校的我们渐渐感受到了"大跃进"的热浪。小学生们也为大炼钢铁和深翻土地而忙碌。

我们学校师生齐动员，为炼钢运送燃料，到十五里外的林场去搬运木柴。全校师生排了长队，每人扛着木柴、棍子甚至树枝，真是浩浩荡荡，颇有当年支前的声势。

我们又种了红领巾试验田，深翻土地，把地挖得底朝天。地被挖了一米多深，一个孩子站进去，都能没顶了。土层的上部是一厚层黑土，本来是最适合庄稼生长的，也不知为了啥，大家还是拿出力气往下挖。下边是黄泥，还要用力往下挖。最后，最底下的死白死白色的底泥都可以看见了，才算了。

深翻之后，麦种下了地，不久，冬天就不请自来。

接着在江宁大地上又掀起兴修水利的高潮。我被抽调到修红星水库的工地上，做统计、宣传工作。当时，妈妈、姐姐都疼惜我。妈妈给我买了一件棉大衣，蓝色卡其布的面子，条子布的里子。除了有通常插手的口袋，大衣的胸口上还有斜插袋。这种大衣当时被叫作"派克大衣"，很神气的那种。姐姐送我一双毛皮鞋，从来我都只有布鞋、胶鞋、跑鞋和棉鞋，几乎没有买过皮鞋（曾经有一次，大哥用他的旧皮鞋让鞋匠给我改制了一双凉鞋，给皮匠落了许多料去，我们都心疼得很），现在有这毛皮鞋，不知比胶鞋暖和多少！这两件东西，给了我很多温暖。那棉大衣，白天我舍不得多穿，夜里压在被子上，着实不比一条棉被差呢！

"大跃进"的年头，有一句口号是"敢想敢干"。什么事都能想，什么事都能干，上天揽月、下海捉鳖都可以，共产党人死都不怕，还怕困难吗！经历了大旱，江宁人就想到要修水库了。

记得从地理书本上曾学得关于水库的内容，比如在伏尔加河上修水库，毛泽东诗词里也说到过水库，比如"高峡出平湖"。可这些我所知道的水库都是修在大河上的，挑选河床比较狭窄的地段，拦腰修起大坝，将上游的水截住，这就是水库了。水库里的水视需要可以用作泄洪或抗旱、用作发电等。这就是我对水库有限的知识。现在要修的水库则在山区，选两个距离比较近的山嘴，中间筑起大坝，待雨季，山水从山头流进山谷，而谷口因为有了大坝，水就被留住了，这样也就成了水库。据说这样修起的水库，对山区的农业十分有利，因为它可以成为农田旱地充足而经常的水源，当然，也可以发电。

我参加修建的第一座水库，在陶吴本乡红星大队的山谷里，学校有四名教师被抽调去工地，我是其中一个；第二座在汤山乡鞍子桥，我和另一名女教师去的，两名男教师就回学校教书了。我们到水库工地上的任务是统计工程进度，编写报告、报表，以及做其他文字工作，可是不久我就发现自己完不成这个任务。

　　工程进度该怎么统计呢？我们按照数学课上学到的知识，将大坝按各村承担的任务分成好几段，在每一个地段的四边上插了些小木棍，每天傍晚，都去把小木棍拔出来，从泥印子上看出当天新土的痕迹，然后丈量它的高度。至于各村筑坝的地段是早就确定的，长几米、宽几米是固定的，将长宽高相乘，体积就算出来了。我们就这样辛苦地计算着每一个村每天的工作量，并且根据工程进度，对照大坝的图纸，计算着还有多少天可以将大坝修完。好景不长，才过三四天，乡里的领导就问我们："你们看见别的乡的进度表了吗？人家的劳力不比我们多，为什么他们的土方数大大超过我们的呢？"我和冷云没有话说，我们也不懂这是怎么一回事。冷云是同我一起去工地的另一个女教师，她是1955年参加工作的，比我老练多了。冷云说："明天我们就出去取经！"别人的经验是这样的：先确定一担土的体积，再确定多少担土为一立方，每天再估计一下总共挑了多少担土，最后在报表上填一个总数。邻乡有一个与我们相熟的教师告诉我们说："乡里领导说'大跃进'，就得一天比一天有新的高度，报表上的数字如果今天比昨天少了，还能通过吗？！"我和冷云一合计，觉得按每立方多少担土计算似乎还有点道理，回去就这么干起来。即使这样，陶吴乡红星水库的进度还在全县各乡中落在最后。乡领导还是不高兴，说："你们两个挺聪明能干的老师，怎么一张报表都填不好，我们陶吴怎么可以做龙尾巴呢？！"我们指出，有的乡所报出来的土方数早就超过了计划工程量的总数，对乡领导说："他们不是在说瞎话吗？如果他们说的是真的，他们早几天就完成任务回家休息了，还在这里干吗？难道要把大坝修到云里去？"领导说不过我们，叹着气说："反正我们要把数字报大一点。"看我们反对，他又让步说："让乡里小王去弄吧。"我们就这样被免了职。不要我们继续说谎，我们心里自然非常高兴，我和冷云就整天在工地劳动，学习打石蛾和抬大箩。

在水库工地，除了劳动，其实我们并没有帮助乡里做什么工作。也许，当时抽调教师参加一些乡里的活动和配合做一些工作，都算是对教师的培养和锻炼吧。到了第二年冬季，又要修水库的时候，乡里又把我们调了去。这一次是全县动员，将大家集中到汤山，又分散到各个村里。陶吴乡承担的是修建鞍子桥水库的任务。

从陶吴镇上到红星水库不过三四里路，从陶吴到汤山却不然，陶吴在南京市西南约六十华里的地方，而汤山则在南京市东边六十华里的地方。如果在现今，乘坐汽车，也须先从陶吴到南京，再从南京去汤山，很费周折的。当时可没有这样的条件，几百上千个民工，带着行李铺盖，带着锅碗瓢盆，带着铁锨铁铲，带着箩筐和小夯，哪里有那么多车给你坐！民工们是走着去的，当时就叫作"行军"。乡里的干部们说我们几个（两个教师和两个医生护士）并不是民工，可以坐汽车去，但我们谁也不愿意。首先，与农民同吃、同住、同劳动是革命的需要；其次，坐车去，即使到了汤山，我们也不认识去鞍子桥的路呢。于是我们义无反顾地投入了这个浩浩荡荡的行军行列。

上午九点，冬日的阳光下，由红旗引路，水利大军起程了。差不多每一个人都挑着担子，担子上是各人的衣被和铁锨，还有干粮。隔三岔五就有一辆小车，那是鸡公车，就是一个轮子的那种，我在电影上看到过。淮海战役中（或者别的战役），老区农民支前就推着这样的车；和平日子里，新媳妇回娘家也是坐的这样的车。鸡公车是用木头做的，中间一个轮子，车身分两边，中间有道梁，两边可以放东西。如果是新媳妇回娘家，那就由丈夫推着，媳妇坐在一边，另一边放着一只竹编的篮子，里头装着带给父母的礼物，或者缚着的鸡鸭之类。现在的鸡公车上，一边搁着民工的被褥，一边是一捆稻草或铁锹铁锨之类。我们几个人的行李，由乡干部做主，托给了农民，可能也装在这样的鸡公车上。而我们自己，则完全是一副局外人的样子，既不是指挥者，也不是战斗员，还可以不排在队伍里。想走快一点，就可以超前，走不动了，也可以随便停下来歇歇。乡里的干部说："你们能走到目的地就算不错了。"还派了一个人，跟在我们身边，准备随时给我们以帮助。

总算很争气，在上午的时间里，我们都还是兴高采烈的，边走边看，议论着这里的田地比起陶吴的田地是肥还是瘦，庄稼长得怎么样。实际的情况是，当时有的地方已经种下了麦子，而有的地方则还没有结束秋收的工作，所以，田野里的风景还是有很多变化的。加上我们对周边乡村并不熟悉，什么都能使我们感觉到新奇。走着，高兴起来采上一两朵马兰花，还会唱起来。因为兴致高，所以也没有怎么掉队，一直都还在原来的位置上，前后的民工们也同我们熟了，讲讲学校和孩子，时间就这样过去了。中午时分，前边传下休息的口令，民工们席地而坐，吃起干粮来。乡里领导派人找到我们，叫我们一起去饭店里吃午饭。我们还坚持说"同吃、同住、同劳动"之类，领导却说："下午还有很长的路，中午吃点热的，很有必要的。"其实，所谓到饭店吃饭，并没有什么特殊的饭食，不过是烧饼加热汤，还可以到饭店附近人家去方便一下。中午吃饭是在秣陵镇，它在陶吴的东面，但以南京为基准看，还在南京的南边偏西。要到汤山得走到南京的东面，听人说，上午走的路还不到这次行军全程的三分之一。

午后的路果然艰苦，已经走过近三十里路，再走第二个三十里，要比第一个三十里艰难得多，怪不得有老话说"行百里者半九十"，何况，下午我们面对的不止三十里，连两个三十里都不止。才下午三点多钟，我们的队伍已经不再热闹。几乎没有人再唱歌，连说话的人也越发稀少了。老是在田野和山林里走，连小镇也碰不上了。沙沙的脚步声伴着潺潺的流水声，我们一边走，一边就听着这自然的音乐。确实有点累了，可谁都不愿意说出来，难道我们是革命意志不坚定的人吗，还是一个怕困难的人？都不是！所以，我们都坚持着！沉默一会儿，还是有勇敢者不甘寂寞的人开口说话，或者唱歌。乡里领导又来关心，问是否有人需要坐上鸡公车。谁都不愿意！尽管脚疼得难受，又怕掉了队，但我们心想，坚持下去才是出路！

没有地方可以吃晚饭，也没有地方可以坐下来歇歇脚。从前边队伍里传来一些干粮，说是领导给我们的，让我们边走边吃，又说到了宿营地再做晚饭，让我们忍耐一下。这样，我们在实际的干粮和精神会餐双重支持下，精神好像又足了许多。不过，天色很快就变黑了。初冬季节的太阳本来就下山早，我们此刻又走进了山里，暮色就更早地降临了。山谷里除了几片梯田，一条蜿蜒的小路，那就是左右山坡上的树了，没有农舍，没有灯光。

夜里行军，真有几分战斗的气氛，又有十分的激情在增长。忽然，前边有一个妇女跌了一跤，从小路上跌到了沟里。问了才知道，她走着走着睡着了，一脚跨下去，竟踩到了沟里。队伍乱了一阵，很快就有人想出了法子："拉根绳子！拉根绳子！"原来，那人的意思是每个人都拉着绳子，队伍的秩序就会被这根绳子维持住！在伸手不见五指的黑暗里，在山区一条不知将通向哪里的小路上，我们拉着这根绳子，又不知走了多久，反正只有一个念头，那就是向前走！走！走！走！高一脚，低一脚，总之是迈开脚步向前走。后边的人睡着了，头碰到我的后背上，一会儿，我自己又瞌睡起来，撞到了前边人的后背上，迷糊中想起曾经听过的红军长征的故事，也说到过在行军时边走边睡的，想不到今天自己身临其境，真的走着路还能睡着。因为黑，这么大的队伍竟也能迷了路，晚饭以后到半夜的几个小时里，走走停停。老是听说前边走错了，要找当地老乡问路，老是听说快到了，却始终没有到。直到夜里过了十二点，其实也已经是第二天凌晨了，才真的到达了目的地——鞍子桥。

乡里领导到了鞍子桥有没有做晚饭吃，我不知道了，我只记得，到达时我已经精疲力竭，也没有力气去找行李了，有人指着一所农舍说："这是女宿舍。"我和冷云便进去，看见那里地上铺着稻草，就倒头大睡。后来是谁帮我们盖了被子，我们竟也一无所知。这一睡，直睡到近十点钟才醒，真的是"一觉睡到大天亮"了。这次行军，据说走了一百二十多里路，也算是我生平第一次走长路的体验。当时，我虚二十岁。

鞍子桥，顾名思义，这个村子像马鞍似的，这个名字起得很合适。鞍子桥在山谷里，两边的山和山谷里的村庄，合起来就是一副马鞍。在鞍子桥的生活，印象最深的有三个事情：一是那时的山上有狼。在村子和村子相连的小路上走，看那山头，常常能看到狼的剪影。特别是在黄昏时，太阳已经落到山背后去了，山影和一条孤狼的剪影落在深蓝色的天空背景之上，像皮影戏，又像一幅版画。二是鞍子桥农民老是吃山芋。山区的地很多，却不适宜种水稻，种了吃不完的山芋。白皮白芯的山芋，硬硬的，香得很。第一次去吃它，觉得特别好吃，但在那里每天都吃它，渐渐地就觉得干、觉得噎人了。吃山芋也有故事。我们当教师的，初去的时候，都不剥皮，因为当年老是说知识分子要走与工农相结合的道路，要去掉"娇、骄"二气。不是说我们娇气吗，那我们就得泼辣一点，吃山芋就连皮带芯地往肚子里咽。可是农民却说："山芋多得是，山芋皮和山芋头都可以喂猪。我们是吃一半丢一半，反正不会浪费。"我们笑了，我们那样做，倒是"矫情"了。第三是我看见了民工挨打和自尽。老是吃山芋，没有什么粮食和蔬菜，对于我们来说，短时间里，还没有什么大影响，可是农民是要出力劳动的，一天到晚不停地挖土、挑担，不停地打夯，劳动强度真够大的。当时的农村干部，文化程度都不高（连教师队伍里，像我这样的中师毕业生也是凤毛麟角，多数有高小文化的就可以当小学教师了），管理民工，靠的只是一般号召，有的就靠皮鞭。我亲眼见了在山坡上松林里，用皮鞭抽打民工的干部，又眼见了受不了肉体和精神双重折磨而自尽的民工。他挑选了一株松树了结了自己的生命。二十岁的我，也是初次在生活中看见这样悲惨的事。

岁月匆匆，三十年过去了，一次有机会再到陶吴，那里的一位教师，我当年的老同事告诉我："现在吃的是自来水，水厂的水源就是当年你参加了劳动的红星水库。"我很高兴能听到这样令人欣慰的消息。

"大跃进"中，提倡除四害。四害是指苍蝇、蚊子、老鼠和麻雀；除四害，那就是要把它们都消灭了。

苍蝇、蚊子、老鼠自不必说，那都是传染疾病的祸害，什么霍乱、痢疾、疟疾、鼠疫，那都是要死人的。当时的农村还很贫困，农家谈不上卫生什么的。村里家家养着狗，满世界跑着。幸亏有狗，小人大人随地拉的大便都由狗给吃了，它们当了清道夫。即使这样，苍蝇还是满天飞的，一些由苍蝇、蚊子传染的疾病，也确实还在流行着，危害是显而易见的。学校让学生打苍蝇。每一个孩子每天都能打很多苍蝇，他们将死了的苍蝇装在火柴盒里、小瓶子里，带给老师看，老师们就说："赶快丢了，烧掉！"于是，就抓几把柴火，在操场上堆起来烧。

麻雀成为大敌，当时的理论是说它们吃成熟的庄稼。计算一下，如果一只麻雀一年吃一斤粮食，一百只、一千只、一万只麻雀要吃掉多少？田野里，有多少麻雀，你能数得清吗？老麻雀还要孵小麻雀，生生不息的，岂不是太大的浪费？"谁知盘中餐，粒粒皆辛苦！"农民辛辛苦苦种出来的粮食，怎能容小小麻雀来糟蹋！

春季里有一天，据说是全县统一行动打麻雀的日子。隔夜就得到通知，学生们放假在家打麻雀，教师们则统一地被指定到二十华里以外的一个林场参加"战斗"。校长教导叫教师们带上教室里的簸箕、宿舍里的脸盆。我们都不懂所以然，反正听话地带着就是。天才亮，就出发，因为有二十里路要跑。

这个林场在江宁县的边界上，树林里鸟儿多，麻雀也多，我们被分派站在一块路边的高地上，说："听到别的地方有喊声，你们也喊，重重地敲簸箕和脸盆，不让一只麻雀在你们这里停歇和落脚。"我们这才知道，打麻雀为什么不要弹弓和气枪，只要簸箕和脸盆了。原来，整个的作战指导思想是给麻雀来一个疲劳战，让它们惊惶失措，让它们没有落脚之处，让它们在天上飞到精疲力竭，直飞到累死。

我们四五个女教师分在一起，其他人都分到了别处，林场很大，男教师都是两个人一组。我们女教师人少，在树林里害怕，让我们四五个人一组，实在是对我们很大的照顾。实际上，我们也比别人省力多了，因为女人的嗓子尖锐而响亮。一声吆喝，在空旷的山林间传得很远，也会引起回声，那缭绕的余音真叫我们自己吃惊呢。所以我们可以轮流地敲打簸箕和脸盆，轮流地喊，不必太辛苦。

十点多钟，有个女教师要方便，说该去找一个地方。看周围，山坡上到处是树，密密层层，新绿覆盖着老绿，树下有些野花，一条小路伸向上下，下边就是来的路，上边有什么却不得知。想来大家都忙于打麻雀，不会有人来，就有人提出可以轮流在树林里方便，轮流地站岗。可是，大家不能同意。最后，决定由我这个最年轻的教师去侦察，任务是必须找到一个厕所。来路刚走过，我就往山上走去，不久，就有了发现。几所茅屋建在一片林间空地上，茅屋门口都挂着小木牌：场部、食堂、男宿舍、女宿舍之类。在我东张西望之际，一个炊事员从食堂走出来，不等我开口就说："是找厕所吗？"他又说："你们女教师可以到女宿舍去方便，这是女技术员关照的，今天她正好出差去了南京，特地没有锁宿舍门。"谈话间，我知道这个林场只有这么一个年轻的"独生女"，其他人都是男技术员呢！

女技术员的宿舍布置得很简洁雅观。有一床、一桌、一椅和一个书架，竹制的书架上放着许多林业方面的专业书。书桌上有一瓶花，白的、紫的、黄的花，配着绿叶，色彩很清淡，但因为花多，也给人很热烈的感觉。装花的瓶很矮小，仔细看时才发现原来只是一个漱口杯。我们都对她油然生出钦佩之心，一个女孩子，离开城市到这样一个寂寞的林区工作，周围还没有一个女同事可以谈心，她的生活却还这么有滋味！从她宿舍里出来，我们就反复地谈她，想象着她的容貌和家庭，如何工作，如何生活，不知怎么的就从女技术员吃什么讲到了树林里的麻雀吃什么的问题。

树林里的麻雀吃什么？说过来说过去，大家都觉得，树林离村庄实在太远了，树林里的麻雀不可能到农田里去吃成熟的庄稼，树林里的麻雀吃的是树林里的小虫，当然也包括许多害虫吧。我小的时候，住在耦园，园里也有成群的麻雀，它们不是也没有成熟的粮食可吃吗？再说，即使是村庄里的麻雀，也只能在庄稼成熟的季节里才能吃到成熟的庄稼，在春天、夏天和冬天，麻雀们还是只能在土里刨食，据说也还吃许多害虫和虫卵。这么一聊，几个人都心照不宣地对麻雀是"害"的提法产生了疑问。那个年代，对什么都可以怀疑，就是不能对党的号召产生怀疑，不能对党所发动的运动产生怀疑。既然说麻雀是"害"，你们怎么可以有相反的想法和说法呢！

话虽这么说，打麻雀的劲头却小了许多。午后，有人开始东看西望，发现树林里和路边上有很多马兰头，也有荠菜，就蹲下来挖。脸盆正好可以用来放挑到的野菜。有麻雀来，别的地方在喊，我们也跟着吆喝两声，人却还蹲着，眼睛也还看着地上。我是城里姑娘，对马兰头、荠菜什么的还不熟识，她们就对我挖的菜一棵棵进行检验，并教我如何识别，还让我在一堆挑来的马兰头和荠菜中拣去杂草和枯叶。她们说："多看看，就认识了。"那时候，人们都随身带手帕，临回家的时候，我们用手帕包了拣净的野菜，装在口袋里带回学校，让胡妈做了当晚饭菜吃。男教师们吃了都说味道好，可都不知道野菜竟是我们挑的呢。

麻雀像野草一样，"春风吹又生"。过了几年，麻雀就又多起来。

如今在窗边看见麻雀飞来飞去觅食的时候，二哥就放个盘子装了面包屑喂它们，这叫我想到当年打麻雀的经历，想到该如何善待生命，善待我们赖以生存的地球妈妈，善待同我们共同生活在地球上的"兄弟姐妹"。我也常常念及当年林场的那位并未谋面的女技术员，不知她如今可安好。

哎呀同志们呀，哎嗨哟啊。

提起来呀，哎嗨哟哇。

我们来打夯呀，哎嗨哟啊。

那是为个啥啊，哎嗨哟啊。

我们修水库呀，哎嗨哟哇。

修呀修水库呀，哎嗨吆啊。

旱地改水田呀，哎嗨吆啊。

水稻大丰收呀，哎嗨吆哇。

吃上大米饭呀，哎嗨吆啊。

生活要改善哪，哎嗨吆啊。

社会主义呀，哎嗨吆啊。

实呀吗实在好呀，哎嗨吆哇。

……

这就是打小夯时人们唱的号子。

1958 年冬季，学校通知我放下教学工作，到乡政府报到。我被分配到红星水库的工地上，充当工程进度核报员。因为我们不会说大话，也不会说假话，乡里也就把核报工程进度的事交给了别人，这使我们有机会参加劳动。修水库的劳动其实主要只有三种：一是挖土，用铁锹把土一块块挖出来装进筐里；二是运土，挑担或抬箩筐把挖出来的土运到大堤上；第三就是夯土，用木夯或者石蛾（即小夯）将大堤上的松土夯实。这比起使用锯镰刀割稻、上水车车水，是另外一种劳动课程。在水库工地上的劳动，可以算作我的第三单元的劳动课吧。

我都试了，也都学了。

挖土几乎是我不能胜任的。我不能把土很整齐地挖出来，挖土的速度也不够。农民挖土很有节奏，手脚配合得好，看他们挖土实在是享受。他们的锹在草上擦得锃亮，粗壮的手将锹往土里插下去，用脚一踩，左一下，右一下，中间再一下，往上抬，一大块土就像一块大年糕一样被切了出来，装进箩筐里干净得很，没有一点小土粒撒出来。而这样一块土就有四五十斤重，在担子两头各放一块，够妇女挑了（如果挑担的是男的，他们会故意每头多装两块，压压他，开开玩笑）。我不行，因为臂力不够。铁锹一点也不听我的话，总插不进土里，挖出来的也是窸窸窣窣地直掉土渣，一个箩筐不知要装多少时间才装满。挑担或抬箩的妇女直叫冷，说是风早把汗水吹干了，再这么等着就该感冒了。农民们不要我挖土，我往往被他们抢去了铁锹，晾在一边没事可做。

　　于是我就去挑土或者抬大箩。挑担子很有学问。首先要让担子同你的脚步协调，脚步走稳了，一步一步很有节奏，担子在肩上一颤一颤同样有节奏。这时候，挑担变得轻松而愉快。担子是上下颤动的，就对了。初学挑担时的担子却是前后摆动的，脚步也会变得踉踉跄跄，人的感觉那就是痛苦了。接着要学习换肩。担子重，挑着担子往前走，吃不消的是肩膀。取土的地方离大堤越来越远，大堤也越来越高，挑了土要走的路也越来越长，而且艰难，不会换肩是无论如何不行的。换肩就是要在行进中把沉重的担子从右肩转换到左肩，再在必要的时候换回来，这要学，要练。尽管如此，就我来说，挑担还是用右肩的时候多，右肩用多了，那里的肌肉格外发达，至今还能摸到一块硬硬的肌肉在右肩头，就是学挑担的纪念。把土挑到大堤上，得把筐里的土倒出来，这也要学习。起初，我总是把担子先卸下来，再倒土。这不行，脚跟着脚地就有别的担子上来了，你在这里站着，不是挡了她们的道吗，她们都是不停脚步就把土倒了的。原来，到了地方，只要将系着竹筐的三根绳子中后边的一根抓住，一提，筐子就斜了，土就能倒出来。

1958 年冬天学了挑担，后来又有很多练习的机会，以至进了"五七干校"的时候，我竟能够挑起上百斤重的担子满山跑，也能挑了五六十斤重的水桶走五六里地，中途不休息了。当然这是后话。

抬大箩更要讲究节奏，尤其是前后两个人的配合。脚步一定得整齐，脚步乱了，箩筐就不只是左右摇摆，还能打起转来，碰到脚后跟上。所以，抬着大箩往往要喊号子，"嘿哟，吭哟，嘿哟，吭哟"，一唱一和，看着前方，迈着大步，有点像行进在行列里，也有点像舞蹈，有了这种感觉的时候，大箩就很听话，人也不觉得累。当然，同农民搭伴的时候，他们总是将大箩往他们的身边挪，让我的肩头减轻很多分量。我很喜欢抬大箩，因为箩里装的土要比担子里装的多得多，而且，比较起来，这挑担是"柔"，而抬箩是"刚"，抬着大箩总有很豪迈的意思，人的精神是更加振奋的。

在水库工地上有些日子了，农民就都认识了我们几个老师。当时我戴着眼镜，似乎最具教师特征，但是因为个子矮小，看背影却还像孩子。大概他们见我挑担、抬箩处处好强，就邀我一起打小夯。我欣然接受了，加入他们的圈子。木夯是一截一米多高粗壮的木头，边上镶了一些铁环做抓手。由四个人将它高高抬起又重重砸下，用力均，砸得稳，松软的土地被砸出一个又一个印子，一个个排着，一遍又一遍，才把土夯实了，打木夯的都是男劳力。小夯是用石头做的，一块小石磨般的又圆又扁的石头，四周牵了八根麻绳。八个人各抓住一根绳，一齐用力，石头就被抛了起来，一齐放下，石头又重重落下，砸在土地上，把松土压实。看这石头一起一落，就像一只翻飞的蛾子，这拴住它的绳子正是蛾子的翅膀，大概就因为这样，这小夯才被称作"石蛾"吧。八个人中间有谁用力少，石蛾就会倾斜，砸到地上就没有力量，用力早了或晚了，也同样影响石蛾的翻飞，所以，打小夯是一定要唱号子的。

唱号子，主要有一个人领头，其他七人就随着唱"副歌"好了。领头人随口编着唱词，见什么唱什么，想什么唱什么。他们打着夯，唱着，打一下，移动一下脚步，也不过是几秒钟的工夫，唱词就出来了。想到吃的了，就有"小葱拌豆腐呀，一清二楚呀，豆腐白又嫩啊，小葱喷喷香"这些词；想到丰收了，就唱"玉米棒子哟，一尺那个长啊，有黄又有红啊，吃在嘴里香，大豆堆满场啊，个儿粒粒圆，老牛吃了它啊，耕地有力气呀"，等等。当学生的时候，老师说劳动创造了音乐和舞蹈，我只是听听而已，现在却真的信服了。农民原来这样具有文学细胞，这样热情而豪迈，这样健美，这样能歌善舞，这样……我被感动，被激励，浑身平添力量。农民们说我在学校教孩子们唱歌，让我来领头喊号子，我哪里会呢？我随着大家的节奏，有力地拉动麻绳，让小石蛾飞起来，在高亢的"副歌"声中，有我明亮的嗓音，哎嗨吆啊……

在红星水库工地上，曾经有一天，上级水利部门的人来检查工作。一个女同志穿着长大衣，双手插在衣袋里，厚厚的长围巾围着脖子，包着头，还捂着嘴。她在大堤上转了一圈走了，农民们看见了，立刻把她的形象编进了号子，还就近拿我来做对比，唱完了"那个女同志"，再唱"我们的钱老师"，他们唱着"劳动最光荣啊，大家爱劳动呀，老师和我们呀，就是一条心呀"，"北风呼呼吹呀，大衣没有用呀，谁做大懒汉呀，冻死也活该呀"，等等。那情那景，此刻还历历在目。

当时，我只是觉得很好笑，参加劳动，同农民在一起很快乐，我愿意并希望被农民所接纳。直到很久以后，我才体会到干部、教师同农民的关系，并不是轻而易举地就可以相融相合的，其中确实有一个情感因素在内。如果没有一个情感转变的过程，是很难"心往一处想，劲往一处使"的。而这两者关系的主要矛盾方面，确实是干部、教师、知识分子一方。直到今天不是还有把老百姓称作"刁民"的干部吗，我就觉得那是他们的情感有了问题。

这"第三单元"的劳动课，劳动号子留在我的记忆深处。那节奏、那旋律鲜明极了，至今我还能够高声地唱出来，恐怕永远也不会遗忘。

学习、运动、斗争

　　寒假里，全县教师集中到县里学习。先是肃反补课，记得在小组会上，规定人人都要说"我是好人"。据说，当过"历史反革命"的人说自己是"好人"时，必定会脸红心跳，露出马脚。我很为此觉得好笑，嘴上不说，心里却不以为然。

　　之后是"反右"斗争，真是惊心动魄。学习，变成运动，变成革命和反革命的斗争。气氛越来越紧张，态度也越来越严肃。

　　可能因为我刚从学校出来，领导认为我不可能有什么意见可提，不必跟别人一样有写意见的任务，于是让我当了材料员，每日里看大字报、做记录等。陶吴小学是一个比较大的中心校，当时配备的力量很强。在我进校之前，除了有当地的老教师在，还有好几个 1955 年毕业的初师生，他们早已成为学校的骨干，有的当了教导副主任，有的是共青团的支部委员，意气风发，满怀信心。在这个帮助党整风的时候，谁也不甘落后。冷云大姐就是其中积极的一个。在每人必须提一百条意见的任务面前，她熬夜又熬夜，动足脑筋，最后写到第一百条，大意是在她被借调到县委参加肃反运动的时候，她们被安排在一个厕所旁边的宿舍里，生活条件很差，所以希望县委更加爱护青年干部。这条意见本来就是"石子里逼出来的油"，写完了，就可以休息了，终于完成了任务。可有谁知道，就是它，酿成了大祸，冷云为此受到批判。

不知何故，对冷云的批判后来并没有真正开展起来，但她被内定为"右派"却已成为不争的事实。寒假过去，新学期来临，她被调到乡下脉腰单班小学，一个人在那里应付着几个年级的教学任务，并过着"闭门思过"的艰苦日子。有如鲜花从此凋谢。冷云的爱人在沪宁线上望亭发电厂当工程师，分居两地的他们，因她有"内定右派"这个身份，长时间没有可能调到一处。直到1989年前后我再去陶吴的时候才听说，粉碎"四人帮"以后冷云才调过去，但现在她已经去世了。说话的人和听话的人都感慨长期"闭门思过"心情的压抑对她健康的损害。愿她安息！

这次肃反学习和反右斗争，是在1958年1月寒假里，至今已经过去整整六十年。但那时，我正走向生活，走向农村，在那一片山明水不秀的土地上，学习当教师，学习了解农民和农村，学习了解社会。那时我的面前有我学不完的东西。无论说是我融入这片土地，还是说这片土地接纳我，这都是一个过程，一个很漫长很漫长的、生动活泼的过程。而1958年，才是一个开端。

我于1960年2月离开陶吴，当时实足年龄十九岁多一点。

第三章 我的农民朋友

在农村工作了几十年，最可回味的是我的那些农民朋友。

1984 年父亲九十岁生日的时候，大家到香港，同父亲在一起生活了一个月。那时，我们兄妹若要出门，总要留一个人在家陪伴父亲。在我留在家中的那天，父亲坐着，我也坐着，我不知说些什么才好，总不能老是这样面对面地在沙发上枯坐。我想讲讲我的生活，让父亲了解我是怎样长大的。可是，我的生活又有什么可以说说的呢？讲我自小母亲病了，又没有父亲在身边的苦恼吗？讲我只读了中师没有机会读大学吗？讲我夫妇分居两地，度过了艰难的九年吗？讲我入团、入党的异常经历吗？讲我的小学语文教材教法的业务吗？或者纯粹讲些笑话趣闻？引起悲痛、引起叹息、引起遗憾、引起无谓的误解的，或者太严肃的、自己都觉得无聊的话题，都不是合适的话题。我讲起我的农民朋友来。

▲ 3-1 1984 年，父亲（右）在新亚"家"中听我讲"我的农民朋友"

　　我给父亲讲这些农民的时候，父亲几乎没有什么表情，只是端坐不动，眼睛也半睁不睁的，叫我猜不透父亲的心情。我忐忑不安，讲得断断续续，比我现在写的更简单枯燥。后来，继母说，他会理解的，他一定都听进去了。我还是将信将疑。再后来，我读了父亲的一些书，我看到父亲书里也写了一个关于中国农民的故事。我终于相信，父亲认可了我。

　　那时讲的主要是在江宁结识的农民朋友，在我学会用电脑以后，我就试着把他们写了下来，又不断地修改、补充。之后，先后有杂志发表了这些故事（或片段）。前几年，儿子把"母亲的怀旧文章"贴在了网上，又引起许多读者共鸣。再后，我又陆续把在吴县结识的农民朋友的故事写下来。只是进度很慢，直到今天才算完成。屈指算来，从2000年《东吴杂志》第一次发表《我的几个农民朋友》（七千字左右，分两次刊登）到今天，已经过去整整七个年头了。

　　农村、农民、农业与我们的生活、成长和幸福紧密相关。我向读到此文的人介绍我的这些朋友，祝愿我的朋友走向富裕、健康、幸福！

胡妈

我于 1957 年暑假从新苏师范毕业之后，即到当时的镇江专区江宁县当乡村小学教师。在那里，我曾经在陶吴、东山和湖熟三个乡镇的学校工作过，结交了许多农民朋友，他们给了我许多帮助和许多终身受用的宝贵东西，叫我念念不忘。

我刚参加工作，就认识了胡妈。胡妈早年守寡，养大了儿子，有了孙子，却不幸儿子、媳妇都在一次瘟疫中死了。我认识她的时候，她的孙子已经读小学二年级，名字叫小根，还在后脑勺留着一撮毛。据说这样，孩子就能"留住"，不会夭折。胡妈在学校里做炊事员，我们在学校住宿和吃饭的只有八个教师，五个男教师三个女教师，胡妈就是为我们这八个人做饭的。我们总共只有每月八元伙食费，吃得却很好。每星期天胡妈都会做面条、包子或者包饺子、煎饼给我们改善生活。出去家庭访问，回校晚了，不管什么时候，胡妈总还在厨房里等着我们，把热在锅里的饭菜拿出来。等我们吃了，她才收拾厨房。我自读小学五年级就在学校吃集体伙食，食堂给什么就吃什么，常常会吃冷的，现在出来工作，离家几百里，吃胡妈做的热饭，反倒觉得像在家里一样。

胡妈知道我才十七岁，老是觉得我可怜，常常说着话就会泪眼模糊，不知怎样是好。我乐呵呵地对她说"没关系"，说"好男儿志在四方"，她却说："你不是女的吗？"后来她不知怎么知道我爱花，秋天菊花开了，就常常剪几枝送到我的宿舍里，有时叫她的孙子送来。小根子来送花，我就顺便问问他的学习，叫他把作业拿来看看，日子久了，小根子就干脆来我宿舍里做作业。初夏，栀子花开了。我工作的这个小镇（江宁县陶吴镇）的农民们对栀子花特别钟爱。他们穿的大都是黑上衣，头上戴一个麦草编的草帽，边不太宽，他们把栀子花用一根白线串着，挂在草帽上。走路的时候，随着脚步的节奏，那白色的花也有节奏地摇晃，摇一摇，摇出一阵香味，又摇一摇，又摇出一阵香风。在六月骄阳下走着的人，汗流满面的时候，有这样一阵一阵香风陪伴，不是很惬意吗？奇怪的是，女人却不戴栀子花，开栀子花的时候，月季花也开得正旺，女人就戴红色的月季。一天，小根子来我宿舍，我正专心备课，头都没有抬，只说了一声"小根子，你也做功课吧"算打招呼。小根子蹑手蹑脚地在我身后站着，我也没有理他。等我站起来走出去吃饭的时候，大家都抿着嘴对我笑。原来，我的两条长辫子上插满了月季，差不多共有十一二朵。我看大家笑，不好意思恼怒，反倒也"扑哧"一声笑了出来。两条辫子插满了红花，身上添了许多乡气，倒也有一种淳朴的可爱。胡妈笑着，摇着手，说："别摘，别摘，漂亮，真漂亮。"她不管我戴不戴花，一个花季里，天天叫小根子给我送来几朵

花。原来她家的院子里只种了一丛月季，那年梅雨季节里，她又
扦插了好多，沿墙都种了个遍。可惜，后来我就再没有戴过她的
月季花，因为，第二年刚过元旦，我就被调离了陶吴镇。

老葛

　　"把学校办到贫下中农家门口"的年代，我在湖熟镇工作，也从镇里的中心小学"下放"到了贫下中农家门口。先是在后山冈，又到前山冈，前山冈村的另一个名字叫和进大队。我在和进七年制学校任教六年级语文，兼班主任。

　　学校办在一个小山包上，四周都是农田，离最近的前山冈村有四五百米的样子，离别的村庄则远些、更远些。当时我的女儿刚出生，白天，一个烧饭的老太帮我看看，夜里，我自己照顾。星期六、星期天的晚上，往往是我和孩子两人在这个小山包上。一天半夜，窗子被拍得乒砰砰响，我被惊醒的时候，从煤油灯昏暗的光圈里看到一个压扁的鼻子在窗上，黑乎乎的窗外一张陌生的脸张着嘴在对我喊叫。惊恐中，幸亏我及时地看到了他的红领章和帽子上的红星，意识到屋外的人是解放军。原来他在演习中，他敲响我的窗，惊醒我的美梦，只是为了问路。我给小战士指了路，后半夜却无论如何不能再入眠。第二天，住在村上的女学生葛银凤晚饭后出人意料地来到学校，说是来陪我睡觉的。我不同意，再三劝她回家，可是她坚持要留下来。银凤说，昨晚解放军也到村上问路，她爸爸老葛联想到独自在学校还带着孩子的我，怕我害怕，要她来陪老师。"这是爸爸吩咐的，一定要来陪的。"这一陪，陪了差不多一年，直到银凤毕业，我也调离了前山冈。

老葛大名葛纯才，生产队长，贫下中农管学校的班子成员，学校的兼职教师。他长得高大粗壮，声音洪亮，如同当地贫苦农民一样，为了省钱又省事，剃了光头。从春天到夏天，他总是穿一件白褂子，变化只在于天气凉一点的时候，褂子的扣子是扣着的，随着气温变化，这褂子的扣，少扣几个，或者全部不扣，或者干脆只把褂子披在肩上。白褂子洗了又洗，补了又补，褂子旧了，扣子的襻烂了，于是有几个扣子想扣也扣不住。不过，白褂子还是白褂子，直到秋天，还穿在老葛的身上。一直到天气实在凉了，须穿棉衣的时候，他才换上一身黑棉袄。老葛家银凤是我班上的学生干部，又能歌善舞，是学校文艺宣传队的骨干，除了晚上，白天里跟我接触也很多，种种原因，我到她家去"家访"的次数也就很多。老葛家有六个孩子，老大和老四是男孩，其余全是女的，银凤是他家老二，是女孩子中最大的，在家能帮妈妈做许多事。她每晚到学校来，家里的事全丢给了妈妈，我为此总是不安，但老葛和他的老婆也总是笑笑，坚持要银凤为我做伴。

不久，我被调回后山冈小学，跟前山冈虽然不远，但毕竟是离开了一段路，银凤也毕了业，跟老葛一家见面的机会少多了。麦收之后有一天晚上，老葛忽然自己到后山冈来，从一个纸包里取出一段白布，说要麻烦老师给裁一件褂子。老葛身上的那件褂子，还是半新的，怎么就又要做一件了呢？我一边给他量体裁衣，一边好奇地问："走亲戚吗？"老葛竟答道："是，走亲戚。"过了几天，我的好奇心驱使我去前山冈银凤家玩。当时我还担心老葛会给银凤找婆家，心想如果我猜对了，可以适时地做做他们的工作，可不能让这个能读书的女孩子早早出嫁。其实我的担心是多余的。我到银凤家的时候，老葛不在，银凤妈在我打听老葛的时候，高兴地说："他去看女儿了。"又补了一句。"看我们的小七。"她看我不明不白的样子，就又说："反正今天老葛不在家，我告诉你吧，你只要以后不对老葛讲就行。"

银凤妈的故事是这样的：

一九六〇年，我家添了小七，也是个女的，可是，我们还是都把她喜欢得不得了。一天，我到小店买盐，碰到一个女的在那里大声讲话，哭亲人的样子。旁边围着一群人，七嘴八舌乱嚷嚷。见我来了，有人说，老葛家的来了，问问她有没有办法，问问她肯不肯。那女人就转过脸，一把抓住我的手，连连说："帮帮忙，帮帮忙。"原来那女的是南京郊区人，帮她们村上一家姓张的联系抱养一个小孩，今天来抱孩子，这边这一家却变卦了，死活不肯让她把孩子抱走。她说，郊区那要领养孩子的人家，是种蔬菜的，家里条件好得很，男的还是生产队长。夫妇二人结婚已经十年了，一直没有生养，盼孩子，想孩子，现在要领一个孩子，把小床什么的都准备好了，忽然这边变卦了，可怎么交代。旁边那些看热闹的人里，有一个插嘴说："老葛家的，你帮帮忙吧，你反正有七个孩子，送一个给人吧。"于是大家跟着说好，那女人也盯住不放了。我不假思索地说："好啊，我家小七送你，要不要？"我就这样把小七送了人。

老葛开完会回家，已经是两天之后，发现家里少了一个人，听说已经送了人，就没有再开口，只是一个劲地抽烟。老葛小时候，父母没有力量养他，把他送到舅舅家放牛，混碗饭吃。他深知小孩没有娘的痛苦，他怎么忍心将自己的孩子送人，再受他过去受过的苦呢？老葛不吃饭，也不问队里的事。我很后悔，直骂自己办事太草率，只得赶到南京郊区去，再把小七要回来。小七要回来了，小衣服、小毛巾、小被子都是新的，那家说，既然留不住孩子，这些东西留着又有什么用，所以都给我带了回来。

本来，这件事也就结束了。谁知道，大约过了一星期，郊区那张队长家的女主人找到我家来了，说她丈夫老是想着孩子，吃不下也睡不着，队里的事也放松了，成天唉声叹气。她就想来认个干亲，如果我们老葛同意，让他们当小七的干爸、干妈，还带了许多小碗、小勺、奶瓶之类的东西来，说是那一天我没有带回来，她就给带来了。老葛听了，没作声，又躲到一边去抽烟。我也不好说什么，只是连连说："大妹子，对不起，大妹子，对不起。"而来人却说："大姐，是我对不起你，是我对不起你。"留客人吃了饭，客人就匆匆回去了。人走了，老葛却又上了心事，又不吃饭，不问事了。这样心事重重地过了三四天，忽然有一天早上老葛说："我已经带口信叫郊区那张队长来，今天要买些菜，不能亏待了人家。"我见老葛的脸仍然是阴着的，不知道老葛要干什么，心里怦怦乱跳。张队长夫妇也不知道来了会发生什么事，怕有纠纷，把小舅子也叫了来。见面已经是中午了，没说什么话，就上饭桌，老葛一杯一杯地敬酒，张队长就一杯一杯地喝，两个人都喝了个大红脸。直到一桌菜吃得差不多了，酒瓶也空了，老葛才把手伸过桌子去握住张队长的手，大叫一声："张大哥，我把小七交给你啦！"一桌的人都呆了，想说什么的时候，老葛又说："什么也别说了，什么也别说了！"他把大家的嘴都堵住，一边说一边站起来，又说："回去还有许多路，早早地动身吧！"说完，转身到队部去了，他说他已经有好多天没有去队部了。就这样，银凤的小妹妹送了人。

银凤妈松了一口气总结似的说："不是老讲阶级感情吗，老葛就是为了阶级感情。"从此，老葛多了一家亲戚，每年走动一次。银凤妈又说："现在，小七已经上学了，该懂事了，多走动不好，不能让孩子知道，不能影响了孩子对领养爸爸、妈妈的感情。"

这事留给我很深的印象，虽然后来我从未对老葛当面提起过，却始终不能忘怀。几十年过去了，至今我还能想起银凤妈给我讲故事时的神情。

老德明

老德明是队长。

那是我成了"臭老九"的时候，为了"接受贫下中农再教育"，我似乎再没有资格在中心小学工作，就被分到后山冈小学去了。

我的家安在一个祠堂最后边的一间厢房里，跨出房门便是大厅，大厅左右厢房里住着的除了幺金奶奶、兆源奶奶、兆源爷爷三个五保老人外，就是老德明一家了。老德明并不老，也还不到五十岁，只是他妻子要比他小十多岁，相比之下，从他们结婚开始，人们就把德明叫成"老德明"了。德明的大儿子叫承保，德明的妻子就是承保妈了。承保妈十六岁当妈妈，所以我认识他们一家的时候，三十六岁的妈妈跟二十一岁的儿子都长得年轻，几乎像姐姐和弟弟一样。他们家还有大妹承凤，弟弟承明、承根和小五。

老德明是生产队长，不识字。他为生产队去南京买东西，用了十块钱，就用烟头在香烟包装纸上烫一个洞，又用了一块钱，就再烫一个小一点的洞，回来数数香烟包装纸上的大洞和小洞，再数数剩下的钱，把账对了，竟分毫不差。

他要养活五个孩子，手头总是缺钱用。承根在我班上读书，有一天说要买橡皮，闹着一定要当天买，不肯等两天，我一再劝说，他也不听。老德明就叫他守着老母鸡下蛋。鸡蛋到手，承根拿到小店里，换了七分钱，买了三样东西：橡皮一块，二分钱；最次的烟两支，二分钱，给爸爸；萝卜响（南京乡下把萝卜干叫成萝卜响）若干，三分钱，全家人的早饭菜。开学的时候承根要交书本费，当然没有钱，我对老德明说："没事，你先让他到学校来吧。"老德明说："也好，我以后还你鸡蛋吧。"一学期的学杂费和书本费，需二十一个或二十二个鸡蛋来换，他总是叫承根三个、两个地陆续拿给我，拿到最后，总是多给我一个，我推辞不要，他说："鸡蛋是自家母鸡生的，又不是钱。"赶集的日子，他拿些鸡蛋呀、草绳呀、自己扎的扫把呀什么的带到街上卖，手里有了钱，总要给我带回一条鱼或者一刀肉，他指着这些荤菜对我说："你不能看着我们不吃，你也不吃，你还有孩子！"他总是把带回来的菜放在小篮子里，挂在我的门框上，我放学回来就能看见，篮里还放一张小纸条，是叫承保写的鱼或者肉的价钱。我拿了菜，就把钱还给他，万分地感谢他。他看我不安的样子，就笑着说："帮你带了菜，也帮我节约了钱。不然，在街上，说不定就把钱用掉了。"生产队杀猪或者做豆腐的日子，老德明也总是叫人把猪肝留给我，把豆腐留给我，这种时候，是不收我钱的，他说："老师是我们队的人。"

我真的成了生产队的人！那一年，学校办到贫下中农家门口不说，还把教师的户口迁到了生产队，吃生产队的口粮。秋天，我一个人分到了几百斤稻谷、几百斤山芋，面对这些稻谷和山芋，我束手无策。老德明不声不响帮我把稻谷挑了去轧成米，筛过后，把白米送到我家里。还有米糠，他也要给我。我说："米糠我不要了，给你家养猪吧。"老德明就说："米糠很值钱的，我把钱还你。"弄得我鼻子酸酸的，差点流出眼泪，不知该怎样表达我的谢意。我挑出一篮山芋送给街上的二妈，其余就全部送给了德明家，老德明再三说："不可以，不可以。"但我也一再坚持送给他。为了表示答谢，从此承凤或承根就要送热山芋来给我吃，后来，我也就自己去他家取。于是，那一个冬天，几乎每天早晨和傍晚，我都拿他家的一碗热腾腾的山芋当饭吃。大锅里的山芋又软又甜，贴着锅的一边还有一点"糊"，香极了。吃不了的山芋切成小块，放到太阳下去晒，晒到半干，说软却硬、说硬又软的时候再尝尝吧，鲜甜鲜甜的，像蜜枣一般可口呢！

至于劳动，是"臭老九"接受"贫下中农再教育"的重要课题，星期天和节日要劳动，寒暑假要劳动，农忙更要劳动。老德明是队长，谁做什么，都由他分派。他总是叫我到场上看鸡！稻、麦、豆在场上，去看鸡还好说，就是场上只晒了一些稻草，也还是派我去看鸡。所谓看鸡，只须拿一根竹竿，不时地晃晃，把贪嘴的鸡赶走，那是并不复杂也不需要出大力、流大汗的。有时，我在太阳下晒得暖洋洋的，就会不好意思地说："还是让我去田里做活吧。"老德明却说："你是老师，我只想你们把书教好，我们又不少你这个劳动力。"

又是雨季

在雨季，我不能不想起老德明，想起三十年前同老德明做邻居时我经历过的一个雨夜。

我的"家"和老德明家同在一个祠堂大厅的厢房里，老德明家在我家隔壁。我的四四方方的不过十来平方米的小屋，门是朝西的，朝着祠堂的大厅；朝北的一边墙外就是老德明家的菜地；东、南两边墙都与老德明家靠着，那只是一垛矮砖墙，大约比一个人的身高只高出有限，上边只用芦帘相隔，所以是隔开视线不隔音的。我的屋里，西墙边上堆了柴火，有一人多高。柴堆前北墙边就是一个独眼小灶头。东墙放着书桌，南墙边是床。除此之外供人活动的地方就绝不超过两个平方米了。当时我带着青儿，生活在那里。

大约是 1969 年春夏之交的季节，有一天夜里，大雨下个不停。我早早地哄青儿睡了，自己在床边的书桌前工作。桌上的煤油灯火闪烁不定，每一次雷都似乎要把它震灭，雨声哗哗不断。我心里害怕，说要工作，却没有心思，老是要从书本上抬起头来，凝神听听雷、听听雨，希望它们的节奏会有改变。雷声时有时无，隔一会儿哗啦啦轰隆隆响上一个，震得灯火摇曳，屋子都似乎要崩塌；大雨却始终一股足气地下着，没有一点起伏。

忽然在哗哗的声音中有了滴滴答答的伴奏，屋子漏了，水漏在灶台边。我取过一个搪瓷盆，放在地上，雨滴掉在盆里"当、当"地响，还怪好听的。但是，好听的"音乐"很快就成了很大的烦恼。不一会儿，屋顶上漏雨的地方多起来，书桌上、灶台上、门口地上有七八处，都被雨水打湿了，脸盆、茶缸、饭碗都派上了用场，连抹布、旧衣服都拿来放在漏雨处，接着漏下的水滴。当当、答答、滴滴、扑扑、笃笃，和着不知疲倦的哗哗雨声，搅得人心烦，不知今夜还会发生什么事，不知今夜该如何度过。

老德明隔着墙在叫我了。"漏了吧，没事的，我屋里也漏了。老师，你睡吧，有什么事我会叫你的。"我也真想睡了，时间早在不知不觉中过去，此刻已经过了午夜，我想，睡着了就不会再觉得烦恼了。可是，床上也开始有雨滴了，我想把床移开漏雨处，只是无论如何不可能，结果，一张小床斜斜地搁在地中央，左边、右边都有小盆接着漏下的雨水。有时漏下的雨滴偏了，就落在床沿上，被褥也就被溅起的水沫浸湿了。总算把青儿安置到了"安全"处，我让他斜斜地躺在床上，自己和衣靠在床头，听着屋里屋外的雨声。老德明再一次在隔壁大声呼叫，安慰我，叫我睡觉。他说："房子不会坍倒的，你放心，等雨小一点，我会去想办法。"有了这样的保证，我真的安心了许多，渐渐忘了我的烦恼，走进了风和日丽的梦乡。

被一声霹雳惊醒的时候，我不自觉地翻身下地，像要逃命似的。谁知道，两只脚踏进了水里，凉凉的，激得我立刻清醒过来。屋里已经积了水，高过脚踝，鞋已经漂到不知哪里去了，有一个白色的搪瓷盆在油灯照亮的一方水面上漂着，打着转。我不禁惊呼："德明，德明，屋里进水了！"隔壁传来含糊不清的应声，不知是怎么回事。我侧耳倾听，忽然听到屋顶上哗啦哗啦的，像有人在上面，也像有人正在对我说话，但听不清楚。屋顶上哗啦哗啦的响声持续了大约十来分钟，屋里滴滴答答的漏雨声却渐渐停了。又过一会儿，老德明在隔壁又喊了起来："屋子不漏了吧？我就去想办法开沟，屋里的水也会退的。不要慌！"我才知道是他和承宝在大雨之中到房顶上排了瓦，清了瓦楞沟。他和承宝又一次冲进大雨，现在，声音就在北墙外，不知道他们怎样挖土开沟。我睁开惺忪的双眼，看看手表，还只是凌晨三点多。青儿睡得很香，只是脚边的被子已经湿了，油灯光能照亮的地面有限，鞋子仍然不见，我只得蜷缩在床头，闭了眼睛，无奈地等待，等待雨停，等待天明。

迷糊间，老德明的声音又从隔壁响起来："老师，老师，屋子里的水怎么样？"屋里的水？哦，屋里的水在退！"在退！在退！"我禁不住大声喊，声音中透出极大的兴奋。老德明又说："睡吧，睡吧，很快就要天亮了。"把灯举在手里照照地面，我看见屋里的水向着北墙脚流去，退得很快。我很快又看见，我的鞋有一只停在了小灶边，一只却被一条桌腿挡住，就留在书桌边。不知是看见了鞋让我心安，还是看见屋里的水在退让我心安，总之，我敌不过一夜的疲劳，真的想入睡了。这时，德明家的老式时钟敲响了四点。

卯前阵气势宏大，却因为屋子不漏了，屋里地面也不再积水。随着黑夜的渐渐消退，心中的烦恼和恐惧也渐渐淡了。天将明了，雨还在下。

早饭做不成，因为灶和柴都是湿的。老德明又叫承凤来叫，让我带着青儿到他家随便吃一点。德明家门背后地上，湿漉漉的蓑衣、沾满泥水的铁锹和丢在那里的两件脏衣服，无言地讲述着他们父子昨夜挖沟排水的故事。早饭时同德明谈大雨，才知道，他把一部分水引向了他家的地窖，冬天可以装几千斤山芋的地窖，现在装满了水。

早饭后，我把青儿托给承宝妈，自己赤了脚拿了书包，准备到学校。哪知道祠堂门口聚集着左邻右舍，都望着眼前的一片茫茫在七嘴八舌地议论。原来，门前的一大一小两个池塘，已经连成了一片，大塘里原来供淘米洗菜的清洁的水，现在同饮牛、洗粪桶的小塘里的脏水混在一起，门前台阶下就是一片浑浊的黄泥水，从门口一直到一百多米外的小山坡前，什么路、什么沟、什么石头、什么牵牛桩都不见了，所见之处都是水，村庄就是一片大水面和漂浮在水面上的一些孤独的房子。看着门外广阔的水面和仍然密集的雨点打落其上溅起的许多水花，我心想"今天学校上不起课来了"的时候，一条大鱼竟跳出水面，跌到脚边来。承宝眼疾手快，一把抓住。德明说："反正上不了课，我们给老师烧鱼吃。"这是一条大鲤鱼，有三斤重。

大雪天

在后山冈这样当"生产队员"，过"贫下中农的生活"，在清苦之中，就有了许多甜蜜，日子也就过得很快了。当我的女儿小梅出生以后，我就把青儿放在了老家，把小梅带在了身边。

小梅跟着我住在后山冈的时候，遇到了一场罕见的大雪。

1971年的冬天来到了。不知不觉中，学校就要放寒假了。

　　我早已把学校的工作处理完，只等这一天早上发了成绩单，就可以带着小梅回家了。不料想早上起床一看，屋外白茫茫一片。夜里下了一场大雪，天亮了，雪还在无声地下。到大门外看天，一团团棉絮般的雪，密密麻麻，飘着，打着转，我眼前花花的；看地，看不清村庄里的小路，也看不清原来那些小坑、石头、树桩，到处一片白，平平整整的，干干净净的。我想学生是不能到学校来了，便裹起头巾，埋下头，钻进大雪，一家家送了学生的成绩单。

　　走了两个村，到过了几十家学生家里，发了成绩单，叮咛了该叮咛的，嘱咐了该嘱咐的，可回到祠堂的大厅，便全没有了我的自信。站到阶沿上看着雪，我不知该不该抱着小梅走进大雪去。正在我犹豫不决、神情忧伤的时候，老德明来了，他说："还愣什么？我们快走！"老德明拿了一双草鞋给我，叫我绑在鞋子上，又挑了一副担子来，把小梅放进一头箩筐里，把我的两个包，放在了另一头，担子的绳子上挂了两件旧衣服，像小帐子一样，正好把小梅和包遮了个严。

　　我们就这样上路了。老德明在前边走，我在后边跟着，他不时回头看我，看我是否跟上。雪下有石头、有坑洼，他就提醒我。雪很厚，可以把脚背淹没，一路没有别人的脚印，也没有赶路的人影。每走一步都要费很多力，背上出汗了，又热又冷。听着老德明肩上的担子有节奏地嘎吱嘎吱响，我尽量跟上他的脚步。两个人在大雪中就这么走着，只听到他提醒我的简短话语和担子嘎吱嘎吱的声音，在静静的大雪中，走完了我很难忘怀的六里路。

　　老德明把我送到街上，公共汽车已经停开。他找到一辆军车，是赶在大雪严寒封冻之前购买给养的，跟人家说了许多好话，押车的解放军同志终于同意让我搭车。我就乘了这军车赶进城里，踏上回家的火车。

　　后来才知道，这场大雪之后，交通中断了半个月，直到寒假开学前三天，正常的班车才恢复。

　　……

　　我同老德明做邻居前后将近五年，他的故事很多，我对他的想念是同样的多，绝不是几千个字可以表达。屈指算来，老德明如今该七十八九奔八十岁了，是真正的老德明了。德明，你还好吧？后山冈还好吧？富起来了吧？……

　　让我以最诚挚的祝愿结束这篇文字：愿老德明健康快乐！

幺金奶奶和兆源奶奶

　　兆源奶奶住在我的对门，大厅西侧的厢房里。其实还有一个兆源爷爷，尽管他的个子高大，天庭也饱满，算得上有一脸福相，可是在村里却似乎很没有地位，从没有被人尊称过"兆源爷爷"，连被叫"老兆源"的时候也很少。兆源奶奶的威信是大大高于兆源爷爷的。兆源奶奶是小个子，老了还缩小了很多，一双眼睛不知是因为倒睫毛还是高度近视，总是眯着，眼睛是昏黄色的，眼珠不黑，眼白也不白，还常常充着血。她会为患病的农民放血，说放了血就能把病治好。有人小腿弯里静脉像蚯蚓一样凸出来（现在想来那大概是静脉曲张或者脉管炎），她就用缝衣针刺他突出的静脉，鲜血很有力地喷出来，局外人看了都会觉得紧张，小孩子们为此更是有点儿怕她。幺金奶奶可不同，高个子，腿脚还很利索，嗓子也洪亮，脸上虽说有皱纹，可端正的五官还是能令人想到她当年的风采。孩子们都爱到她屋里坐坐，听她说古。三位老人都是村里的五保老人，邻居们自然以帮助他们为己任，孩子们更是如此。而三位老人自是不服老，也常常帮助周围的人，我也就理所当然地成为他们帮助的对象。

　　得到幺金奶奶和兆源奶奶最经常的帮助，就是我晒在外边的衣服鞋子往往是他们给我收的。她们也常常逗我的孩子玩，比如把母鸡刚生下来的蛋塞到孩子手里，孩子的小手握着鸡蛋，摇着，大家在一旁哈哈大笑，都说"要掉了，要掉了"，她们就又用一个煮熟的鸡蛋来换这个生鸡蛋。这样，很自然地给孩子吃了一个蛋。这种时候，是从来不肯收我的钱的，幺金奶奶总是说："逗逗小孩子的事，你也当真？"

　　令我常常想念起她们而坐卧不安的是向日葵。去新疆的时候，我们看到了成片成片的向日葵，十几亩、几十亩一大片的向日葵地，开着金黄的花，葵花一律向着太阳仰着它们灿烂的脸，这时候，不由得我又想起两位奶奶来。葵花子在今天，是十分普及的"电视食品"，看着电视，嚼着瓜子，谁家能例外呢？可是，嚼着葵花子的时候，我也总是会想念到我的这两位奶奶的。

　　当年正是崇尚太阳、崇尚葵花的年代，不只是环境布置中会处处用到葵花，连小学生书桌里都要放一朵纸制的葵花，每当上课，是首先要手持葵花唱一曲《葵花朵朵向太阳》之类的颂歌的。但是，后山冈的田野上却看不到多少向日葵。大田里没有向日葵的一席之地，那里种植的是水稻、麦子、山芋、玉米、豆子之类；田边地头家前屋后也大都种植着南瓜、丝瓜、豇豆或者茄子、蕹菜、辣椒，都是些"正经的瓜菜"；而学校的空地，则种了许多蓖麻。据说蓖麻油可以做飞机的润滑油，对国家建设有贡献，"种蓖麻"在50年代起就成为少先队的传统活动了。并不是后山冈的土地不适宜于向日葵的生长，后山冈很少有向日葵恐怕是有原因的，比如说农民很穷，粮食不够吃（男人吃干的，妇女儿童喝稀的，这是后山冈农民因为贫穷而养成的饮食习惯；每年春天总有青黄不接的日子，在那些日子里，农民只得用青蚕豆充饥）。有限的土地总要种些能填饱肚子的东西吧，而葵花子却非但不能饱肚子，还有一点"资本主义尾巴"的嫌疑呢。当时，农家限养两只鸡，第三只鸡就是"资本主义尾巴"了，是必须"割掉"的。而在向日葵的问题上，虽说没有硬性的规定，农民们却很能举一反三，自觉地少种或不种了。

后山冈还是有几棵向日葵的，种向日葵的大致只是干部家、五保户，或者是少数特别大胆又多子女的农民家。德明是队长，孩子又多，他家种了几棵；而幺金奶奶、兆源奶奶也种了。葵花开的日子，那灿烂的金黄色，不但给人美的感受，还让人想起葵花子的香味，勾起几条馋虫。我就希望能够在备课的时候，抓一把瓜子嗑，嗑几颗瓜子，读几行书，写几行字，岂不悠闲！而承凤希望的是在大太阳底下，靠在大厅的柱子上，把瓜子壳吐一地，一边还可以同幺金奶奶或者兆源奶奶聊闲篇。这种愿望，往往由幺金奶奶来帮我实现。德明家孩子多，炒一些葵花子，一人一把三两口就吃光了。承凤很乖巧，看见幺金奶奶炒瓜子，她就会去给奶奶帮忙，提一桶水或者刷一个马桶，幺金奶奶就会给她一把瓜子吃。兆源奶奶胆子小，虽然她在兆源爷爷面前似乎很占上风，她却不敢大明大白地炒瓜子吃，除了怕别人多话，也怕几个孩子去吃她的。她用笤帚草的一个小枝子在锅里拨动瓜子，以免搅出大声音"扩大影响"。只是，瓜子的香味是关不住的，大家都知道她在炒瓜子，不过，既然她不想让人知道，孩子们也就知趣地装出不知道的样子，没有人去问她要。幺金奶奶是个爽朗的人，每次炒瓜子都并不多，不过三小把而已，一把给自己，一把给承风，另一把，就是给我的。当大家回家，吃过晚饭，没有孩子在外边玩了，她就抓了一把葵花子来敲我的门，我就可以有一个一边吃瓜子一边备课的悠闲和享受的夜晚。

　　我在1973年春天调离后山冈，这是一次根本性的调动，这次是调回家乡！从此，合家团圆，既可以赡养老母，又可以夫妇子女相聚，共同建设家庭，享受天伦之乐。我疲惫的心兴奋得怦怦直跳！行李已经捆扎好了，最后的一夜也已经开始，我不能入睡，屋里的灯还亮着。忽然有香味飘来，接着是敲门声。原来是幺金奶奶和兆源奶奶来了。照例是幺金奶奶先说了话，她说："老师明天要走了，很舍不得，只是，老师是回家，应该高兴，再舍不得也还是要高高兴兴地送你走。"兆源奶奶吞吞吐吐地问我："要是我们送你一些东西，会不会牵累你呀？"说着她拿出一个小铁罐头说："一小罐葵花子不会有问题吧？"幺金奶奶也拿出一罐葵花子来说："明天都走了，还有谁会来找老师的麻烦！老师你收着，收着！"不容置疑地把瓜子罐塞进我的包里，她拉着兆源奶奶就走了。

　　这是两罐很香很香的葵花子，常在我念中。

大宝妈

　　乡下一个三界小学民办的刘老师请了产假，中心校叫我去代她的课。

　　这个小学校建在圩埂上。就那么一间教室，隔壁是一个磨坊。

　　开学那天，我一早就去，开开门窗，把教室地面扫了，把黑板擦了，等学生到校。放学的时候，早有一位老妈妈在等我，把我拉到圩埂下她的家里去。老妈妈说："我一看就知道，你这个老师好。刘老师老是叫小学生给她做事，你这个老师反过来帮学生打扫教室，你是真的老师，她是赤脚的老师。"这就是我和大宝妈认识的经过（她的大儿子叫大宝，村上人都叫她大宝妈，我也就这么叫她）。她拉我到她家吃饭，听我说街上还有个儿子，由一个老太带着，所以我必须每天回街上去住，她又热心地说："把儿子领来，我给你带。你们一起住我家好了。"

　　从此，她经常来旁听我给孩子们上课，到中午，就把我拉到她家去吃饭，给我讲她家里的一切事。"老聋子"（她这样称呼她的丈夫）如何如何，大儿子如何如何，二儿子又如何如何，老三才十四五岁，正在中学里读书，有关这老三志茂的读书问题，是她对我讲得最多的话题，她以为，既然我是老师，对她儿子读书是可以发表权威意见的。比如她问我："学校怎么老是劳动，不上课？"常常使我不知怎样回答才好。下雨的日子，她一定要留我住在她家，说一个人在雨里走圩埂，走一步滑一步的，要走六七里路，很叫她不放心。我留了下来，她拿出一条新被子给我盖，说是"三面新的"，"全是托毛主席的福，才有今天"。起初我不理解这"三面新"的意思，听她反复说了，才知道面子新、里子新、连内里的棉絮也是新的，这才称得上"三面新"的被子，这是过去几十年里大宝妈从来没有盖过的。要不是我来她家住，她也舍不得拿出来用的。她口口声声说"托毛主席的福"，口口声声说"没有毛主席，哪有这里外三新的被子"。她把"老聋子"赶到偏屋铺上睡觉，把我留在她的床上。夜里，有跳蚤，咬得我背上起了一个个疙瘩。大宝妈点起灯，抓跳蚤，又一声声地说"可怜可怜"，又用她粗糙的手掌摸这些疙瘩，为我搔痒。我俩几乎一夜没有睡安稳，但是，同床共枕这一夜，深深地感动我，给我留下永远的记忆。

　　我在这圩埂上的三界小学工作不过两个月，但大宝妈对我的关心却延续了下来。我到后山冈之后，她还来看我，冒着风雪送来狗肉给我吃。寒假之前，她又来了，带来了许多炒米，一定要我带回家让我妈妈尝尝，她说："老姐妹把这样好的孩子放到我们农村来，啊，可惜我没有同老姐妹见面的机会。"又说："毛主席教育得好啊！"寒假后，她的大儿子结婚，我还应邀参加了他的婚礼。不幸的是，不久大宝妈患脑瘤，开了刀。当她除了头巾给我看刀疤的时候，还是不停地说："托毛主席的福"，"毛主席给我第二次生命"。延续了不过半年，大宝妈离开了人世。

同大宝妈认识一场，印象里最深的就是她真诚地说"托毛主席的福"。我并没有为她做什么事（她并没有自己的孩子在学校读书），甚至也没有为三界小学的孩子做什么特别的事，但是大宝妈却一眼认定了我，对我像亲人一样。我知道她一直认为她是"托毛主席的福"认识了我，可是，她不知道，我认识了她，正感到温暖和幸福呢。

时间过得飞快，一下子过去了十年，或者更长的时间，我早已回到了家乡工作，生活节奏快得令人跟不上。我忙着应付日常事务尚且吃力，根本没有怀旧的时间和情绪，更不可能沉湎于往事的时候，竟意想不到地发生了两件事，且都跟大宝妈有关。第一件是志茂带着他的新婚妻子来看我，送喜糖给我吃。他说，那时候他还小，但他知道我是他妈妈十分看重的，所以他自然也十分尊重我，现在他结婚，不可能告诉妈妈了，他一定要来告诉我。第二件是有一个在苏州读商校的青年学生是三界村上的，他自告奋勇地帮志茂为我带来一只盐水鹅，这是他们家乡的特产。这青年从苏州来我家，至少也要用一个小时，回去又要一小时，再坐下谈谈，不是要花半天时间吗？我们过去又并不相识，年龄又相隔三十多岁，不是很乏味吗？我问到他这个问题，他说："当年你在三界小学工作的时候，我还是妈妈怀抱里的婴儿，什么都还不懂。后来，常常听村上人说起你，我就想这究竟是一个什么样的人，总想看看，想认识。去年秋天，我考进了苏州的学校，跟老师靠近了，才有了今天见面的机会。"青年的来访，令我回想大宝妈对我的亲情；青年的来访，是大宝妈给我的奖赏。

戴姐

　　贫下中农管学校的日子，我们和进学校有一些"兼职教师"，也就是贫下中农教师，或者也叫作校外辅导员的，前山冈的老葛是其中一个，冲西村的戴姐也是。

　　戴姐所在的冲西村属于我们和进学校的施教区，是一个很小的村庄，靠着后山冈。从后山冈小学出发，往北过两片稻田和池塘，不过三四百米路就到了。这个小村子里没有学校，孩子们都到后山冈小学来读书，要读到初中才去前山冈和进学校。戴姐的一个儿子就在后山冈小学读四年级，我最初就是以老师走访家长的通常形式认识戴姐的。她有三个孩子，大的和小的是男孩，中间一个是女孩。那读四年级的孩子是最小的，就在我班上。大的一个已经十六七岁，参加了生产队的劳动，女儿好像也没有读书，在家帮助戴姐做做家务、拾拾柴火什么的。因为他们没有爸爸，生活很艰难。

　　艰难的生活却并不缺少欢乐。那个年代，大唱样板戏，城市里唱，农村里也唱。戴姐一家，就可以演一场《红灯记》，妈妈演奶奶，大儿子演李玉和，小儿子反串演铁梅，三个人搭配得很默契，一唱就是一场戏，引得大家鼓掌个不停。有时候在不影响她大儿子得劳动工分的情况下，就把她们请来，唱一曲《沙家浜》里沙奶奶和郭建光的对唱。总之，她和她的孩子们，是常常要被请到学校里来"演出"的。

戴姐个子高高的，人瘦瘦的，梳着齐耳的短发，赤着一双大脚走起路来飞快，给人勤快利落的印象。开口说话，也是脆崩崩的，叫人觉出她的热情和敏锐。戴姐是学习《毛选》积极分子，应该有许多事例可以来说明她的学习成绩，只是时间隔得太远了，我竟不能记忆。只有一件事，还记得十分清楚。那是一个冬天的清早，她隔夜到娘家有事，住了下来，一大早，她惦着家里三个孩子，惦着不能耽误上工，匆匆往家跑。走到半路，忽然见到路中央有一大堆牛粪，牛粪还散着热气。她想，这么一大堆肥料，丢在这里太可惜了！平日早起拾粪，一拾一大筐，今天耽误了拾粪，心里本不好过。"这堆牛粪正像是天爷爷安排的，就是让我拾回去的。"她这样想。于是，她用她的破草帽（用了一个夏天，早已破了，大冬天戴它，是为挡风用的）把散着余温的牛粪装回生产队来。她用手捧着破草帽，走了五里多路，十个手指都冻成了胡萝卜。她在"讲用"时说到这件事，她说毛主席教导我们，我学了也有体会，一个人做一点好事并不难，坚持做，天天做，一辈子做，才是最难的。她在这个冬季，每天都往生产队里送一筐粪，就这一天，只送了一泡牛粪。她是以检讨的形式讲起这件事的，她检讨得如此真诚，如此动情，使我禁不住想到自己，反省自己是否有过矫揉造作的、虚情假意的事。

有一次，学校请戴姐来上课（那时，我已经到了前山冈学校）。在约定的日期到来的前几天，我们就听说她的女儿害大脑炎，住进了医院，她日夜在医院护理。大家很担心她是否能按时来学校。我去她家看她，家里没有人，左邻右舍也说不上所以然。上课的日子到了，我们却看见戴姐准时来到了学校。大家对她问长问短，她只说"还好，还好"，后来就上课了。上完课，她走进办公室，刚捧起我给她倒的一杯水，眼泪就无声地掉了下来。大家在一边看着，不知说什么才好，只当她为孩子担心，想让她哭哭也可以松松气。一会儿，又上课了，老师们大都又去了教室，戴姐抬起头，擦擦眼泪对我说："女儿死了，我还得到医院去把她抱回家。"我惊得目瞪口呆！她拒绝了我们的帮助，独自去了。我这一天什么事都不能做，心里老惦着她，我想她不过三十六七岁，没有丈夫，一个人承担着一切，女儿死了，她本可以不来学校的，但是她来了。就在这一天，我连夜写了一个表演唱的本子，就是唱的戴姐，不久，学校的文艺小分队就演出了这个女声表演唱，还在县里的会演中得过奖。

戴姐在农村女性中确实突出，她的爽朗、她的聪慧、她的诚恳和她的通情达理都对我们这些当教师的人有很大的吸引力。学校里的女教师们都对她十分敬佩，都说，如果她像我们一样受了中等教育，一定不得了，不知会做出怎样的大事来。可是不久，就有一些议论传出来，农民们说戴姐同知青小马有暧昧的关系。知青小马就住在戴姐家里，这是大队里安排的。他们在一个屋檐下生活，小马住着戴家的偏房。他们在一个锅里盛饭吃，戴家吃干的，小马也吃干的，戴家喝稀的，小马也喝稀的。戴姐烧饭，小马常常帮着挑水；戴家母子唱样板戏，小马常常在一边吹笛子伴奏。小马在戴家，生活在温暖之中，并没有像其他知青那样常常感到离开家庭的难耐，小马在队里的劳动表现也十分出色。农村里有些人就喜欢议论别人的家长里短，教师们对这些议论持否定态度，觉得吃饱了饭没事干的人才喜欢弄这些。可是不管教师们怎样否定，议论仍然有增无减，而且，有了许多难听的话和侮辱人的意思。终于有一天清早，出了大新闻。人们奔走相告，"戴姐同小马私奔了！"学校的老师们也沉不住气了，你告诉我，我告诉他，议论纷纷，没完没了。教师们私下里说，"是这些议论把他们推出去的"，"不回来才好，男婚女嫁，要别人掺和什么？"，"戴姐独自一人过日子，也实在太不容易了"，等等。教师们的同情都在他们一边，但是，戴姐知道吗？小马知道吗？半个月后，又有消息说，有人在下关附近看见过他们。说他们身上很脏，样子很狼狈，但是他们不会回来，因为怕挨"批斗"。据说后来队里派人出去找，想把他们找回来；但是，很快就放寒假了，寒假开学时，我又换了学校，从此，再没有见过戴姐，甚至也没有听到过她的消息，只在心里默默思念她。

戴姐留给我一个想了又想的思考题：她是当当响的一个贫农，还是学习《毛选》的积极分子，生活为什么还对她如此残酷呢？

今天，如果戴姐还健在，该有七十多岁了吧。你好吗？你的孩子们好吗？

老克

老克，这显然是一个绰号。

他叫李克勤，湖熟乡后山冈村小学的民办教师。村里的老辈人因为他是个教师都尊敬地叫他"老克勤"。这"老"字不带贬义，正相反，它是褒义的，就好比如今人们称呼"某老"一样，只是并不一定要对老者称，对长者也可以这么称。克勤患气管炎多年了（当时不知道，其实是严重的肺气肿），一年四季都在咳嗽，冬天里更是咳个不停。名字里有个"克"字，"克""咳"同音，"老克勤"三字到了年轻人嘴里不但省了一字，还变了味道，成"老咳"了。起初，我也"老克，老克"地叫他，日子久了才知道，原来是"老咳"，不是"老克"，但一开始就这样叫他，也就不便改口，就这样叫着，心想反正我叫的是"老克"。

我同老克勤在一个辅导区工作，应该是相识的，只是并没有什么工作上的联系，更没有什么交情，辅导区开会见到，也从来只是看一眼或点点头就过去了。直到1968年山东侯、王两个教师提出"把学校办到贫下中农家门口"，我们之间不仅相识了，关系还密切得很。侯、王的建议实质上是把"臭老九"们赶到农村去，各地都积极地响应，唯恐慢了半拍被视为不革命。湖熟的情况也是一样，大批的教师从中学、中心小学下放到村小去，乡下也很快办起了"戴帽子"学校或农业中学。正是这样，我在秋天被调离了湖熟镇上的中心小学，派到后山冈小学去了。教师大会一结束，老克勤就把我领到了村里，给我安排了住处，并向我交代了工作。

后山冈村很大，南边一道梁，中间一池水，北边是村子，一溜排开有四个生产队。老克勤家在村东头，离公路不远，学校在村西头，而我住的地方却在村中间池塘边上。历史上的后山冈不穷，村里有好几处大宅院，高砖房，我的住处门口有极宽的青石台阶，有"台踏"和石狮子之类，曾经辉煌的过去由此可见。但不知在某年某月，这里产生了历史性的转折，现如今后山冈却穷得叮当响。

跟着老克勤去后山冈，我才比较贴近地看到了他。他的脸色灰灰的，尽管有端正的五官也不能给人以英俊的感觉；他是个瘦长条子，个子原本不矮，不过现在他的背已经驼了，就自然矮了一截，高个子的优势也就荡然无存；他的手指被烟熏得蜡黄；身上的衣裤不蓝不灰，说不上是什么颜色，到处都晃荡着，人们可以由此想象到里边那瘦削的肩膀和肋骨毕露的胸脯。这是他给我的印象。当时我猜老克该有五十多岁了，后来认识了他的儿子，这小孩才上小学一年级，由此又推断老克不过四十来岁，但究竟几何，却始终没有闹明白。

我一到后山冈，就成了老克勤十分得力的帮手。

　　两个班级，除了语文、数学等课程各自在教室里应付，什么唱歌、体育、早操、活动几乎都由我负责。学生总是喜欢热闹，老克勤老是咳，活动不起来，于是他常把学生"放羊"在场上玩。他的学生看我班级里的学生唱歌做游戏，自然就参加了进来，日子一长，一切体育文娱活动就都由我带了。

　　小学校在一所破庙（或者是祠堂）里，山墙上已经裂开了一条缝，下雷雨的天气，雨水能从墙缝中洒进教室，很是吓人。那缝从上边弯弯曲曲地延伸下来，像一道闪电的光，要把墙劈成两半，那裂缝最宽处约有十公分，往下稍减细，长有两米多，一旦延伸到地面，墙就真的裂了。我很担心，对克勤说了，他却问我该怎么办，于是我帮他起草了报告，还附了图，说明学生必须从危房里撤出来，要求建造新的校舍云云。后来，我们的报告引起了领导重视，冬天时重新为后山冈小学建造了校舍。还没有从庙里撤出来的时候，既然学校在这里，那就还是要布置学校环境。老克勤让我在墙上写大标语，我就架了梯子在墙上写上"毛主席万岁"和我们的教育方针之类标语，用红漆刷子刷着墙，手上、脸上常常会沾上红漆，虽说我自己很小心，最后也还是不免把一件呢上衣搞得一塌糊涂。

　　当时是两个复式班，老克教着三、四年级，我则担任一、二年级的课。老克不会汉语拼音，也没有精力同娃娃们在一起闹，三、四年级的学生不但懂事、听话些，还能够帮他做家务事。秋天农忙，在忙碌中，日子总是很短，不知不觉冬天就来了。因为破庙危险，我们两个班级分别搬到了破庙附近的平房里，上课的时间各自掌握着。有几天早晨，我总看见有大一点的学生在我的教室窗前逗留，扒着窗台，脸贴在玻璃上。我心想他们是在干什么呢，老克怎么没有把他们往教室里赶呢？那时候正在"革命"之中，教学内容少，要求也低，乡村小学都要到九点多钟才正式上课，上了两节课就是中午了。不过学生都是本村的，大多数到校很早，所以早上的时间都把学生关在教室里"早读"。我每天一早到了学校，都把早到的学生拢在教室里，读读书、唱唱歌、讲讲故事什么的，打发早上的时间，等一些有家务的孩子也陆续到了，也就差不多要到上课的时间了。老克虽然比我到校迟一点，倒也能教育学生在教室里早读。现在怎么了？学生们告诉我，老克在冬天一天比一天起得晚，他已经有一个星期要到十点钟才到教室里来了，他们听见我们教室里有歌声、有笑声，很眼馋，就过来看。于是我就把他们邀到我的教室里。后来，老克根本起不了床了，每天须太阳当头时才起床到墙根下晒日头，偶尔到学校，也不过看看而已。这样我照看着四个年级的几十个学生，上课就是大单班，而玩的时候就像母鸡带小鸡了。

　　有一天放学以后，我在学校做了些杂事，回家已是黄昏。暮色四合，炊烟袅袅，村道上没有什么人。出学校拐了一个弯，就看见一个孩子，撅着屁股弯着腰，正用力将手中一根树枝抽打着地上的一块砖，嘴里喊着"打倒××"，"打倒××"。那正是父亲的名字！孩子喊了一遍又一遍，直到我走到他身边，他还喊了两声才一溜烟地走了。我看清楚那是双喜，心里顿生疑窦——在后山冈怎么会有人知道父亲的名字呢？双喜这孩子怎么会知道父亲的名字呢？晚饭后，老德明来我住处，说他也看见双喜在那里抽打砖头了。他并不知道双喜喊的是什么，只是猜想与我有关，怕我心里不痛快，安慰我说："除了老克，还会有谁?! 他看学生们喜欢你，心里难受了，想让你也难受难受呢。你如果真的难受了，就上当了。"

　　冬天农闲的时候，村里组织力量给小学校盖了新的校舍，后山冈小学就成了一所像样的五年制学校。新开了幼儿班，又新聘了两位教师，木匠的女儿宝珍教幼儿园，开兰教一、二年级，老克教三年级，而我则带了一个四、五年级复式班。老克是我们的头儿，学校负责人。然而，有关教学的事似乎都是我的责任。开兰做过两年教师，有一点基础，宝珍却是大姑娘上轿头一回，虽然教的是幼儿园，可当时的幼儿园几乎同小学一样，没有童话，没有音乐，没有美术，游戏最多是拍皮球或者老鹰捉小鸡，讲的故事也大都是革命故事，雷锋、邱少云、董存瑞那些。我同她们一起备课，讨论教材和教法，有时候是从读书开始，因为宝珍自己不过小学文化，学的不多，忘的却不少。后山冈同和进七年制学校很近，学习开会都要到那边去。开会时，只要说起教学，总要表扬或批评，有时候，表扬宝珍、开兰二人了，就会指名不指名地带到我身上："一个公办教师，工作这么多年，工作怎么就不如一个刚参加工作的民办教师呢？"有时候，宝珍、开兰在教学中出了差错，要批评她们，同样会带到我："她们不懂，你也不懂吗？为什么不提醒她们，眼巴巴看她们犯错误？这纯粹是阶级感情问题。"而后山冈小学教学情况的提供者，多半是老克。只不过，他是从来不直接在我面前批评我半句的。

　　春天时，老克向我借了钱，十五元，现在看不算多，当时我的工资每月四十四元五角，十五元差不多是月工资的三分之一。

老克老不还钱，我每月都打算着如何使自己收支平衡，我正怀着孩子，想到生产坐月子还须有点积蓄，心里总想着要向他要，却总说不出口。他是民办教师，平时是没有工资拿的，秋后算账时也往往是透支，没有钱可以分到手是料想之中的。他能不能还我这个钱，还真是个问题。春天过去是夏天，夏天过去是秋天，秋天过去就是冬天了，一年就要到头了。在农家腌大菜、杀年猪的日子里，老克家也杀了一头猪。这一天是星期天，中午的时候他兴冲冲提了一条猪后腿来我住的地方。德明、承宝妈和幺金奶奶看见了，都过来看热闹。他们说："这条腿怎么那么大，连肋骨都割进去了。老克，这是送给钱老师的吗？"老克并不直接回答他们，只讪讪地说："借杆秤称一称，借杆秤。"他称着，可是提不起那秤，这块猪肉足有二十多、三十来斤吧。他又换了杆秤，并叫承宝妈帮忙，称了又喃喃地自语，算着账，最后对我说："还了你的十五元，你再找我九元六角吧。"整个过程很短，我不知道他为什么要拿来这么一大块肉。这么一大块肉，我有什么用！我被吓着了，我能拿它怎么办？还没有说出一个"不"字，老克却问我要起钱来。大家看着我，我默默地付了钱，虽然那不情愿全无遮拦地流露在脸上。老德明吩咐承宝妈说："帮帮钱老师。"后来，承宝妈将肉处理了，肋条肉割下来煮了吃，一条后腿则腌了，寒假的时候我将其带回家。我从未拥有过一整只"火腿"，好像家里也不曾买过一整只火腿。能带一只火腿回家，竟也让我很觉自豪，曾经囊中羞涩的难堪也都被忘记了。我将它一斩三段，妈妈、大阿姨、小阿姨各一份。妈妈的一份舍不得吃，又在开学的时候给我带回了后山冈。

　　老克的病终于不治。其实也并没有认真治疗，农村缺医少药不说，就是老克自己也没有钱可以就医，不过是少劳累多休息而已。又一个冬天来了，老克起床的时间推迟了一点，再推迟一点，他的学生照例由我们照看着。直到有一天中午放学大家回家吃午饭的时候，才听到老克家那边传来号啕悲声，才知道老克今天竟没有起床，并将永远起不了床了。

　　与老克同事两年，没有成为朋友，也没有成为仇人。我从他身上看见乡村生活的艰难，看到一个因艰难的乡村生活和特殊的年代而被扭曲和异化了的心灵。有时候我想，如果换一个时间和环境，他也许是另一种样子，有另一种生活，说不定也可以高寿，一直活到现在。

　　到了儿我都没有弄清楚他的年龄，但我想无论怎么算，都应把他算在英年早逝之列。

　　愿老克勤安息！

宝珍和开兰

　　宝珍和开兰都是民办教师。后山冈小学成为五年制小学的时候，她们就成了我的同事。虽然是同事，又都是女性，我们之间却并没有什么特别令我难忘的事，这恐怕同我当时的处境和心境有关。我，一个带着孩子的年轻女教师，还背了个出身不好的包袱，也随时都可以被呼作"反革命""臭老九"，并被莫名其妙地被批判一通，自顾尚且不暇，更不可能关心到身外之事、身边之人了。

　　老克同我商量说要聘一个教师，他认为木匠的女儿宝珍可以，我就同他一起去了。看面相，宝珍的爹很老了，皱纹布满额头、眼梢，甚至鼻梁。手是黑的，手指上有许多裂口，缠着的布条不知是什么颜色的，黑一条、灰一条地挂着。可是看了他的女儿再算算，他也不过四十多岁，最多不能超过五十五岁。宝珍十八九岁，是个胖乎乎的丫头，眼睛有点斜，短发，腰板粗壮。她已经是她爸爸的助手，锯锯刨刨的都在行。我们去的时候，她刚做成了一只小板凳。别看是小板凳，却是很见木匠功夫的。首先是在料头上划尺寸须分毫不差，接着在锯木头的时候，更要准确，这样做成的凳子才能摆平，只要有一条腿长了一点或短了一点，四条腿不平了，板凳就是"翘脚"。第一次做小板凳的，还往往是做成了翘脚凳的，那就会将长一点的那条腿锯短一点，可锯了之后往往长的又显略短，还是不平；然后再锯原先短而现在长的；再不平，再锯；还是不平，还要锯。如此再三，小板凳的腿被锯了又锯，最后还是不能摆平。更重要的是当年的木匠都不兴到处用钉子钉、用胶水粘的，要把凳子腿安上，就得对"榫"。做一只小板凳需要做八到十个榫，又是榫头，又是榫眼，不但位置要合适，大小还必须匹配，还真的很复杂。所以木工的学徒，往往是从做小板凳开始的，而宝珍现在已经把小板凳做出来平平稳稳地在地上放着了，可见，她已经有了一定的本领了。

后来，宝珍当了民办教师，学校里的粉笔盒子、书报架子之类的东西，就都出自宝珍的手了。

开兰已经是一个孩子的妈妈了，家里事多，往往到校要迟一点，走得要早一点。她留着长发，编两条辫子，拖在肩下不远的背上。开兰的个子比宝珍要高一些，细长的腰肢，细长的手指，鹅蛋脸，周正整洁的服装使她焕发出女性的妩媚。她对工作尚能应付，对我依赖不多，大概是年龄接近些，比起宝珍来，我与她也似乎多接近一点。她的家在我住处的北边不远处，如果在学校和宝珍、我以及开兰的家之间画一条连线，那么这是一条略带弯曲的线，像"心"字的弯钩，而那弯则是向着西北方向，四个点之间相互的距离差不多。

我在星期天常常会到宝珍或开兰家去。开兰家看上去不是那么穷，家具还有些亮色，桌上地下都收拾得干净整齐。不知为什么，记忆中的开兰老是在洗衣服，她有洗不完的东西。孩子还小，成天在泥里滚，一天换一身衣服，还常常看不见干净的时候；丈夫是小队里的什么干部，还是拖拉机手，除了泥，衣服上有更多的机油渍。我去开兰家，她总是坐在门口的小凳上，脚跟前一木盆衣服，一条裤子的裤管搁在搓衣板上，她用肥皂抹了，就用硬硬的板刷刷，嚓嚓嚓的响声中，肥皂沫淌下来，带着脏水，带走油腻，裤管眼看着就干净了。当年的农家，洗衣服并不一定用肥皂，有的用草木灰泡了水洗，也有的用皂荚（一种植物的种子）洗，开兰家倒是能用上肥皂。嚓嚓嚓，嚓嚓嚓，她洗衣服总这么有劲，那声音听着就像音乐。我总是看着那脏极了的水想，为什么这么脏的水还能够把衣服洗得干净呢？开兰不在大塘里清洗衣服，而是把衣服拿到村外田野间的小水塘里去漂，带一只小木凳去，不为自己坐，而是把衣服放在上边捶，捶捶、漂漂，衣服就干净了。霜降以后，水里的许多微生物都已经被冻死了，像用过了明矾之后水便澄清了一样，深秋和冬季的水变得特别清，真是清澈见底。在这样清澈的水里漂净的衣服，又在田野里的小灌木丛上铺开晒干，重新穿在人身上时，就带着阳光的香味。我看开兰这样洗衣服，很羡慕，也学着用板刷刷，用棒槌打，用清冷的水漂清。即使在小水塘已经封冻的时候，也打开冰面，在那刺骨的水里漂我的衣服。

　　宝珍和开兰并没有对我有什么恶意，在学校的工作上，我们合作得还算很好的。曾经有一次，为了解决女学生们（甚至个别男学生）的头虱，我们三个人忙了半天。宝珍家离学校最近，又有做木工积下的木片、刨花之类可以做柴火的东西，就由她烧水，一桶又一桶送到学校。开兰忙着为孩子们洗头，用我从家里带来的香肥皂。我做的是最后的工作，用剃刀、剪子为学生们理发，把头发理得短短的，比男孩子的头发长不了多少。因为有头虱，光剪是没有用的，得用刀削，锋利的刀口划过头发，虱子卵毕玻响。又削又剪的，一下午剪了几十个头。当时这么削这么剪只为了根治头虱，没料想后来流行了一种新的发型——游泳式，就跟当时我给孩子们剪的一样，我还戏称我自己是"游泳式"发型的创始人呢。

她们带着农民的善良和年轻女人的同情心，对我是友善的，也常常不露声色地适时给我帮助。有时候，拔来几只萝卜，割来几棵青菜，这在她们虽然是举手之劳，对我却是雪中送炭。我的住处有一个单眼小灶，做饭做菜全靠它。我去的时候，老克让村里给我些麦秆当柴火，不久麦秆就要烧光了。开兰知道后就说："让兴顺给你去买一点柴火，他可以用拖拉机给你运回来的。"兴顺是开兰的丈夫，很外向、很男人气的。我想都没想，就交给开兰五元钱，不久，柴就买了回来，是那种树枝柴。堆在小屋的门边上，从地上一直堆去，有我的个子高。我看了，心里别提有多高兴，特别踏实。有了柴，才有饭，是不是这个理？树枝柴虽然容易扎手，可烧起来火特旺，还有底火，饭烧过了，用瓦罐往灶膛里焖一罐水，洗脸洗脚的水就都有了，或者焖一罐粥，到夜里九点多钟，又冷又饿的时候，那白米粥加上些许白糖和猪油就是最好的夜餐。

柴、米、油、盐、酱、醋、菜，开门七件事，柴是排在第一位的。没有柴，就是后边六个要素都有了，也无济于事。而且，柴的消耗也是最大的。一人高的柴堆，眼看着渐渐低下去，再低下去，又必须买柴了。有了第一次的经验，我就又交给开兰五元钱，希望兴顺能再给我买些树枝柴来。这一次可没有上次那么快，左等右等，兴顺那边一点动静也没有。我不便催他，只是节约着每天的柴火，尽可能地节约，可以不起油锅炒菜就尽量不起油锅，把菜放在饭上蒸蒸，好歹弄熟了就行。一次把饭多做一点，下一顿就热一热吃，似乎也可以节省些柴火。即使这样，柴火还是不可避免地越来越少，直到全部烧光。开兰带着抱歉给我拿来一个煤油炉和一瓶柴油，说让我先将就几天。"这几天兴顺没有空。"

兴顺开拖拉机，柴油是从生产队的仓库里拿的，我心里别扭，却又无可奈何，只是暗暗希望兴顺不久就能帮我把柴买回来。第一次的柴油用完了，兴顺又让开兰第二次拿来柴油，这样用着生产队里的柴油，我难受极了。再说，用煤油炉做饭的不方便，更是一言难尽的。每天回到家里，我就为做饭的事犯愁，看着原本堆着柴火而如今空荡荡的西墙发呆。柴油已经用了好几瓶，兴顺还是没有给我买柴的意思。一天，我忽然想到，也许他已经把我交给他的钱用了，再没有钱可以去买柴，我这样空等是没有用的。于是，我又拿五元钱交给开兰。这一次还是没有买来柴。不知我交了几次钱给开兰，终于在冬天一个有太阳的日子里，兴顺买了柴来。这次买的柴很多，多得几乎堆满了墙，拿柴捆子的时候须站在凳子上踮起脚尖才能够到。我久久地靠在柴堆上，忘记了烧饭，心里一块石头落了地。那段日子，我很少舒畅地笑，却也不会哭，心里老是揪揪着。看到这些柴火的那天，心里才没有那么紧。

在后山冈的日子里，老德明给了我许多帮助，我内心已经有很多不安，所以在柴火的问题上，我没有再麻烦他。我就始终麻烦着兴顺，尽管他有时候把我买柴火的钱移作他用了，尽管我常常要为柴火问题烦心，我还是认准了要麻烦他。我深深理解"钱"对于后山冈的农民是真正的稀有之物，即使开兰、兴顺这样看来有幸福生活的年轻夫妇，也常有捉襟见肘的时候。

我这样麻烦着他们，开兰和兴顺也始终如一地给我帮助。

我同她们相互理解，从来没有用语言进行过交流，在那种年月，许多事也都是不能用语言来表达的，以至于从表面上看，我同她们的关系似乎很淡很淡。即使这样，我还是永远记得我曾经的同事和朋友——宝珍和开兰。

孩子们

当了三十年教师，我教过无数个学生。

在平常的年月，我是"革命的动力"，在"革命"中，我又成为"革命的对象"，这样，我就常常被调动工作。没有一个班级是教满了两年的，短则半年，长则一年半时间，非调一个工作不可，不是调学校，就是调班级。如果说三十年时间内每两年换一次，那就教了十五个班级，以每班五十人计，就是七百五十人，而实际上，我几乎在每一个学校都当过音乐教师，每学期教六个、八个、十个班级的音乐课不等，所以，根本就无法计算我的学生人数，大致说来恐怕是七百五十人的十倍或更多。而这些孩子，大多是农村的孩子。

在这样走马灯一样令人眼花缭乱的频繁调动中，我的注意力集中在应付教学任务上，同学生处得虽然很不错，却没有什么儿女情长，极少有学生给我留下深刻印象。有一个黑瞎子掰玉米的故事，说那黑瞎子在玉米地里认真努力地掰玉米，用右手掰了一根就夹在左边腋窝里，又伸出左手掰一根夹在右边腋窝里，而此时因为伸出手去掰，原先夹在左边腋窝里的那一根就掉在了地上，再掰一根夹在左边腋窝里的时候，原先右边夹着的也就掉了。如此掰呀掰，一直到最后，只夹住了最后一根玉米棒子带回家，别的都在夹进新玉米棒的时候丢了。我发现我同那掰玉米的黑瞎子很相像，虽然我很爱我的学生们，可是，当别人说我"桃李满天下"的时候，我的印象中比较清晰的学生却极其稀少。不过，不妨写下三五个，也算不枉做了这么多年的教师。

朱耀春

第一年当教师时，我有一个学生叫朱耀春。没有母亲只有父亲的孩子很可怜，身上穿得很不周正不说，还常常被父亲打。早上，须放过鹅，让鹅们吃饱了，嗉子沉甸甸的，走路都迈不开步了，摇摇摆摆地嘎嘎着回了家，他才能到学校。这个时候，学校早就上了课。一问，还没有吃过什么，孩子还饿着。手上、脸上、身上，没有干净的地方。所以为他买早点，为他洗脸、洗手是我经常要做的。

朱耀春已经是二年级的学生，却还不能把自己的名字写正确。并不是不会写比较难一点的"耀""春"二字，而是写不好"朱"字。朱字有一笔是"竖钩"，他总是把它写成"竖提"，一个小钩钩往相反的方向去。每每纠正他，一转身就又错了。不只是一个"朱"字，凡带有"竖钩"的字，他是一概写成"竖提"的。我不知道这是什么原因，苦苦地猜测，也没有任何结果；我不知道该如何帮助他纠正，千方百计也没有收到预期的效果。

这个难题，一直让我不安，一直让我记着。在后来的教学生涯中，我也曾经遇见过两三个类似的例子，但也没想到什么解决的办法。直到几十年过去了，有一次我从电视里看一个美国电影，电影里好像也说到了类似的情况，说是有一种叫作阅读障碍症的病，患者的眼神经有什么怪异，于是在读书学习中就有令人费解的表现。我看电视一般不很专心，等我被这电影吸引的时候，电影也快结束了，也不知道那是讲的科学、讲的真实的人和事，还是编的什么故事。这时我又想起朱耀春，他的"竖钩"写好了吗？

李双喜

后山冈那个用树枝抽打砖头的孩子叫李双喜，也是一个没有妈妈的孩子，爸爸也同样地粗暴。孩子不听话，爸爸就拳脚相加，没有其他的办法。

双喜是老克班上的学生，三年级。他每年有两件新衣服。冬天是一件棉袄；夏天是一件蓝白相间的汗衫，就同海军战士身上穿的海魂衫一般。

汗衫大致是在麦收之后买的。新的，蓝是蓝，白是白，很鲜亮，穿着新汗衫的双喜喜欢到池塘里洗脸，脸洗得干干净净的，同新汗衫很相配。可是，没有几天，汗衫就脏了，双喜要洗汗衫，就在中午太阳最旺的时候，到塘边去搓一把，放到草地上晒一晒，有时候还没有干，就又穿到了身上。进了7月，天热起来，双喜的汗衫就收了起来，成天打着赤膊。整个夏天，他都这样赤着膊，节省着他的衣裳。9月开始的学期，他不得不又穿起他的汗衫。现在那海魂已经混沌一片，蓝色变灰、白色变黄了，还到处有大块大块的污渍，不久又开始有了洞眼。北风吹来的时候，已经破了的汗衫挡不住那秋凉，双喜穿上一件黑不溜秋的破夹袄，那是去年的棉袄抽掉了棉花变的，没有什么纽襻和纽扣，一根草绳当腰带，系着，既像当年的游击队员，又实在能抵御一些寒气。

秋收以后就有了新棉袄。里边是破得被人叫作"四川货"（四处穿孔）的汗衫，外边就是新棉袄了。在棉袄还新的时候，也有一段双喜特别爱打理自己的日子，但好景总是不长。不久，棉袄就油亮发光了，再不久，胳膊上、衣襟上就有了划破的口子，白花花的棉花就露了出来。寒假过后，双喜的棉衣不但面子上放光，连里子也会发出黑油油的光来。三、四月间，有晴朗的日子，他在野地里一跑，热了，难受得很，就狠命地从破洞口往外抽棉花，纽扣或者纽襻也不知是在什么时候一个又一个地掉了。成了夹衣又缺了纽扣的衣服，还是用一根草绳拦腰扎起。逢到大晴天，双喜又去小水塘边洗他的衣服，他哪里会知道，穿了近半年的衣服，早已被各种污渍和汗水浸烂了，在水里一揉搓，竟一处处出现了破洞。好在村里还有几个好心的婆婆，找些补丁帮他缝缝连连，好歹熬到麦收，就又可以换上新的汗衫了。

这就是双喜。衣服如此，头发可想而知，那是从来没有让正式的理发师理过的。经常可以看见双喜的头上有草屑和泥巴，它们同头发是那样密不可分。那样的头，同鸟窝其实是很相像的。在我们给女学生治头虱的那一次，我们也把他的头发治了一治。

双喜是一个很倔强、很有个性的孩子，只是因为在家里没有人疼爱，还经常处在饥寒之中，他便似乎容易被人"收买"。给他一个山芋，他便愿意帮你扫地；给他一个鸟蛋，他便帮你跑到小店里买烟；给他一块萝卜干，他就帮你挑水浇菜，如此等等。老德明就猜想是老克"收买"了他，他才会去抽打那块砖头。只不过，我没有兴趣打听这件事，也不需要把这事弄明白。

孔祥玉

后山冈学校的学生除了本村的还有冲西村的，孔祥玉家就在冲西村。孔祥玉是一个娇小文静的小姑娘，是那种很聪明伶俐却又腼腆羞涩的典型的农村女孩。她说话细声细语的，两条小辫也细细的，身上穿的虽没有什么特别好的，但一直洗得很干净，她的文具也同衣着一样经常保持着整洁。孔祥玉上四年级，学习很好。我曾去她家访问，她家里也收拾得井井有条。我想她是有良好家庭教育的，是在父母的爱护和关怀下长大的。

那年秋天发生了意想不到的事。

秋天，在湖熟，每家每户都要腌很多的青菜和萝卜干。一年的小菜都要在秋天腌制好。青菜，总要腌三百或四百斤吧，就是我一个人在这里过日子，也要腌上几十斤呢。在农家平常的日子里，腌菜心切了当粥菜，菜帮子切了，加辣椒炒炒，烧小鱼熬熬，都是十分可口的呢。这一天，孔祥玉的妈妈收拢了已经晒过的大菜，下午把它洗了，沥了水，吃过晚饭就开始腌菜。腌菜的过程大致是先按一百斤菜、四斤盐的比例准备好盐，然后把盐往每一棵菜心里撒一把，将加了盐的菜整齐地排放到大缸里，一层一层，然后是穿了草鞋到缸里去踩，菜被踩了，压了，最后再在上边压上大石头。过七天至十天，这菜就能吃了。在这个过程中，除了盐的适量，踩菜是很关键的一环。有人能腌制出很香的菜来；有人腌制的菜不但不好吃，还容易烂，人们称之为"臭脚"。大约是踩不得法，破坏了菜的纤维组织吧。孔祥玉的妈妈是腌菜的能手，每年都要腌很多菜，今天她腌了五缸，一直忙到深夜。

深秋之夜，清冷清冷的，皓月当头，万籁俱寂，丈夫已经睡了，孩子也已经睡了。祥玉妈妈忙完手头的事，梳洗完毕，上吊自尽了。

据说并没有发生口角，并没有什么难题，她竟这么走了。

祥玉妈妈为什么就一定要走呢？有什么解不开的结呢？谁也想不通，我也想不通。但我知道，一定不会什么事也没有发生的。只不过她带走了这个谜的谜底。这么一个爱家爱孩子的女人，就这么走了。说不出是难过还是痛惜，或者是震惊，我只知道从此我就永远不会忘记娇小可爱的孔祥玉。

江思定

江思定，陶吴小学六年级学生，一个白净脸上布满浅褐色雀斑的男孩子。他无父无母，只有两个兄长。

大哥与他同父异母，继承了早已被镇压了的父亲的身份——地主分子。土改的时候大哥就有二十来岁，所以称得上"分子"，是生产队里的监督对象，沉闷内向使他远离人群。二哥与他同父同母，有十五六岁，可惜是个哑巴。江思定有这样两个亲人，决定了他也必然成为一个内向的孩子，在学校里他听话而安静。

1959年冬天，正是饥饿的年代，正是农民必须经过"小秋收"才能找到几粒粮食果腹的年代。所谓"小秋收"，那就是由生产队发几捆稻草，农民们通过用棒槌敲打稻草，会收获脱粒时少数没掉下来的谷粒。当然，这是很少的，而这样所得的粮食就将成为这一家农民当天的口粮。饥饿使孩子们失去了活力，许多学生因此而辍学。那些日子，我们教师每天都要在早上"练长跑"，其实是跑到村里去请学生到校上学。我一次一次地去江思定家足有半个月，总是被告知"到舅舅家去了"。直到寒假，他也没有来，而寒假以后我就被调走了。

过了几个月，我才知道，在我每天去他家叫他上学的时候，江思定却早已死于非命。他同父异母的兄长竟把自己的小弟弟害了！其目的，不过是想把江思定的一份口粮占为己有。

呜呼！满脸斑雀的孩子，你竟这样丢失了你的生命！

第四章 教师生涯

我的证件照，摄于 1983 年秋

建新小学

　　踏上西山的土地，成为吴县西山石公公社建新小学教师的那一个日子，是快乐的日子，是幸福的日子，是值得永远纪念的日子——1973年3月4日。

　　正是梅花盛开时。建新小学几个教师在西山煤矿支架连搭伙，支架连在小山之北，学校在小山之南，从南到北翻过山坡需十分钟。满山坡都种了梅树，满山头开遍梅花，那梅花，雪白雪白，远望是一片云，近看是朵朵花。无论是白云还是鲜花，都只能用纯洁无瑕来形容，用品格高贵来赞美，在这里，自己也就变得格外透明洁净，心底无私，心情舒畅。走走看看，再走走看看，就越发能够感觉到那美，是从未见识的，那香，深深地沁入肺腑。每当花枝向我打招呼，拍我的肩，摸我的头，帮我捋捋头发，对我绽开笑脸，我就感到了最大的享受。每天要在这花海里游过一两次，享受这良辰美景，怎能不把自己的心也变成了"鲜花怒放"！

　　建新小学原来没有女教师，由一位老教师教一年级，我去了，我就成了这个一年级班的班主任。一年级只有二十来个学生，我觉得学生太少了，教着没有劲，就与相邻洞山下村的一位女教师商量，把她的一年级八个学生带了过来，这样我有三十多个学生，而洞山下就开了二、三年级复式班，比三复式要好多了。为此，我们俩对彼此感激不尽。

我每星期抽一个下午去梅益小学听课，看看那里的教师是怎样教课的，余荣珍老师很热情坦率，对我没有保留，把她教低年级语文的心得都告诉我。相比之下，倒是我不太直爽，只是说"学习"，而自己想些什么、学到些什么都只是自己心里有数，并不和盘托出。其实，我正暗暗努力，我要把学生的字规范起来，让每一个学生都把字写得同书上田字格里的一样，这事我早在一年前就放在心上了。1972 年春天，我到苏州做了绝育手术，并休息了一段时间。那时候就把青儿寄放在小阿姨教的班级里读书。小阿姨教低年级很有经验，教学效果也很好，我看到她班上的试卷，每一个学生写的字都是一样的，用一样的铅笔，一样临摹书本上田字格里的范字，哪怕考不及格的学生，字也一样漂亮。这成为我的一种追求和梦想，现在竟也有了实践的机会。我教这些小学生很是快乐。学生写字用的铅笔是统一的，都用 HB 的，不浓也不淡。经过一段时间的训练，字果然渐渐规范，一学期下来都十分漂亮。我希望能有机会，一级一级升上去，把小学六年的语文都教了，让这些孩子在我的带领下一年年长大。

这半年教一年级的经历对我实在太重要了。以往长期独自在江宁，现在与爱人团圆，那心情的转变是谁都可以想象的。除了小山上那些洁白芬芳的梅花和远山近水可以安慰我疲惫的身心，这些孩子也给了我无限的欢乐。春天那个学期，青和梅还没有来西山，这些学生就是我的孩子。星期天都有学生要到我家里来看小人书，直到听到妈妈的喊声远远地传来，才想起妈妈要他买的酱油还没有买，就从我的酱油瓶里倒一些回去交差。学生们最为高兴的是他们竟也可以做我的老师，那是在采药草的时候、在搜黄熟梅的时候。梅子成熟的时候，生产队里就采摘了，但因为梅子是绿色的，同叶子的颜色无异，总有一些逃过人们的眼睛，还乐滋滋地留在枝头。过了一些时日，梅子泛出黄色，就被叫作黄熟梅了。而这个时候，因为生产队早已收获过了，任谁都可以去采摘了。学校就会组织学生去采，卖了黄熟梅的所得，可以买些扫帚、簸箕之类，也可以买些本子铅笔之类，以备不时之需。这就是当时的"勤工俭学"。带学生出去搜黄熟梅，我就抓瞎了。小学生们找到五六个梅子的时候，往往我还没有什么收获。于是，他们就教给我一些规律，比如黄熟梅大都在枝的背面，叶子覆盖之下；又比如树的最高处或者最低处，是大人们采梅子的时候容易忽略的。照他们的经验去做，真的有用。我连连称他们为老师，孩子们怎么能不快乐呢！孩子们快乐了，我还能不快乐吗？所以，这半年不只是休养生息，不只是又回到快乐中间，而且在教学方面，也终于有了一个相对安定的环境，终于可以自己想想，试试，再想想，再做做，把精力放在教学工作上了，这有多好呀！

学校小，一个班级的学生在教室里唱歌，全校都会受干扰。所以我总是把学生带到学校后门外的银杏树下上唱歌课。银杏树不止一棵，都有粗大的主干，都有伸展着的枝丫交织成的巨大树冠，这是一把把绿色遮阳伞，庇护着我们这一群。让我们闭上眼想一想，蓝天下，山脚边，大树，草地，手风琴奏着欢快的乐曲，一群孩子和一个教师，在唱歌，在跳舞。小风轻轻吹拂，小鸟喳喳叫，还有彩蝶和蜜蜂飞舞，金色阳光从枝叶间漏下来，这里一点那里一点地闪烁……哦，这难道不是一个童话世界吗！

　　有一次，中心校校长来了，听了我一节课。依稀记得那一天我正同孩子们一起复习和背诵着一首诗歌，我们微微眯起双眼，轻轻地点头晃脑，随口背着，老师背半句，学生接着背下半句，那样自然和谐，那样享受。听完课，校长没有说什么就走了，我也没有想到他已经做了一个决定。暑假之后，我就被调到跃进小学的分部去了，也就是到了"街上"，到了"北弄堂里"。

石公中心小学

　　跃进小学也就是石公公社的中心小学，因为在跃进大队的土地上，就叫了跃进小学。而跃进大队，原来的地名是秉常，粉碎"四人帮"之后又恢复了原来的地名。

　　1973 年 9 月，又是学校开学时，我匆匆忙忙从建新搬出来到镇夏上街队住下来，家同北弄堂里的学校相距不到五十米。我的教学任务是接手一个四、五年级复式班，第二年还是一个四、五年级复式班。之后，我就调到跃进小学本校去了。到跃进小学，先是教"乱班"，谁都不愿意接受的班级。大概是领导认为我还有办法，连着两年一个班级"由乱到治"了，于是再来一班。后来，形势变了，"四人帮"垮台了，要抓教育质量了，学校又叫我教"戴帽子"的初一。初一班办在北弄堂里，我就又回去了一年。之后又到跃进本校去教"重点班"，教中师进修的语文课等，给我的印象，或是当"救火队员"，或当"冲锋队员"，我始终很忙。

　　教四、五年级复式班时，具体的教学工作也没有给我留下太

▲ 4-1 1974 年，任
教于西山跃进小学

多的印象。当时"文革"还没有结束，课本薄薄的，教学的事，
领导抓得很松。我们当教师的反倒觉得无事可做也并不是好事，
自己要做些事，也不能让学生游手好闲。所以，我同教三年级的
老师商量了统一行动，每天早上一到校就检查学生回家写的毛笔
字，老师坐进教室里，来一个学生就面批一份作业。这样坚持着
做，让学生的毛笔字有了很大的进步。而当时农村里文化水平低，
很多家长还是用能不能把字写好、能不能算清账目，衡量学生学
习的好坏，衡量教师教学水平的高低。我们这样做，家长是很欢
迎的，由此把我看做好老师的也不少。张家村还有位家长硬要把
自己的儿子给我做干儿子呢。当然，在我的思想上，教师对每一

个学生都应该是平等的，认干亲这样的做法我是很排斥的，就拒绝了。其实，这种事在农村是不可以拒绝的，拒绝是要伤人心的。

当时还是提倡"开门办学"的时代，学校常常要把学生带出去，走访先进人物、参加农业劳动什么的。一个学生的父亲是公社党委书记，有一次我们就到公社里去访问他，听他讲形势、讲春耕生产。那是春天，书记把我们二十来个师生请到会议室，每人座位前都放有一杯泛着清香的碧螺春茶。当时我心想，这多么浪费呀，小学生哪里需要用这样的好茶招待呀！后来才知道，当时集体生产，队里卖茶叶给供销社，供销社是要"验茶"的，那才真叫"严把质量关"呢。"验茶"，就是将每一箩筐茶都抓一撮出来，在清洁无瑕、晶亮透明的玻璃杯里用八十度左右温开水把茶泡开，看叶片的大小、形状、茶色的浓淡等，由此决定这一箩筐茶叶的等级，然后才能按级论价。一箩筐的茶只抓一把出来泡茶，其他的就倒进一个大桶。每天送到供销社来的茶有几百箩筐或者更多，倒出来的茶也就很多很多成桶成桶地搁着。街上的人要喝茶，都可以去供销社要上一杯。书记招待小学生的茶就是从供销社拿来的。后来我们学校一个老杨老师也用一个硕大的搪瓷缸子每天去要茶，拿到学校里给大家分了喝。我在江宁县工作的十七年里，是从不喝茶的，连水都喝得很少，可是从这以后我学会了喝茶。

这段日子，妈妈同我们在一起生活。从1973年11月到1978年3月，有四年半时间。北弄堂离家近，课间都来得及回去看一眼，给妈妈倒一杯开水，加一件衣裳。可是，因为忙，能够陪妈妈说话的时间实在很少。赤脚医生和幼儿园老师白天陪伴着妈妈，她们叫妈妈"老师""好婆"，街上乡里有什么新鲜事，她们告诉她，自己有解不开的心事也愿意同她讲。那几年里，妈妈已经很衰弱，但她还一如既往帮助我们，并影响着周围的人。每天傍晚陪妈妈的是青儿。1973年，青儿读二年级，放学后，他在外婆的指导下会烧水灌热水瓶，有时也能洗菜、做饭。放学以后的时间，他总是在家（小梅太小，总在外边玩得不见人影）。每天这个时间，妈妈最快乐。那时候，生活不富裕，西山出产的料红橘虽然很便宜，也不能敞开了吃。妈妈不肯独自吃，总要跟两个孩子一起吃。我们就立了一个规矩，外婆吃两个，孩子各吃一个。但恐怕在背地里，妈妈总是要坏了这个规矩的。

西山八年，有五年时间在跃进小学本部。

带"乱班"（之后到了黄埭，也接了一个相对较差的班级），其实我并没有什么办法，只是不怕而已。北弄堂里那第一个复式班，有的孩子打架时，会不知轻重地拿起人头大的石块来做武器。前边的教师多次被学生吓哭了。学校把他们交给我，我把他们当作自己的孩子或朋友。他们气力大，会劳动，我向他们学习。反正，别人说他们"乱班"，我却从没有这样想、这样说。我自己有被别人当作另类的经历和感受，所以，我绝不把他们当作另类。我只把他们当作很正常的学生来看，找一切机会来对他们加以肯定，把表扬的起点定得低一点，但又不让孩子们将其看作是我的"施舍"。总体来说，几个班级都能"从乱到治"，只不过，我还是有很多失败的时候。一些自尊心早已被伤害了的孩子，他们的心并不是很快能被焐热，孩子的恶习也往往会把我的心火烧起来。有时候，我会把他们往教室外赶，我也常常责怪自己的无能。总体的向上，总不能代替每一个个体，这样，我常常有很多遗憾，等离开了这些孩子以后，我常常会思念他们。他们现在又怎样了呢？

在语文教学方面，我用的心思应该说比班主任的还多得多。从1973年秋季开始，我所执教的班级几乎每年一换，但除了"戴帽子"的那个六年级，其余都是四、五年级，在小学来一个"大循环"的想法始终没有实现。

接手一个四年级或五年级班，总可以发现学生知识上有许多缺失。比如写字，写得很不规范，比起建新小学一年级的那些学生差得太多太多了；比如朗读，普通话不准且不说，还总拖着一个腔调，两字一顿，一字一停，根本听不出什么内容来；比如识字，每每还需教师教了才能正确读音并理解字义；写字时，更是错别字连连；还有作文，那就不用说了，简直令人头疼至极，学生怕写作文，老师改作文更是苦不堪言。……面前的一大堆问题，正好使我的思考有了方向。我将一个一个地对付这些问题。1978年，全国形势都好，各行各业拨乱反正，教育也很快走上正道，开始重视对大纲和教材的研究、对教法的研究，重视提高教学质量。苏州市教育局组织各学校教师观看教学录像。有一节课是《小壁虎借尾巴》，由曹锦贤授课。而这个曹锦贤，正是当年同我调工作的我的同班同学。看了她的课，我想，我在农村这么多年，确实落后很多了，我对自己说"努力哦"。我就这样暗暗下着狠劲，想把自己的教学水平提高到"曹锦贤的水平"。好在当时西山很偏僻，没有什么人来听课视察，学校领导对我的工作也很放心，也没有人来管，我的一些试验成功还是失败，只有自己知道，不对了就再想别的办法另做试验。

概括起来讲，我在班级里所做的试验就环绕着识字、写字、朗读和背诵、作文和课堂教学方法的改革等项分别进行。

识字，在低年级是语文教学的重点，到了高年级，就不应该让学生用太多的时间纠缠在识字上。我首先让学生自学生字词，到开讲新课的时候，只是请一两个学生来读写一下，检查他们的自学情况而已。我也不再叫学生回家把生字抄五遍十遍的，只有一个规定，在默写中错了的字，须订正若干遍。几次默写全对的，可以"免检"，不再参加默写（一般以一单元为限）。后来，我又尝试了集中学习生字。新书拿到手里，用一节课让学生集中学习生字表，读读认认；交流一下，让学生说说是怎样知道它们的意思的（学生的答案，往往会与形声字的特点有关）、怎样才能记住它们。再就是根据这些生字，来猜想一下相关课文的内容，学生无从猜想，就会翻书看，阅读的兴趣就来了。教完每个单元后，再让学生自学下一单元的生字，做一些我自编的练习题。这样，学生不但省下很多抄生字的时间，而且渐渐养成预习、自习的习惯，有了学习的兴趣，并把更多的时间用在对课文篇章结构的理解上、对课文内容的理解上，而我也可以真正根据大纲的要求来组织课堂教学了。

写字，同样不是高年级语文教学的重点，但是，读了几年书，连字都写不像，怎么向家长交代呢！农民家长对写字是十分重视的，看见字写得好的人，总会说"这个人学问很高"之类的话，反之，就会看不起。无论从家长的要求看，还是从语文教学本身看，让学生把字写好都是必须的。高年级语文教学时间本身也不富余，还要抓写字，很难了。我只能把写字的事，让学生放到课外来做。在开学之初的适当时间，我告诉学生，我们在某个时候要来一次写钢笔字比赛，人人参加，个个有份，让学生提前做准备。字应该怎样写，好的字是什么样的，不好的字又是什么样的，都在对作业的评讲中、在课堂上的示范中，一点一滴灌输给学生，隔一段时间发一张纸给学生，让他们试着写一张，我会为其评讲评讲。总之，准备的过程就是学生练字的过程，学生练习的作业，老师是不看的，放学以后可以写，课间课余都可以练习，尽量让学生把每一次作业都看作是写字比赛。经过大半学期的努力之后，才正式进行写字比赛。大家写完了，每人发十颗纸制的红星，让所有学生都来投票，可以把红星投到自己认为写得最好的作业上，最后谁得的红星最多，谁就获胜。我还买几本练习本给同学们做奖品。这样的比赛，很能激发学生的好胜心、自尊心。有的孩子功课不怎么好，字却写得很不错，有的孩子，考试分数虽然高，字却写得很不像样，在这样的活动中，他们都能得到各自的收获。

朗读，正确的朗读能帮助学生们正确理解文章内容，也能帮助学生们提高朗读的水平，所以，一定要纠正学生不好的朗读习惯。那种两字一顿、一字一停的读法，完全只是为了追求整齐，但把语言和文章弄得一点味道都没有了。当时，几乎没有电视，也很少可以看电影，家里有只半导体收音机就很不错了。收音机里有小说连播，每天晚饭时就可以边吃边听王刚播的《夜幕下的哈尔滨》（好像是），后来又有刘兰芳的评书等。我从这些语言类的节目中汲取营养，渐渐发现指导学生朗读的方法。一开始，我让学生弄明白一句话的意思，说的是谁，做什么事情。问题的答案必须连读，其实也就是主语要连读，谓语要连读，在主语和谓语之间可以有短暂停顿（虽然不必讲出主语、谓语这些语法的专有名词来），之后又指导学生正确理解带定语、状语的句子应该如何停顿，结构助词必须轻读等。说到结构助词，过去学生总是把"的""地""得"读得特别响亮，并且拖得很长，实际上完全不应该是这么回事。我让学生说说门框和木门之间的铰链，它们连接着门和门框，作用很大，但身体很小，"的""地""得"这些词就是铰链，应该怎么读呢，不言而喻了。经过反复练习，学生能够读得有滋有味了。我也在这个时候练习我的朗读功夫，渐渐学会了表达感情，起角色。我还试着用不同的表现方式来朗读课文，比如《草船借箭》《神笔马良》之类的故事，我同学生一起像说评书似的进行朗读，学生兴趣很浓。朗读说明文、记叙文和童话时，也尽量变换我们的音色和语气，以表达不同的内容。每天早读，每天在语文课上多读多练，朗读使学生对学习语文产生极大兴趣。后来我在当中师语文函授的兼职教师的时候，又在课堂里带领大家读书，学校里多数语文教师都学习了正确朗读的方法，县里的兼职教师们听了我的课，看到学员们齐声朗读，都很赞成，认为即使是函授课，这样做也可以使学员在获得知识的同时获得技能，同时加深对文章的理解。

还有背诵。好文章读一遍是远不够的，要熟读成诵，让学生好好地背一些诗歌和课文。凡要求背诵的课文，我往往是首先在课堂上背给学生听，这就是告诉学生，背诵是可以做到的。有时候，背错或漏背几个字，让学生帮我指出来，这是学生最乐意做的事。然后我会给学生一个星期的时间，抽课间课余的时间让他们把课文背给我听。我不说学生背不出来才给一周时间，我只说是我一个人听几十个学生背书，需要这么长的期限，所以早背晚背都可以，不扣分。想不到的是，学生背书的积极性非常高，一般说来，到星期三、四，全班都背过了，连学习成绩最差的学生也不需要我叮嘱。他们自己会觉得，别人在星期一就能做完的事，自己到星期四做完已经有点说不过去了。背书带给我们很多乐趣，也带给我们很多的收益。那一年我教的这个班，也是所谓的乱班、差班，之前除了少数学生成绩比较好，有学习兴趣，超过三分之一的学生对学习没有什么兴趣，成绩总在及格、不及格之间徘徊，我教他们大约一个学期以后，有一个叫黄文江的孩子写了一篇很好的作文，着实叫我高兴。这个黄文江差不多是一个"差生"，如果按学习成绩把班级里的学生分成三等的话，他就是在第三等的，可是他现在写出了一等一的文章，多么叫人高兴呀！他的成绩就是对我带领学生读书背书的肯定。现在我想把他的文章全文抄录于下。

重阳登高

我们知道，古时候我国人民有一个重阳登高的风俗，因此我们很想到那一天也去登高一次。一天，老师笑嘻嘻地走进教室，高兴地说："同学们，经我们三个班主任老师研究决定，在星期五重阳节的时候也要去登一次山。"这个振奋人心的消息使我们每一个同学都心花怒放，我们焦急地盼望着这一天快些到来。

这一天到来了，我们从学校出发，不过一百米就来到了陡山上。那里怪石嶙峋，枇杷花的香味弥漫在整个山头上。野草荆棘长得可高了，一不小心就会划破手和衣服。路边坡地上，茶树长得整整齐齐的。小朋友们看了这又想看那，杨梅树一棵一棵地矗立在山腰里，到处翠色欲流，真好像是走进了连绵不断的只用绿色渲染、不用墨线勾勒的中国画画卷一样。

我们又来到了美女墩，这里到处是茅草，同学们走进茅草丛中到处采鲜花，金黄色的花朵在各处一闪一闪的，像火苗，使人看见了更加喜爱。远处的太湖和内港水平如镜，岸上的野草、野花、树都倒映水中，这水真好像是一面大镜子。以前太湖边上是一片芦苇，荒无人烟，听不见一点声音，也看不见什么东西，只有一些忽飞忽落的小鸟，现在靠着农民勤劳的双手，改变了大地的面貌。那里有一片稻田，稻子快成熟了，都低着头，好像都在低吟奇丽的小诗。啊！祖国的蓝天多么美丽啊！祖国的大地又多么可爱啊！

归途上，路边是橘园连着橘园，绿树红橘，飘出香味，橘子好像是一盏盏的红灯，沉甸甸地挂在树上。看到这一切，我们喜不自禁地唱起了自编的山歌！

可以想象，孩子们在山上跑啊笑啊的时候，在面对湖水、山峦、果林、鲜花的时候，他们曾经背熟的课文从脑海里跳了出来。像《草原》的作者站在草原上赞叹着草原的美景一样，他现在站在家乡的山头要赞美家乡的山水，他们有了共鸣。课文里的语句活跃起来，同他亲见的景象汇合一体，他不自觉地流畅地写啊写，分不清哪是自己的话，哪是作家的话。他写出了这样的文章，难道不是读书和背诵的功劳吗！

说到作文。总的感觉是学生练习的机会太少，越不练习越怕写。当然，很多教师自己不写文章（也许也不会写文章），也就没有很好地对学生进行过指导，学生一般不知道作文是怎么回事，当然也不知道怎样的文章才算是好文章。我带的班级，几乎每星期都有作文，批改、评语，什么都不少。每星期天上午我要整理内务，洗洗涮涮，下午我就把自己交给一叠作文簿了。当时的教材还没有什么习作例文，我就选择一些课文（或片段）做范文，指导学生写作；还有就是像画图课写生一样，把学生带到外边去观察一棵树、一种花草，让学生"写生"；让学生写自己的同学，外貌或性格特点，读出来看大家能不能对号入座……当时我所教的四、五年级学生一开始只能写一两百字，不是因为他们语言精练，而是因为他们没有话说。所以我尽量动员他们细致地描写他们各自所看见的景物、所做的某件事情、所熟识的某个人。他们的作文交上来，我常常要面批（早晨、中午，在教室里容易找到我要找的学生），老是问学生"怎么样的"，"说了什么没有"，"我还没有明白，能说明白一点吗"，等等，启发他们把短句拉长，把事物描述得真切，并在他们写的时候，让他们展开想象和联想。我也鼓励学生把在语文教材中学到的词语用到他们自己的文章中去。这样做，一方面可以知道学生对课文的理解程度，对所学习到的词语的理解和掌握程度，另一方面也可以让学生把别人的经验变成他自己的，把自己的经历和情感用书面语言表达出来。"可以抄书？"学生很觉得奇怪，也很愿意尝试一下，看我是否真的让他们这样做。为了把作文写好，他们读书背书也就因此更加上心。我并不要求学生必须在课堂上完成作文草稿，在他们还不是很会使用文字的时候，四十分钟时间是很快就会过去的。而当他们很想把文章写好的时候，我应该给他们充分的时间。学生把草稿完成后，我就让他们同桌的两人相互把自己的作文读给对方听，再相互提出修改意见，学着自己改稿子。我把毛泽东诗词的手稿影印件给学生看，为的是说明什么人写文章都需要改，好文章是改出来的，改文章的过程就是动脑筋的过程，鼓励学生在交出作文以前反复读改。很多时候，在他们读自己的文章的时候，就发现了自己所写的文章还有缺点，还要修改，所以有时候一篇作文也可能写上两星期。当然也有相反的例子，两篇作文也许反倒在一周内完成。经过一段时间的训练，学生的作文就比较通顺流畅了，到我的手里需要改动的地方少多了，我可以用更多的时间来给学生写一些眉批或总批。学生拿到作文本子的时候，也很喜欢看这些批语，偷偷地看，等看到双圈、密点和表扬式的批语，才露出笑容给身边的同学看。

记得在"戴帽子"初一班级里教语文的时候，好些男学生很调皮，功课平平。我鼓励他们把文章写具体，在什么样的环境中、有什么样的人、做什么事、想了什么事、说了什么话，等等，都要一一写清楚。当时有一个学生谢荣德，功课也不过中等水平，每一次语文考试成绩差不多都在75分以下。他很听话，努力把作文写得很具体，有时候能写出千字以上的长文，我就表扬他，把他的文章读给大家听。两次下来，他的积极性更高，我才把他叫到身边面批他的作文，问他所写的文章里，什么内容是他想说的重点，哪些语句与这个重点有最密切的关系，哪些话离开重点比较远了，是否可以把重要的地方写得更具体，把离开重点比较远的内容删掉一些，等等。等他把文章修改了，我又把他的文章读给学生听，前后对照着读，帮助学生分清主次，抓住重点，把文章写得更好。这个学生的进步就从作文开始，后来升高中考试的时候，他以备取生的身份进入县重点高中木渎中学，再后，就读了大学。

每一次作文练习以后总会有几篇写得很好的，我让学生把它们抄写在一个本子上，我把这个"优秀作文集"放在教室里让学生传观，在家长会上给家长读。而上本子的文章一般不会是同一个学生的，即使文章再好，一个人的选上了两篇文章也很够了，我尽可能让更多学生的作文上这个本子。

学生对语文课的兴趣从哪里来的？答案无非有以下几个：教师的和蔼亲切让学生喜欢；课文故事的生动感人，让学生感动；课文语言美，朗朗上口，便于朗读等。语文课应该是轻松的、愉快的，能够在孩子面前展开别人的生活，以便使他们知道除了自己的生活以外，还有怎样的人、怎样的天地、怎样的情感过程。学习语文使他们渐渐地扩展了眼界，积累了知识，丰富了情感，增长了智慧，树立了理想，长大成人。1976年粉碎"四人帮"后，学校领导就开始重视教学研究。前文说到组织大家看教学录像，现在要说常常组织公开课，让一些比较有经验的老教师上课，让大家都来听，学习他们是怎样组织课堂教学的。起初，听了课，我暗暗地对那种整黑板的板书、那种照文串讲的做法很不以为然。学生在课堂上，回答几个不用动脑筋就能回答的问题，或者不停地抄笔记，没有半点生气，听着这样的课也没有什么乐趣。我就根据这些课来思考，如果我来上这个课，我会怎样处理。过了两年，我开始兼任中师函授的语文课，学校也开始让我开课，自己公社之外，堂里公社、金庭公社的教师也多次来听。我的课堂看起来纪律不怎么样，总是很活跃，但是教师、学生都很开心，学习效果也好。

每个星期，我都根据学生作业和上课的情况，设计一份练习卷，刻印了发给学生练习。其实，这种练习就是词语和句段的练习，而不是单纯地抄写生字。要求学生写的作业少了，学生自己会预习一下课文，或者提前把要求背诵的课文背出来，学习进入一种快乐的境界。当时，同年级组的老师会把我设计的练习卷一起拿去印了，虽然同是一个年级，但终究我是针对自己班级情况设计的，于他们的班级针对性就差了些。想不到多年以后竟有铅印的"练习册"全省通用，全国通用。究竟是好还是不好呢？！

除了与同年级组里教平行班的几个老师一起研究语文教学工作之外，参见比赛或负责带领小学生排练节目，好像也还是我的任务。印象深刻的有两次。一是普通话朗诵比赛，大概是1977年，学校叫我去参加教师组的比赛。经过了一场"革命"以后，我已经变得拘谨，不洒脱，再没有以前在湖熟演歌剧那时候的自如，我不愿意在大庭广众之前表演。当然即使这样，我还是认真对待，得了奖。第二年，我不再参加教师组的比赛，而是充当了评委。小梅正读二年级，学校又让她参加比赛，由我来辅导。我们准备了一篇课文《亮亮》，小梅的音色、表情都恰到好处，得了个二等奖。还有一次是文娱会演，我们学校搞了一个朗诵剧

《张小玲的书包》，编剧、导演、道具、服装和领队，全由我一人来做。这个剧是说艰苦奋斗、继承传统的。我特意缝了一个书包，染了色，打了补丁，做得还真像那么一回事。五个学生参演，学校里却没有钱给他们做服装，就请家长帮忙，白衬衫、工装裤、白跑鞋、花裙子，等等，在今天看来都是十分平常普通的衣服，而在当时不逢年节不穿新衣的日子里，就显得很难得了。在片里演出后，县里下来审查节目的领导给出意见要配乐，于是我又赶着配乐，还真的搞了个配乐诗朗诵剧。现在我已经记不得究竟配了什么音乐，是用了现成的曲子，还是自己谱了一个，但当时确实是弄得还像个样子，最后到县里参赛。我带了五个学生，在完成任务之后到人民商场去玩。这些学生大多第一次到苏州，看见四层高的大楼，又惊又喜，每一个人都要拉住我的手，拉不到手就拽着我的衣襟，不敢轻易离开一步。他们想买一些小东西，也都要我点头，由我代他们付钱。商场的售货员不解地问："你有这么多孩子啊？"孩子们这样地不能适应城市，也不奇怪，要知道，在那个时候，连这些孩子的家长也都几乎没有出过太湖面呢。《张小玲的书包》演出后，得到了肯定，只是县里认为我们的演员还"嫩"，他们把本子调去，让木渎实小另觅演员排练后参加了地区的会演。拿现如今的眼光来看，那是我们的知识产权被侵犯了啊。

　　1978年开始的两年时间里，我做中师语文函授的兼职教师。那真是难，真是忙。难，主要是我已经离开师范学校整整二十年，当年老师教给我的东西差不多都已经还给了老师。这些年里，人在乡村，没有读书的机会，也没有什么书可以读，脑子锈了，肠子枯了，拿什么去讲？其次是我的学员们，很多是"文革"中的初中生，真正的水平不过是小学，虽然有几个是"老三届"的高中生，可是也同我差不多，十多年不好好读书了。从全县看，只有我们西山不通县广播，需要我们自己来上课，别的乡镇都是集合在广播喇叭下边听广播讲课的。听广播讲课的地方兼职教师只管收作业、改作业，而我们是要自己讲课的。县进修学校有讲稿发下来，无奈自己觉得照本宣科也做不来，人家的讲稿首先要我自己来消化，把别人的语言变成自己的，否则怎么上讲台呢！每天做了对付小学生的一切事情以后，都要抽时间来读一读中师语文教材，要嚼一嚼，辨辨味道。备课的任务差不多要延续半个月才能结束，可是半月一次三小时课，一下子就把准备好的课讲过了，又要接着准备下一次的，所以那段时间没有办法喘一口气，没有办法放松自己。第一年，我自己困难，学员更困难，几乎都是我把作业的答案做了给他们抄，或者读给他们听。第二年就好多了，学员自己可以完成作业了。有时候，有作文要写，进修学校还规定要收一些学员的作文看。他们何曾写过散文？那么让我们就来写第一次吧。写了，我给他们批改，红笔画满了他们的草稿，面批，商量了，明白了，再让誊写出来。什么散文要形散神不散的，就在这样的磨炼中渐渐有了体会。

1980年6月，中师语文快要结业的时候，县进修校要在我们石公小学开一个现场会。县一级的会议要到我们这里开，这是破天荒第一回，所以乡里很重视，饭店、旅馆都大扫除，准备迎接来自全县各地的客人。而做会议准备就是我同小顾两个人的事了。学校有三个校长，一个说"分管校长去就行了"，另一个说

"不是有爱兴在吗"，第三个校长就是爱兴，他是我的学员，他要在课堂里听课，觉得自己不能同进修学校的校长、老师们一起开会。这样他们都不准备过问这个会议了，连准备工作也都不问。我们搞了一个版面，有学员作业，学员的学习心得，关于出勤率、作业完成率等统计图表，等等。组织了一次游玩，到石公山。上了三节课，一个下午，复习了几篇散文，《白杨礼赞》《挥手之间》《泰山极顶》等。我上这些课，跟上小学生的课一样，有朗读，有板书，有教具，有卡片，有提问，双向互动，很活泼。课间就有个木渎中学的张老师赞赏地对我说："木渎、东山都不能听到你这样的课。你怎么没有想到去外边工作！"他的意思好像很为我在石公小学默默无闻而不平，其实我自己很喜欢在西山的工作，并没有什么不好的感觉，所以对他的话印象很深。

总算很好，出席会议的人都说吃得好、睡得好、课听得好、会开得好，还玩得好。最后在暑假里考试，虽然因为我去了香港，不能在他们最后复习的阶段再给他们以指导，他们还是顺利通过了考试，结业率是全县最高的。石公中心被评为进修工作的先进单位。再过一年，民办教师转公的时候，石公乡转公的教师也最多了，这对教师队伍的稳定、教育质量的提高都有一定的作用。

就我个人来说，两年的兼职工作虽然很忙很累，却让我真正地学到了很多知识，增长了本领。那时我同老师们的联系很密切，与他们的感情也很深。不知不觉之间，我获得了老师们的信任和爱护，也获得了家长们的信任和爱护，1980年底，在普选中我被选举为吴县第七届人民代表大会代表。

在西山工作的日子其实真的丰富多彩，那里的家长（差不多可以说就是那里的农民），那里的学生，都是我常常怀念着的。在这些人中间有我至亲的人，也有后来成为亲人的人。首先是青儿当了我的学生，那时他读六年级，在北弄堂里，我是他们的语文老师兼班主任。坐在他身边的男孩子们上课讲话，调皮，我看见了，总是批评青儿，以至男孩子们替他说话："明明不是顾青先说话，你为什么要批评他呢？"我让他们自己想，后来他们想通了，课堂纪律也就好了。再后来在当中师语文兼职教师的时候，我在跃进小学教了一个"好班"，小军就在这个班上，十多年以后，他竟成了我的女婿。小军的爸爸是军人，当过团职干部，"文革"中任沈阳市文化局局长，后来转业到了西山，认识他的时候他是副书记，现在竟成为我们的亲家了。还有詹红，她是 1973 年秋天去接手那个四、五年级复式班的学生，她爸爸当时是乡党委书记，就是用碧螺春来招待小学生的那一位，詹红的妈妈是中学里的校长。后来，詹红在人大工作，她妈妈也在人大工作，做了十多年同事。詹红的爸爸当了宣传部部长，我们也常常在工作中有联系。这种联系保持至今，虽然除了詹红我们都已经退休。还有莫胜莉，虽然既不是家长也不是同事，但胜莉的丈夫是我语文班里的学员，而胜莉本人后来当过江苏省人大代表，我们每年一起开会，连续五年，并成为永远的朋友。还有，还有……。直到现在，每一次到西山，总会遇到学生、熟人，打招呼，聊几句，就像回到家里一样。

黄埭中心小学

(1981 年 2 月—1982 年 2 月)

　　1981 年 1 月，放寒假的时候，虽然调令还没有到手，我们却已经收拾了行李，坐着一条机帆船离开西山，回到了黄埭。最不能忘记的是在太湖上，一群水鸟追随着船，在船后的水花里觅食，它们呱呱叫着，翻飞着，忽上忽下，有的时候竟几乎要扑进船舱来，它们跟了一路，吃了一路，而在我们看来，是送了我们一路。回到黄埭已经是小年夜下午三点多钟，天空阴沉着下起雪来。

　　黄埭本应该是一个文化教育十分有底蕴、有成绩的乡镇，黄埭初师曾经对吴县的教育事业做过大贡献，培养了众多的教师分布到吴县各个角落，但我们现在看见的小学却没有什么教学研究的气氛。两个校长不和，教师们有点像受了"免谈国事"的约束似的极少谈论教育。我到那里，学校给我一个四（四）班，后来听说，一、二、三、四是按照成绩分的，一班、二班都比较好，是本校的三年级升上来的，另两个班的学生是在农村小学读了三年之后到中心里来的。我的这班学生全是渔业大队小学升上来的，写字都用直尺来画横的。学生很喜欢我，开始的日子里，我到了下午三点半钟该放学的时间就宣布放学了，随学生走到操场上，总看不到别的学生，心中正觉得纳闷，学生就对我说："你把我们放早了，校长要说我们不努力的，不如让我们在教室里玩，等别的班级放了，我们再放。"之后我就听了学生的话，把学生留在教室里练练朗读，讲讲故事，或者让他们把回家作业在课堂里完成，拖延放学的时间。六一儿童节到了，我也让孩子们排练了节目在学校的庆祝活动上亮相。不知为什么，我有一种感觉，好像有人是想看看我的究竟，用苏州话说是想"掂掂我的斤两"，后来又不知为什么，不想这样做了。到了暑假之后，任我怎样反对，学校还是把四个四年级班打乱了，重新分班，虽然还是按一、二、三、四的顺序分配，但总体上相差不多了。这样重新分班唯一的好处是把小梅分到了我班上，小青在我的班上当过一年学生，小梅则仅在我的班上当了半年学生。

在黄埭，第一次走出校门到浒关小学去交流语文教学心得，是很值得纪念的一件事。大致在 1980 年底，县里曾在东山镇开过一次小学语文教学研讨会，当时我去发言——《漫谈小学语文教学》，因为对语文教学的规律并没有很深刻的认识，我只是想到一点写一点，罗列了好几点，比如朗读、背诵、作文等，把自己想的、做的，实事求是地罗列下来讲了讲，却得到很好的反响。浒关中心的张建耀教导就要我去他们学校同语文教师们交流。当时，黄埭小学的校长反对我出去，说什么"不去比去好"。小顾极力支持我去，他认为没有什么不好，多一个学习思考的机

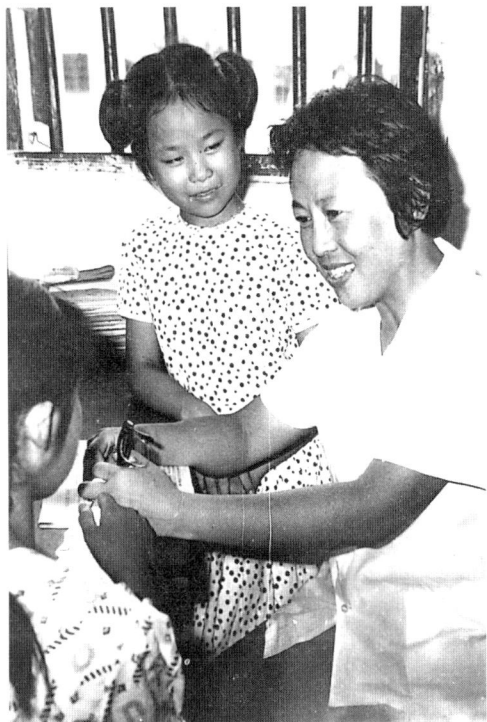

◀ 4-2　1981 年，任教
于黄埭中心小学，
中国新闻社上海分
社姜振东摄

会，并不会损失什么。后来我去了，从一个学校走到了另一个学校，多一个学习机会，多见一点世面，多想一些问题。比如当时有一位教师说他的教改心得是：要减轻学生负担，也要减轻教师的负担，尽量要在八小时之内把工作做掉。这一番话，很是让我想了又想，最后我还是不能苟同，我以为如果这样去着力，路子会走弯了。再说，许多教师，或者至少我，还不具备这样的聪明才智，可以在八小时内把我的分内工作做完，我这只笨鸟只能早飞、多飞呢。

　　四（四）班这半年，和五年级的半年，过得都很快。这一年里，我的身体不怎么好，心动过速，稍一动弹就要跳到每分钟一百跳以上，家务事大多是婆婆在做。带一个班级没有兼职了，就觉得时间很宽余，所以在学生身上可以有更多的时间了。因为一开始的那个班学生不会写字，就组织他们进行写字比赛。经过两个多月的准备，比赛那一天，做了许多小纸花，发给每一个学生十朵，让学生投票。所有学生既是参赛者，又是评判员。最后，到处红艳艳的，几乎所有人都得到至少一朵红花，那是我预先同几个班干部商量好的，以"有进步"的名义，评给少数几个字写得较差的同学。写字比赛收到预期的效果。我同样在这个班级里抓作文，一个原则就是写生活，写真实，怎么说，怎么做，怎么想，就怎么写，不要杜撰。有一次我让学生写"校园里的一棵树"，让学生先到校园里观察，选中自己了解的、喜爱的，再动笔写。有一个平时被称作"好学生"的同学，写了一株紫薇花，他写到紫薇开花了，"馥郁芬芳"之类。在作文评讲的时候，我把学生带到树下，叫一个学生上树采了一小朵花，"让这朵花为我们的作文教学作贡献。"学生传观这朵花后，我让他们说说紫薇花是怎样的，学生们都说紫薇花很好看。"颜色怎样？""有白的，有粉的。""样子怎样？""像皱褶的裙边。"可惜没有香味，没有一个学生说紫薇有浓香。那个写"馥郁芬芳"的孩子脸红了。以后学生们就不再随便抄《小学生优秀作文选》上的文章了。

有个小学生的家里修了一座天桥，把街对面的屋子连在了一起，楼下是两个门面，楼上却可以通过天桥连在一起。学生很自豪，一定要我去看。另一个学生看我家里没有井，提水要到街上的公井去，很不方便，就对我说："我们家里开了一口井，你一定要去看一看。"还说："如果你家也要开井，可以叫给我家开井的工程队去做。我帮你去叫。"小学生的天真可爱，真的常常会让我们哑然失笑的。

可是我怎么也没有想到，这黄埭的一年，竟是我在小学工作的最后一年。我一旦离开了他们，离开了黄埭，也就离开了小学教育，就再没有机会直接地掌握一个小学班级，面对几十个小学生，在童心、在天真、在朴素、在活泼欢乐中度过我的每一天。把小学一至六年级的语文教学都尝试一遍，来一个大循环的梦想，终究没有实现，也永远没有可能实现了。

又一次调动没有一点预兆地来了。

这是1982年的春天。寒假刚过，调令就来了。我到黄埭刚一年，生活才安定，刚刚对自己所教班级的学生有所了解，而对于黄埭各方面的情况，比如家长、教师（从全乡范围来看）以及乡村分布和各村的经济情况等都还没有什么了解，可以说工作还没有开始，就又要调离，为此我心里很不能接受。跟校长说，他们却回答我："这是你自作自受。"话里话外的意思都是说我太要强了，别人写一份总结还写不来，你却要写两份，还要到别的学校去"交流经验"，做这种出风头的事。风头已经出了，现在人家要调你，能推得掉吗？！我一听，就懂了。学校既然没有挽留我的意思，我何必再浪费口舌！所以，也就坚决地义无反顾地卷铺盖走人。

我把小梅带走了，这样不至于太增加婆婆的负担，再说木渎实小总比黄埭小学要好得多。刚去黄埭的时候，小梅是在四（一）班的，四（一）班是"好"班。可是，她去了不到半年，眼睛就坏了，每天抄词语，一抄抄好久，放学后做作业，到我们回家的时候，她还没有做完。更加不得了的事是班主任语文教师自己并不会写文章，还把好作文给批坏了。小梅写一篇游虎丘的作文，其中写了一段关于憨憨泉的传说，说当年大旱，原来的沟渠水塘都干了，盲人小和尚憨憨原本是为寺院挑水的，于是他到处找水，用双手一寸寸地在地面上摸了又摸，把山上山下摸了个遍，终于有一天他摸到清凉凉的小草。憨憨又试着挖草根边的泥土，挖了许久，摸到了湿润润的泥，继续挖呀挖，挖出了清凉的泉水。这泉水，使寺院里的僧人们安然度过了大旱之年，也让周围的百姓得以活命。人们为了纪念他，后来在这里修了水井，并把这口井命名为"憨憨泉"。她的老师竟把这一大段文字都用红笔给划掉了，据说是因为她只要求学生写写千人石、虎丘塔和剑池，什么憨憨泉，多余！1981年暑假以后，学校把四个四年级班打乱了重新分班，虽然我很不愿意放弃刚刚带了半年的四（四）班，但拗不过领导们的决定。不过，好在分班以后小梅到了我的班上。现在，有机会去木渎，木渎实小那可是县里数一数二的小学，就让小梅去接受最好的教育吧。

吴县教师进修学校

（1982 年 2 月—1987 年 3 月）

在教师进修学校总共五年。时间不长，做的事却不少，连住处也搬了好多次呢。初到学校，新校舍还没有完工，学校寄在木渎二中，没有足够的房屋。我们就住进了一个楼梯间，那是二中的配电间，狭长的一小间小屋，进门左手一方墙上有一大块木板，上边有几十个开关，大大小小的闸，统管着全校的电灯电器。向前几步，有一张双人床，安置了我和小梅，床的一边是挨着墙的，另一边离墙六十公分左右。常常在我们已经上床之后，电工会来敲门，摆弄那些开关。住约半月有余，学校搬进新校舍了。我们也搬了，还是一个楼梯间，不是长的，是方的，还是有一张双人床，虽然房间还是很小，不过是"一统天下"，没有电工来弄开关了。北窗口可以望见不远处的船闸桥。青儿当时在木渎中学读书，有时候会在晚饭后来看看我们。我们站在窗口看着，看他从桥上过来，一直看他到校门口，就取出在食堂里买的猪肉排，等他来杀杀馋。因为有站在北窗看风景、看儿子这个便利，我是很喜欢这个小屋的，但是不久学校又让我搬了，搬到一个类似招待所一样的宿舍里。其实也就是把一间教室隔成两间，给两个老教师合用。但因为有的隔间放六张床，供外来的教师临时住宿，所以被我们叫作"招待所"。现在我带着小梅住了一间，这种关怀比较特殊，一时间也引起一些人的议论。学校之所以要给我这个优待，是因为台办的领导跟学校打了招呼，我又有什么可说的呢？再后来，学校造了教师宿舍，很小，每一户不过三十平方米左右，我也分到一套，当时已经算很"高级"，有单独的厨房和卫生间，多好啊。五年里搬了四个住所，真够热闹的。工作上的事就更加热闹了。就跟当年在江宁师范工作的时候一样，内心老是忐忑，一个小学教师现在要做一个教师的教师，心虚得很。这种心虚驱使我努力学习和工作，不敢有半点怠慢。这时我已经四十三岁，工作也已经二十五年，照例应该是做什么都得心应手，并且已经有了许多积累，但实际上，面对着一项崭新的工作，必须一切从零开始学习。

吴县教师进修学校其实已经有很长的历史，大概在50年代就开始了它的生命，只是长期以来并没有一个固定校址，"文革"中也被迫中断了工作。粉碎"四人帮"之后，教师的进修工作又被提上工作日程，教育局把几个"老人"召集在一起，借用吴县中学的一间教室当办公室，就开展起工作来。曾办了一届师范，两个班级，当时师范生实习的时候，我在黄埭，还带过实习生。后来，又借用木渎第二中学办公，同时在木渎船闸桥南选地十五亩建造着自己的校舍。1982年2月，新校舍落成，5月就要接纳第一期行政干部培训班的学员。我一去，就参加了行干班的工作。我们的教研组是轮训组，另外有一些教师专门负责学历进修，有中师组、高师组，而我们的工作与提高学员学历无关。行干班、小学语文教师培训班、小学语文骨干教师培训班、小学语文教学研究班等，我们就忙这些班级的教学工作。

5月要办的行干班上，有教育学课，决定由组里几个人分担。我们都没有讲过教育学，连教育学的书都没有看过（至少是十年内没有看过），都觉得难。没有办法，快读书，快思考，快备课，试讲，互评，通讲稿，再读书，再修改，再通……我们就这样把工作做起来。我分到的任务是讲"教学论"一节，但我觉得也必须对整本书有个了解和通盘的认识才行，所以就不停地读书，写笔记，一天天坐着读书。几十年没有过这样的生活了。读了一个月，我觉得还需要一些实际的情况，看实际的教学是怎样进行的，于是跟老冯（教导主任，我们轮训组的负责人）说了，就一起到木渎小学去听课。听了，不同执教人交换意见，老冯说："我们并不是来指导工作的，也不是来搞教学研究的。我们是为了我们自己的教学工作来学习的，感谢你们的支持和帮助。"这样就躲过一关。其实木渎小学的教师们都并不认识我，也并没有真的想要听我们的意见。木渎小学是谁？那是县里第一块牌子的学校！别人来学习是天经地义的。那里的一些老教师，当时的确自信得有一点傲气。这样就给了我们私下议论和研究的机会，往往老冯在回学校之后同我讨论的时间要比听一节课的时间多得多。比如，有个教师指名学生单独朗读的时候，让全班学生仔细听，并及时指出其错误，所以在这个学生读书的时候，会有一连串的"错""错"声，好像在做着伴奏。老冯问我："这样做好不好？""为什么不好？""用教育学书本上的哪一条来对照？"……
又比如，语文课上有一句诗说瀑布的声音"像阵阵海涛"，教师
让学生学一下这个声音，学生就说"哗，哗"。在回学校的路上，
老冯就说："瀑布的声音难道是'哗哗'的吗，应该是'哗……'，
持续而永不休止的吧？""那这个比喻还正确吗？""为什么我们
会以为这个比喻很正确呢？""这个教学过程是否完美呢？"像这
样的讨论，我常常一下子找不到答案，回去以后就得翻书，想，
想了又想，然后对教育学，对语法、修辞、逻辑就会有进一步的
认识。在小学二、三年级读书的时候就听老师说"比喻句"，自
己也无数次对学生说过比喻，而这一次对于比喻的思考不仅使我
有了正确理解并久久难忘，还让我对于语文教学也有了新的体
会。听课，使我们对书本上的理论有了比较现实的理解，理论一
旦同实践相结合就是十分生动活泼的，也是富有战斗力的。我们
的"教育学"课就这样随着日子一天天过去而渐渐出现了形状，
在第一期行干班上亮相，并得到好评。之所以回想到那时三个月
读书思考的日子，是因为，在进修学校工作的岁月，其实就是自
己进修的岁月。而一开头的这段日子，养成了我比较正确的读书
方法，使我在后来的五年里，有比较扎实的工作和一定的进步。

　　1982 年 5 月，经过了近三个月的准备，进修学校的第一个
行政干部培训班开学了。我也正式在全县校长面前亮相，讲"教
育学"课程里关于"教学论"的一部分。好像很受欢迎，暑假里
就有些乡镇中心校请我去给教师们讲课了。

　　接下来学校办了一个语文教师培训班，各乡镇都送一名学员
来。因为是初办，我们没有经验；乡镇小学送人来的时候，也夹

带各自的想法，所以这个班级的工作远没有行干班顺利。学员里有的是对语文教学很有经验的，他们希望在理论上有所提高，回去可以"派用场"；有的是不会教语文的，希望能通过学习提高一步，以便胜任工作；有的则是在集体中爱惹是生非的，学校领导让其过来，也落得半年清净；有的……总之，这很像一个复式班，起点各异，要统一思想都很难，我在这半年里遇到很多困难。首先是教材，"小学语文教材教法"的课本还是"文革"以前的老版本，跟新的教材差距很大，有的观点也落后。在课堂上往往不是在将书本上的东西讲出来，阐述明白，举例证明，让学员接受，而是在批评，说明为什么不应该如此理解。这多别扭呀！又比如，学员读书少，除了教科书就没有什么别的阅读。有的学员并不觉得有个脱产学习进修的机会多么可贵，上课以外就在宿舍聊天、织毛衣。我自己也常常织毛衣，因为我是两个孩子的母亲，在过去艰苦的岁月里，单衣、棉衣、毛衣都是出自自己的双手。不过一般来说，我都是一边看书，一边编织，书是不能不看的。我这样对他们说，他们并不相信，照样热衷的是"路线斗争"，一边编织，一边东家长、西家短地聊闲篇。有的学员也到图书馆借很多书，放在床头，过一个星期去还书，再借若干，只是他们从来没有认真读书，借书只是做给老师看的，因为老师们叫他们看看课外书。不过，就这样，我了解到，这就是我们这支队伍的现状，我必须面对，并寻求对策。我也对我的学员们有极大的同情，并把这种同情化为我工作的动力和适当的方法。

小学二年级有一篇课文《狐假虎威》。一个学员接受任务要上公开课，她想做一个贴绒教具，随课文发展出示故事的情景，以便帮助学生理解。设想是好的，但她并不知道棕熊同熊猫有什么不同，长颈鹿同梅花鹿竟是两种不同的动物，也不知道狼和狐狸有什么区别，等等。简单地说，她的童年是在"文革"中度过的，没有童话，没有故事，没有寓言，也没有动物园，没有玩具，等她当了教师，还是没有课外读物，没有时间去城里的动物园玩，她这方面的知识缺陷没有机会补，如果没有今天要上公开课，也许还是这样空缺着呢。我找了许多画有小动物的书来，在同她一起制作教具、一起生动地展现狐假虎威故事的时候，帮她补上这一课，我们还商量了教学过程中的所有细节。我从此明白，细心地体察学员知识上的缺陷，并帮助他们，这也是我的责任。

有个作业是写教案。学员的作业交上来后，我发现有好几份是抄袭的，上海特级教师袁蓉、毛蓓蕾和南京特级教师王兰的教案被一字一句不遗漏地抄来了。我把学员找来，让他们说说教案所安排的几个步骤为什么要这样而不是那样，向学生提出的问题为什么是这样而不是那样。有的学员说得不错，能够说出所以然来，有的就不行，颠三倒四，混乱不堪。根据他们的回答，我判了不同的分数。有个学员却不服气，问："都写得一样，为什么分数不一样？"又说："袁蓉的教案你才给这两分？"我只得讲："我知道这些教案都是抄的，我并不是判特级教师的分，而是看你们对教案的理解来给你们判分。这样说，可以满意了吗？"在他们初来的时候，课外时间是不读书的，现在能在阅览室这么多杂志里找到他们所要的教案，也不能不说是个进步，所以我本不想说穿了的，现在在学员追问之下，不得不说得这样明白，我心里并不快乐，但总算平息了一场风波。

这个班级因为是脱产的，并且有半年时间，所以我们安排了文选、语文基础知识、书法、教育学等功课，很正规。我们轮训组由教导副主任冯祖霖领导，教师有凌宏初、沈惠钧、张世剑等，大家相处都很好。除了张老师年轻一点，其他人都是老教师，大家都想在改革开放的岁月里好好学习、好好工作，把"文革"十年浪费的时间夺回来，那种迫切的心情在一些学员面前得不到回应，是使大家都很难过的。我们经常一起讨论我们的工作。我遇到的困难，他们也遇到了。我们发现，甚至还有学员利用这难得的半年谈恋爱（还是婚外恋），于是，我们对学员进行规劝，就像对自己的朋友或孩子那样。毕竟努力不会白费，我们这个班级，学习纪律变得很好，整天在全校老师面前活动，表现很不错。去阅览室的人渐渐多了，到操场锻炼的人也渐渐多了，真所谓团结、紧张、勇敢、活泼，学习气氛浓浓的，学员也反映学习有收获，这样也就到了期末了。这个班的工作结束以后，经过总结，我们对以后的工作做了两方面调整：第一，招收学员一定要明确标准，以保证基本统一的起点和发展方向。所以后来我们就办了小学语文骨干教师训练班和小学语文教学研究班。第二，再教"小学语文教材教法"的时候，一定不用老教材了，改为自己编写讲义。

之后的几年里，我在进修学校的工作基本还是围绕"教育学"和"小学语文教材教法"两方面内容，只不过程度有所不同，分三个层次：一是以骨干教师为对象，目标是研究小学语文教材教法，努力提高课堂教学的质量；二是以不合格教师为对象，学习语文教材教法的基本理论，让他们顺利通过小学教师的资格考试；第三是在全县各校参与语文教学研究活动，听课、评课，并做一些普及性质的专题讲座。这些工作带给我巨大的快乐，也占据了我大量的精力和时间。1983年春天开始，我就开始了编写讲义的工作。在这个过程中，我幸运地得到上海华东师范大学李伯棠老师的指导和帮助，这种指导和帮助又进而发展成为李老师对我的关心和爱护。李老师曾到苏州来讲过一课，我去听了，写讲义时，我就想到了他，给老师写信毛遂自荐。之后我写完一讲，就给李老师寄去，他常常是在三天之内就会回信给我，言辞里充满尊重，用一些敬语，除了说鼓励和肯定的话，还告诉我上海以至全国小学语文教学研究的动态，帮我捕捉一些上海小学语文公开课的信息，并帮助我联系去听课的具体事宜等。到了假期，李老师会给我长信，将我一学期的讲义综合起来做一个讲评。我除了寄讲义，也常常把我写的一些小文章寄给他看。他看了就说应该去投稿，介绍我认识杂志社的编辑，并指导我压缩篇幅，使其适应于杂志的刊用。他叫我向编辑说明，我的稿子是得到了他的肯定的，我是他介绍的。这一点我觉得很为难。我向安徽、浙江的教育杂志投稿，认识了徐世增、周一贯这些编辑，但我没有向他们说我同李老师的关系。后来我还向全国性的小学语文教学杂志投稿。当时的杂志，一是稿件多，通"关系"的多，我不太愿意去"轧闹猛"，一是杂志求新求变，有的稿子就有了许多新名词，花里胡哨的，而我并不想迎合杂志的趣味。我以为，教学的事是需要实在的，有的基本观点和原则是需要反复强调、始终坚持的，所以，我并不十分热衷投稿，主要精力还是在我的讲义和外出做讲座的讲稿上。当时，李老师写了一些书，《小学语文教学漫谈》等，起初要出版是很困难的，后来随着国家形势的变化，尊师重教的气氛越来越浓，尊重科学、尊重知识渐渐成为共识，他的书一本一本地出版了。凡新书出版，他就要跑邮局，给小学语文工作者们邮寄，而我总是他必定要寄赠的对象。他的书、他的信、他的指导和鼓励，对我的意义，是很难估计和表达的。

在我同李老师认识快一年半的时候，1984年秋天，有一个苏州的教师去李老师家，谈起我，说我是他姐姐的同学，李老师这时才知道，我原来并不是他想象中的"老年"男教师，才知道我的父亲是谁。李老师告诉我，原来他曾经是我父亲的学生。从此以后，我同李老师的话题，除了小学语文，又有了我们个人的经历和家庭成员的状况。我去过李老师的家好几次，他的书桌上方悬挂着吊竹梅，吊竹梅那嫩绿的枝叶轻轻摇曳，生机盎然。李老师喜欢喝黄酒，我们师徒二人在一张小圆桌旁对坐用餐，一边听他滔滔不绝地讲着小学语文，这时我竟能喝下一满杯黄酒。我没有进大学，想不到在四十三岁的时候得到这样一个"函授"的机会，结识这样一位老师，这真是我的福气！

通过李老师的介绍，我又在1995年的暑假里幸运地去北京参加了一个学习班。那时候，几乎全国每一个小学语文教师都知道北京有个袁微子老师，因为他是小学语文教材编写组组长。改革开放的年代，新编教材的一些编写意图可以说都出自袁老师，所以，大家都在学习和研究他对小学语文教学的论述和实践。之后，他又为师范学校编写了《小学语文教材教法》，我上的这个学习班，就是来学习那时刚刚出版的、将在秋季通用的《小学语文教材教法》。我能够去参加学习班，心里实在太高兴了。学习班上讲课的教师大都是袁老师在各地的朋友和学生，讲的虽说是这本教材，其实就是他们各自的认识和体会，还有他们各自的实践经验。我听着，有认可的，也有不认可的，但总的来说，通过学习袁老师的书本，聆听讲课者的阐述，还有对照自己平时学习和实践的情况，我可以在一个更大的层面上审视自己对小学语文教材教法的理解，收获是很大的。学习班离姐姐家不近，我每天须早出晚归，中午因为想休息一会，就舍不得花很多时间吃饭。去那里的食堂，要排队，又很热，我想，不如留在教室里，简单地吃完从家里带来的一两片面包和一个西红柿或一根黄瓜，就把身体平放到长凳上，一边闭目养神，一边回想听课的内容，等教室里闹哄哄的人声吵到我的时候，我早已把上午的课连同我的午餐一起消化了。这一暑假的学习，无疑给了我不少勇气，但是也留给我好多遗憾。主要是因为我活泼、好交友的性格在阶级斗争的岁月里被严重压抑，变得独立而不善交际，半个月时间里，我竟没有结识几个朋友，做学问而不相互切磋，岂非太笨！

1986 年暑假，一个全国性的小学作文研讨会在太原召开，我又有了一次外出学习的机会。这一次，开眼界的同时还闹了一个笑话。我同县教研室的顾关成老师经常联系，有时候他被我们请来为学员上课，有时候他请我去参加县里的一些教研活动，又有的时候，两个人一起商量了写些文章。这一次作文研讨会的领头人是太原市教研室的魏大义老师，他与袁微子老师相熟，顾关成老师又与他相熟。我同顾老师一起写了《沿着习作例文的路

▲ 4–3 1986 年参加全国小学作文教学经验交流会，摄于太原晋祠隋槐前

走》谈小学作文教学，魏老师读了，很是赞赏，所以邀我们出席这个会。可是临了儿，顾老师因为家里要装修房子不能去了，我只得一个人去。我找到魏老师，告诉他顾老师没有出席会议的理由，魏老师一听"吴县"，立即兴奋地说："哦，顾老师没有来，那么还有一个钱老师来了没有？"

他专注的眼神直视着我，显然魏老师并不以为我就是他正关心着的钱老师。当我告诉他我的名字叫钱辉时，他更是瞠目结舌，惊讶过后他还是说不出话来，不知道怎样把自己一贯想象的一个男教师形象同身边这个女性联系起来。我遇到这样的尴尬已不是第一次，其实，李老师也一直没有想到我是女的；在我第一次见到顾老师的爱人宋老师的时候，她也十分吃惊地说："原来你是女的。"我常常被这种吃惊提醒，我的姓名很缺少女性特点，再加上还有许多人以为教学研究的领域不应该是女性可以随便加入的，所以在只见文字没有见面的时候，我常常被误以为是男的。这一次会议认识了几个上海的教师，但也没有与他们成为可以研讨学问的朋友，其原因之一是我不久就离开了学校。

我们的小学语文骨干教师培训或者小学语文教学研究班，都不再脱产，改为函授性质，一个学期只集中到学校五六次。学员们从各自的岗位上来到进修学校，听讲座，讨论，试教，而当他们回到自己岗位上去的时候，我们则要求他们读一些书、写一些作业或者备课等。所以每当他们来学校集中学习的时候，我就要抓住所有可以利用的时间来同他们交谈，了解他们做了些什么、想了些什么，给他们上一次的作业做一些点评，与他们面对面地进行讨论，等等。星期六刚报到，我就与他们在宿舍里聊天。他们在校的日子，我是没有自己的时间的。一个班级结束学习的时候，我们还把学员的结业文字汇集在一起，印成一本书，名叫《脚印》，意思是每一期学习都要有一点收获，我们必须一步一个脚印地前进。我们争取把"脚印"印得清晰些、认真些。每一次《脚印》出来，我就把它寄给一些教学杂志，也就有学员的文章被用了发表出来的。这样一来，办一个研究班，半年里虽然只有五六次课，工作量却很不少，何况我们还要在一个学期之内轮流着到各乡镇去听我们学员的课，以便把讲课内容更切合到学员的实际工作中。再说，并不是只办这么一个班，同时我们还在对面上要"过关"的教师进行培训，并接受着各乡镇中心小学的邀请，去听课、评课、做讲座等。所以，这一段时间我确实是忙得不亦乐乎，也在这样的忙碌中不断地得到进步。

到各乡镇中心小学去参加教研活动，或者专程去听课、评课和讲课，占据我很多时间，也给我留下很多回忆。首先是我因此有了很多听课的机会，这才知道县里的小学语文教学是个什么样子，才知道自己的工作应该如何着手才能真正做到有的放矢。所以我总怀有一种感恩的心，感谢这些老师，曾经是我的同事或同行的小学教师们，他们和他们的课是我的活教材，而且是无偿地给予我的。我又常常怀有一种幸福的心情，觉得命运给我最好的机遇，在教师进修学校有大块的读书思考的时间，有这样巨大的课堂供我学习，我想如果我真的有些进步，有些比别人高明的地方，那都是生活所赐。这样，我拥有了最热烈、最美好的心境，往往在早上六点钟的时候，已经坐上汽车出发了，而晚上也得乘坐六点钟的末班车才兴奋而疲惫地回家。

回忆起来，当时小学语文教学有一些普遍的问题。比如：把语文局限在教室里，看语文教学成果的标准只在分数，课堂教学很乏味，生活的气息很少，谈不上对学生的智力发展和道德成长有什么积极影响；所谓道德教育和思想教育就是贴标签，生硬得令人反胃；语文和作文离开了生活，索然无味，小学生总觉得写作文是苦差事，语文教师批作文也觉得头疼。又比如：教师本身的世界观有一些问题，用固定眼光看学生、看事物，这不利于正确理解教材，更不能上好语文课；对新编教材的编写思想不理解，对三类课文的教学不适应；对大纲吃不透，对各年级的要求不明确，不能随着年级的递升而改变对课堂教学的组织，从一年级到六年级，语文课就是一种模式，一成不变，最后就限制了学生的发展，等等。所以，那时候"三个面向和小学语文教学""思想教育和语文教学""关于三类课文""关于语文备课""朗读的指导""作文教学""提高阅读课堂教学质量""语文教学和观察能力""小学语文教学的指导思想"等课题就成为讲课的主题。当时，我应各地小学的邀请，到处去讲。

在赶着来去的路上，总是想着这些事，哪一个观点不够鲜明，哪一个例子不够确切，或者是例子是否带有普遍性，能不能说明问题，……想清楚了，晚上回家就修改我的讲稿，在下次讲课的时候用上去。所以，几乎每讲一次都有新的例子穿插，都有细微的或者较大的改动。就这一角度来说，听课和评课，与其说是我对听课对象做指导，不如说是他们的课给了我启发和教益。我几乎每一次都会发现值得思考的问题，而解决一个问题，就可以前进一步。这些问题除了上述属于总体性质的，也有更多细微的、具体的，小到一个词语的处理。一般来说，那些大一点的问题，都在一个学期结束后才能做出总结，写出文章，然后在下个学期再出去讲，同大家讨论，而针对小的问题当然就必须及时地写一些小文章，及时地做出反应。课堂教学中，对一些具体课文中字、词、句、章的理解、把握和处理，是最能显示出教师本身的语感以及把握教材教法的能力的。我常常把在这一个学校发现和思考的问题，及时地讲给另一个学校的大家听。因为各地的教学进度基本相同，有时候从"听到什么""想到什么"，到把自己的想法讲出来，中间不过相隔一两天时间，老师们听到我讲的这些例子，发觉它们是自己刚刚教过的课文里的，或者正准备要讲的，都觉得特别的亲切。在讲到一些具体的教材教法的时候，我总是把反面的失误说成正面成功的例子，说："我在一个小学里，看见一个老师，对于这个问题是这样认识和处理的……"我并不说那是自己的想法，听讲的人就会想，那是一个同自己一样的普通教师，别人可以做到的，自己也一定能做到，也愿意在实际的教学中照听到的说法去实践一下，有不少的教师尝到了甜头。日子久了，常常有人对我说，听我的课感到"很实惠"。也有数学老师听了我的课以后，觉得原来教语文会遇到这么多有趣的、值得思考的问题，他竟也想教语文了。有一次到唯亭去，恰逢暴雨，到了那里，全身湿透，小学里一个女教师带我去她的宿舍，我从头到脚换上了她的衣服，这才能进教室。有一次到苏州的一个小学去，那里的纪律不怎么样，校长听说我要讲"辩证唯物主义是小学语文教学的指导思想"，觉得太严肃，一定不会有人爱听，一定不会有好结果，她就很担心地对教师们说："大家不必着急，钱老师的家在木渎，讲作结束的时间不会太晚。"她是这样没有信心，但我并不着急。大约讲了一刻钟后，坐在窗外的老师就陆续地往教室里转移了。讲座结束了，老师们竟还拉着我的手说一些他们感兴趣的问题，不让我回家。就这样，我在业务上渐渐地有了提高，也有了"粉丝"，有了"知名度"，苏州还有教师说我"跟庄杏珍一样"（庄杏珍是苏州市的特级教师），听到这样的评价，我更加常常处在诚惶诚恐之中，希望自己不辜负老师们的信任和爱护，不辜负他们的期望。

有的辅导区开会，每一个教师都有固定的座位，有的则让教师随意挑拣沿边的座位，或者干脆让教师们坐在窗外走廊上。有的校长并不在教室里，学习是教师们的事，也有的竟把分管教育的副乡长也请来参加教研活动。各乡镇中心校的情况是如此不同，但有一点几乎是相同的，那就是多数学校不分学科地把所有的教师都集中起来听我讲语文，这给我很大的压力，因为课堂里差不多有一半的人并不在从事语文教学工作。我对这些教师怀有深深的歉意。所幸小学里的课程差不多我都教过，对数学教学也不是太陌生，有时候也可以插进一些例子，跟数学教师们拉近一点距离。在1982年至1987年这一段时间里，我跑遍了吴县各乡镇，可以说全县小学语文教师（或者可以说全县小学教师）都听过我的课，都认识我，所以后来就有许多叫我"钱老师"的人。即使经过了许多年，在公交车上、在某个会议中还会碰到他们。最惭愧的是，我总是叫不出他们的名字，而他们却能说出我对他们曾经讲了些什么。也有一些人，他们总是口口声声把我称作他们的老师，而他们的教学或者他们的行为却完全是与我毫不相干的。我很不情愿被他们称作老师。这些，恐怕也是外出讲课的"副产品"，很无奈呀。

我同时负责着小学语文教师过关培训的工作，制订计划，编写教材，掌握进度，组织考试，并直接培训各乡镇的兼职辅导教师。另外，我在民办教师师范班也兼着课，教授唱歌或者语文基础知识中的汉语拼音部分。往往在不出差的早晨，我就得到班级里去辅导，一个个地听学生读，矫正学生的某些发音或者为他们作示范。

我在这样忙着教学工作的同时，大致还有三分之一的时间要去做人大的工作。学校里对我有一些议论，有的说："我也有亲属在台湾，为什么我不是重要统战对象，她为什么是？"还跑到县台办去问。有的说："老红军的女儿不如反动文人的女儿了，真不服气。"有的说："小学为什么请他们去，为什么不请我，这是怎么回事！""到底她在讲些什么，领导应该审查一下她的讲稿。"……这些议论传到我的耳朵里，我只有一笑了之，既没有办法说明什么，更没有时间和精力来处理这些事。

进修学校是一个"知识分子成堆的地方"，粉碎"四人帮"之后，新老教师个个想大显身手，许多老教师要求入党，但多数人过得很不如意，教师们的业务追求得不到支持，荣誉追求也不能得到满足。根本的问题是，学校的领导班子不团结，在他们关系最紧张的时候，竟然丝毫不顾忌楼上楼下的教师、学生都在听着，大白天能在办公室里吵起架来。后来，在1986年，实在坚持不下去了，领导班子才有了调整，教育局的领导对他们"各打五十大板"，两位校长、两位教导个个分开，都调离了。但新来的校长对情况不熟悉，想要掌控全局，却也并不是轻而易举地就能做好，总之学校里还是有很多问题。

1987年，各级人民代表大会将要换届，我们的校长认为在这样复杂的情况之下，我的代表选举或许会有问题。人大领导知道了，决定调动我的工作。这样，我如鱼得水的紧张欢乐的日子又一次被迫中断，我的教师生涯也就此画上句号。我曾经以为，我生就是站讲台的，讲台离不开我，我更离不开讲台。哪里想到，并非如此，我同讲台说离就离了。没有了讲台，而我还将继续生活。哦，值得一提的是，接替我工作的是安东，是我的语文教学研究班曾经的学员。

我于1987年3月离开学校，算起来，当教师已经快三十周年了，严格计算则还缺五六个月吧。

人已离岗，情系讲台

（1987 年 5 月—2001 年 8 月—现在）

实际上，我真正走上学校以外岗位的日子是 1987 年 5 月 12 日，到吴县文联当副主席（同时在人大工作）。尽管如此，我却并没有真的离开教书的事儿，真所谓"藕断丝连"呀。

最初是在当年秋天，江苏省办了一个全省小学语文教材教法教师的讲习班（这个班同袁微子老师当年在北京办的班类同），他们邀我在讲习班里担任讲师，主讲识字写字教学。

吴江的陈正南老师同我联络的时间是在春天，是我离开了学校的工作而尚未接受新工作的时候，我正闲得发慌，就答应了。讲习班开学的日子却已经是秋天了，我在文联的工作早已走上正轨，忙得很。所以，我并没有完整地参加整个班的教学工作，别的老师的课也没有听，只是把自己的任务完成就算了。

识字、写字，是小学一、二年级语文教学的重要内容。不少教师却都把它认为是"小儿科"，好像既然教低年级，教师自己也就低了一等，于是，不太愿意教低年级；教了，又觉得很简

▲ 4-4 1987 年 8 月，文联工作已经开展起来

单，无须研究和努力。这样，这一段工作显得薄弱。在教师进修学校工作的教师，也同样比较重视对阅读教学和作文教学的研究，而对识字、写字有所忽略。其实，这个题目内容十分丰富，除了识字、写字本身的问题，还有许多基础工作要结合着一起做，实在是很需要教师花费时间和精力来认真对待的。比如，一年级的教科书里，有许多图画，家长和教师常常以为这只是因为学生年龄小，安排一些插图，可以引起他们学习的兴趣，从而导致忽略了这些图画。其实图画除了可以提高学生的学习兴趣、帮助学生识字之外，还有提高学生观察能力、语言能力的功效。这些图画有什么特点，说明了什么，图画和识字之间有什么联系，图画同识字如何结合，怎样引导学生看图才能有效，对学生提出什么样的问题能收到好的效果，什么样的问题会使教学时间白白

浪费，……就这些，也很需要我们动脑筋想一想了。何况这才是开始。在识字写字的时候，字的音、形、义关系怎样，怎样有利于记住字形、读准字音、理解字义？遇到集中识字，又该如何组织课堂教学？针对没有故事情节、十分枯燥乏味的一组生字，孩子们怎样能学得开心、学得放松？再者，在教科书上也提到了一些识字、写字的教学原则，那么，这些原则又应该如何体现在我们的教学中呢？理论同实践是怎样结合的？又比如，每一个班级都有四十来个学生，学生性格、智慧虽然各异，字却应该写得一致，怎样做才能达到这个目标？又怎样才能在识字、写字的同时，引导小学生逐渐"学会做小学生"？在语文方面，怎样使学生逐步产生和增强语感？又是怎样让学生逐步学习正确使用文具，并训练学生养成良好习惯？一年级小学生要经历很多"第一次"，在语文课上也有许多"第一次"，第一次识字，第一次学习合体字，第一次认识词语，第一次遇到标点符号，第一次使用田字格来写字，第一次用方格本，第一次遇到课文……总之，这些"第一次"都注意和重视了没有？究竟应该如何进行？做了有什么好处，反之又会怎样？……如此等等。本来讲习班领导说，如果大家兴趣不大可以只讲半天的，结果，大家还愿意听，所以，下午就接着讲写字教学。一个问题一个问题地讲，总共讲了一天。

南京的课很成功。只不过表格上介绍我的身份是"吴县人大副主任""吴县文联副主席"，好像我同教育完全不搭界，这是我很感到哭笑不得的。只在讲完课以后，我同老师们的距离才拉近了。那一天，晓庄师范的学生簇拥着我，有的替我提包，还有的搀扶着我，那崇拜和尊敬叫我暗暗好笑（我需要有人提包和搀扶吗？），而重返讲台（哪怕只是一堂课）的喜悦更是让我无法控制，令我收不住自己的笑容。晓庄师范的夏老师问我："你能来晓庄吗？"他又补充说："真是相见恨晚呀，如果半年以前认识钱老师，恐怕还真的可以有共事的机会，现在一切都来不及了！"听他这话，我真的心痛了，我这才意识到，我竟真的永远永远地离开了学校，结束了我的教师生涯！

随后就有昆山、吴江等几个相邻的县教师进修学校请我去讲课，也有下边乡镇中心（如昆山蓬朗）的学校来邀，那是因为，原来教师进修学校民办教师师范班的学员在那里工作，学校通过他们来邀请我。不过，文联的工作很忙，当时一个秘书脱产去读大学了，所有大小事务都只有我和秘书长两个人来担当，我又有很多时间需处理人大的工作。所以，这样到外县去讲课的事，就常常被我拒绝，渐渐地也就结束了。

外县的可以婉拒，本县的就很难。并且就我自己来说，也不太可能完全丢开小学，丢开小学语文教学。那些年，也正当搞普及九年制义务教育，有很多到学校检查、视察、调研的机会，我也就"公私兼顾"、一举两得了。差不多每个月里总有一次要到小学去，听课、评课，同青年教师们交谈，帮助他们读通课文、组织课堂教学等。直到十年以后，每个学期我都还能听满十节课。1998 年我开始学习用电脑，还曾经在太平中心小学听课以后，用电脑写了我的听课体会。所以，我虽然常常以为我上了"最后一堂课"，或者听了最后一堂课，而事实上，我与小学语文的联系从来没有被割断过，直到退休（2001 年 8 月）。

最想不到的是，在离开学校之后，我不但仍然活跃在小学语文教学活动中，听课和评课，还曾经到苏苑小学"借班"上过一节课。

这事从头说起，那还是在进修学校的时候，当时语文班有一个叫许志祥的学员，很是勤勉好学，结业以后，他一直同我保持联系，我们假期里常常能够见个面，聊聊教学、聊聊家常什么的。之后他的孩子长大了，先是儿子参加了工作，后来女儿又当上了教师，他托我对孩子们多加照顾，孩子们也就常常会来我家，与我谈他们的工作，有时孩子们会把他们写的计划、总结之类的文字拿给我看，听我的意见。许老师的女儿在新苏师范毕业，也可以称得上是我的校友，她又在苏苑小学工作，是小顾的同事，来得就自然勤一些。从一年级拼音字母的教学开始，理解教材、备课、当班主任等，都是我们的话题。到了第三年，教三年级了，就涉及作文教学和三类课文的教学了，我们对阅读课文的教学谈得特别多。中高年级的阅读教学历来被理解成"分析课文""读讲课文"，常常是教师把文章嚼得很烂，学生并没有尝到真正的读书趣味。结果往往是，学生既没有获得精读的能力，也没有掌握浏览的本领。袁老新编教材设计了三类课文——"讲读课文"、"阅读课文"和"习作例文"，就是希望能够解决这样的问题。但多年以后，在语文教学中，教师们对培养这种浏览的本领还是不重视，不知道该如何来培养学生具有这样的能力。教师对"阅读课文"的教学还是不理解、不习惯，甚至是不放心。我离开学校以后到了机关里，每天有许多必须看的东西，如果对文件、法律法规、报纸、人民来信等样样精读，既不可能，也无必要，这就对"阅读课文"的设置体会更加深刻。在这样的情形之下，禁不住许晓红再三要求，就答应她去上一节课。

这是一篇三年级的"阅读课文"《打碗碗花》，老师要用一节课的时间，引导学生读懂课文。其实，所谓浏览，那就是用几分钟时间，让学生读了一篇文章就能领会文章的内容，就能知道这篇文章的价值何在，这是一种必不可少的本领。语文课堂里用了四十分钟来做，不是时间用得太少了，而是用得多了。那是因为，在课堂里，我们需要花一些时间通过讨论来检查每一个学生是否都有了认识，并做一些与阅读相关的朗读和说话训练。我希望通过自己的实践，使大家比较具体地想这个问题、做这个事情。

我一向并不赞成"借班上课"，因为这样做往往只见教材，不见教学对象，比较突出了上课的"技术"一面，而容易忽略师生情感的一面。这一次，鬼使神差做了一回，是第一次，也是最后一次。

现在，应该是这个故事的尾声了。

2001 年 8 月，我退休了。从 1957 年 8 月起算，这是整整四十四年了。工作了四十四年，现在退休了。退休后，我很快进入角色，再不到自己工作过的单位去，生怕影响了他们的工作秩序。乡镇干部邀请，也被我大都拒绝了。过去的学生们约我去他们工作的学校看看，我偶尔去一次，后来也基本上断了联系。退休以后，我在家看看书，做做饭，在电脑上写写玩玩，到园林里看看风景，会会老同学，走走亲戚，还开始写毛笔字，生活也很充实。就在这种安宁而恬淡的生活中，不意间竟又有走上讲台的机会。女儿在教师进修学校工作，之后学校升级，她的学校成为职业大学的一部分，有了大专师范班，有了本科班。学生要毕业了，即将走上工作岗位，如何完成从学生到教师的转变？女儿想叫我去做一个经验之谈。我回忆了自己的经历，写了《学习当教师》的讲稿，去讲了一课。我只是回忆了自己的一些经历，像讲故事似的，没有多说理论，年轻人还爱听。接着，另一个班级也让我去讲了一次。过了一些时间，小梅的同事小周说希望我去讲一课，她告诉我，她的学生有一些想不通的问题，被青春的迷惘困扰着，应她的要求我的讲话题目为《话说迷惘》。又一段时间后，小梅带的一个班级学生实习了，快毕业了，她又让我去做"专业思想"工作，这一次还是谈当教师的体会。青年学生还很欢迎我们（我同小顾一起去）。课堂上，他们同我一起唱歌。课后，孩子们把我带去当教具的几张"字"瓜分了，把我带去的花草一抢光，把老顾老师围个水泄不通，问这问那，还要同我一起合影……之后，有学生来我家要我写的字（其实我自己并不满意这些字，只是字而已，还不是书法作品），还有一个学生竟把他养的花草在假期里寄放在我这里。可惜两次都因为我离家的日子长了，冬天时花草被冻死，而夏天时花草则被热坏了，两次都只得拿别的草"赔"给他。我一个没有读过大学的人，竟到大学课堂里去"讲课"，实属不自量，想到在进修学校的时候，我就觉得很不相称，老是心虚着、忐忑着，现在这样的感觉就更加强烈。然而看到有年轻人正在准备当教师，我又有说不出的兴奋。

教师是什么？

教师是人类灵魂工程师，有着教育、影响、塑造人的神圣职责。

教师的工作每个家庭都需要，国家民族都需要，是社会生活中重要的一环。

教师又永远是学生，不断学习，接受新的信息，丰富和充实自己，否则又怎么能当教师？

教师既不是蜡烛，也不是春蚕，当教师并不是一场悲剧，正相反，当教师有的是幸福体验。李伯棠教授以"太阳底下最光辉的事业"来诠释他对教师工作的理解，最准确不过。

我们当教师，教师工作就是我们的生活、我们的事业、我们生存的意义。

所以，教师的人生是学习的人生，是拥有尊严的人生，是快乐的人生，是充满激情的人生，是永葆青春的人生。很高兴看到，我拥有了这样的人生。

第五章 父亲

劲草不为风偃去

钱穆

父亲的书法

我家的 1980

　　1980 年，距今二十五年的一个年头，虽然似乎是极其平常的一年，但对于我父亲、母亲以及我们兄妹五个小家庭所组成的大家庭来说，却有特殊的意义。

　　我家与别的家庭相比，最特殊的一点就是父亲不在家里。自从 1948 年父亲离开了家，去了广州、香港，后来又定居台湾，已经过去了许多时日，严格计算是三十二年了。三十多年，可以说是"漫长岁月"了。母亲带着我们兄妹五人，经历了一切。母亲是小学教师，在我幼年，她是苏州一个小学的校长。之后，母亲因脑出血而致半身不遂，在长达二十八年的时间里，她是以残疾之躯在爱护着、支持着她的孩子们。她终于耗尽了心血，于 1978 年的早春，悄悄地走了。母亲悄悄地离开了人世，所以在 1980 来到的时候，她已经不在我们身边。在这个春天以及以后发生的事，无论幸福或者痛苦，母亲都不能亲历了。母亲姓张名一贯，在她去世二十年之后，我们给她做过一本书，来寄托我们的哀思和亲情，书名定为《坚韧一贯的人生》。"坚韧"，这个词对于母亲是非常确切的。当然,这是后话。

我们兄妹共五人,三个哥哥和两个妹妹(原来应该是兄妹六人,可惜四哥幼年夭折)。在我们都长大之后,很少有机会聚在一起,仅有的一次是在母亲去世之后。因为三哥和姐姐都在北京工作,他们都是清华大学的教师,两个小家庭都在清华校园里。而大哥、二哥和我各有所在,直到1980年,也只能勉强说"都在苏州"。

1980年,大哥五十岁,从苏北回来就到了江苏师院物理系,同时兼做着三份工作:朱教授的助手,担任中学物理教材教法的教学工作,《中学物理》的审稿和主编。大嫂泽庆在苏州市青年宫工作,大嫂自师范毕业就没有在学校教书,而做了校外教育工作,她在少年宫指导小学生唱歌跳舞。大嫂多才多艺,孩子们要演出的时候,她会将彩旗或锦旗改成漂亮的演出服装,把孩子们打扮起来。从苏北回来的时候,少年宫没有了,组织上就把她安排到了青年宫。

二哥比大哥小一岁,他和二嫂还没有从苏北正式调回来。他们在楼王中学工作,二嫂是中学里的数学教师,而二哥这个"老数学"则因工作需要还当过语文教师。去苏北之前,二哥是苏州第五中学的教师。

我是兄妹中最小的一个,比大哥小九岁。我和我的丈夫此时是吴县西山石公中心小学的教师。

说到孩子们,每家有两个。苏州六个孩子,三个男的,三个女的,大哥家都是男孩,二哥家都是女孩,而我却生了一男一女;北京则有四个光头。

以上，是我家的简况。

1980 年来了，大地回春，万物复苏。谁都没有想到，这一年会有这么大的事情发生，我们的生活由此发生了重大的改变。

春节刚过，忽然得到了父亲的消息。

大哥辗转得到了父亲的一封信，信是从香港新亚书院转来的。

父亲离开家、离开大陆后，大哥听从组织的安排曾经同父亲通过信，但由于那场革命，联系中断十多年了。多年来，我们兄妹间也是从不谈到父亲或与之相关的话题的。现在，忽然有了来信！

震惊之后是按照过去的惯例，由大哥给父亲写了信，报告自己的情况，报告家里的情况。大哥说母亲已在前年走了，几个兄妹都健康，也有安定的工作及和睦的小家庭，每家还都有两个孩子。不久就又有父亲来信说，既然如此，让兄妹们各自分别给他写信去。大陆的"文化大革命"以及在此之前的一次又一次运动，生活在海外的人是不能了解的。他们所闻，运动犹如洪水猛兽，像我们这么一个大家庭里五个兄妹个个活得健康，五个小家庭个个幸福美满，几乎是不可能的。父亲很怀疑大哥是否只是编了一些好听的话在安慰他。为了让父亲能安心，我们各自给父亲写了信，并表示我们都十分想念他。在父亲确信我们都活着之后，父亲和继母决定暑假让我们到香港去会亲。

春天很短暂，要准备去香港会亲，北京和苏州的台湾事务办公室、公安局都为我们忙开了。毕竟北京是首都，要出境的人多的是，公安部门觉得，安排我们同时出境有困难，结果决定由三个哥哥和我同去香港会亲，姐姐则留待第二年夏天再同伟长哥哥

▲ 5-1 1980 年，发给父亲的第一张照片——"我们都很安好"
后排左起：二哥钱行、侄子钱松、大哥钱拙，中排左起：我、二嫂盛美芳、
大嫂仲泽庆、姐姐钱易，前排：侄女钱静驿、大阿姨张一飞

一起去。

姐姐在春天到苏州来出差，趁这个机会，大哥就召集我们去照相馆拍了一张照片，寄给父亲。要知道，父亲走的时候，大哥才十八岁，而今，大哥的大儿子已经十九岁了。他能想象照片上这些中年人就是他记忆里十几岁的孩子吗？暑假里，三哥又来苏州，大哥就再一次约了我们大家一起去耦园、拙政园、虎丘等园林，拍了许多照片，这是专门为带去香港给父亲看而拍摄的。这一天共约集十五人，有大哥、二哥和我三个小家庭全体十二人，还有三哥、小阿姨一鸿和舒秀大姐，拍照片的人是由苏州市台办安排的，据说是大嫂单位里的同事。

这里说到的小阿姨一鸿，是母亲的亲妹妹，小学教师，已退

休，时年六十九岁。她有两个女儿一个儿子，即我们的表妹和表弟。远在 1940 年 10 月，她曾给我父亲写过一信，报告"姐姐生下第六小妹妹"的消息。写到这里补充一句，其实从 1940 年秋到 1946 年夏，父亲都在内地，而母亲和我们兄妹则一直在苏州生活，我家当时也并不团圆。

堂姐舒秀，我们叫她大姐，她也是长期生活在苏州，看她头发乌黑，却也有六十岁了。

父亲重又回到我们的生活中，我们需要从头认识我们的父亲。

到香港去是在 8 月底，在港逗留一周，回到西山已经是 9 月 3 日或 4 日。

因为这是第一次，还"怕"，父亲和继母将这次会亲安排成一个秘密的活动，香港的朋友除了新亚书院院长金耀基先生，其余人几乎都没有惊动。我们住在红磡车站附近的伯乐旅社，每日早起晚睡，白天按照父亲和继母预定的计划，由他们带着吃、带着玩，晚上则几乎每日谈话到凌晨。

准确地说，在香港一周，印象最深的就是累，就是欠觉。父亲和继母每天大约过九点起床，一般十点钟过后我们才出门；而我们四个，几十年里都是不到六点就起床了，一时改不了，现在谈话要到凌晨两点或更晚，我们实际睡觉的时间每天恐怕只有三个小时。父亲有说不完的话，他把三十二年里的所有的话都积攒起来想在这一周内讲完。他不断地说，我们静静地听，听着听着，我就瞌睡起来，眼睛迷糊了，父亲的声音远远地飘着，我好像都听见了，脑中却几乎没有留下印象。过了两三天，我发现哥哥们也都很疲倦，也呵欠连天的，便硬着头皮撒起娇来，提出休息的请求。这样的请求往往被口头接受，而父亲的话匣子却并不打算关闭。

尽管这样，这次同父亲见面，还是有许多叫我不能轻易忘记的事。

过关的手续很烦琐，那里挤满了人，等我们终于被告知可以通行的时候，已经是该吃晚饭的时间了。当我们在拥挤的人群中正要通过红磡火车站门口的铁栏时，有人叫住了我们，问："是不是钱家兄妹？"问话人的身边穿着长衫的老人不正是父亲吗！想不到他竟亲自到车站来接我们，他刚过了他八十六岁的生日呀。原来问话人就是我们的继母，居然不是父亲认出了他的孩子，也不是孩子们看到了父亲，而是素不相识的继母，她只是看过我们的照片，此刻就认出了我们，这也是我们根本无法想到的。

在车站外路边站定，正等着计程车，有两个年轻女孩子走过，忽然站定，向父亲问好并鞠躬，她们解释说，曾经听过先生的讲演。父亲究竟为什么受到青年的敬重？这是由两个女学生引起而以后就在我脑海里盘旋的问题。因为，此时的我对父亲几乎是一无认识的，除了脑子里印得很深无法抹去的那句话。

我们到尖沙咀的半岛酒店喝了下午茶。高大明亮，圆柱支撑着穹顶，金碧辉煌，是踏进半岛酒店得到的最初印象，给人的感觉就像走进了一座宫殿。大堂里安静得近似肃穆，但气氛却平和而安详，客人不过三成，都很绅士。继母说过去香港是英国人的，这半岛酒家绝不让中国人进入，是我们的父亲在香港办学卓有成效，提高了中国人的地位，后来这里才向中国人开放。尽管进入半岛酒家的绅士们全都西装革履，父亲去时却总是穿着长衫，带着一个儒者、一个中国人的尊严。我们喝着咖啡，吃着蛋糕，我半信半疑地听着。我们又随父亲和继母到山顶散步。山下的繁华与山顶的清净反差极大。山顶散落着一些别墅，据说都是英国人所有的，别墅都掩隐在葱茏的绿树之中，有一条水泥路绕山顶一圈。在路上散步，不仅可以沐浴阳光，感受蓝天、白云、绿叶、泉水的宜人，还可以鸟瞰高楼林立的香港岛以及静得像湖的海面。我们慢慢地走着，为那些难得一见的南方植物惊喜着，在相思树下照着相。父亲说，这里过去也是一个绝不让中国人涉足的地方，而现在，这中国的地方，中国人可以来了！他带我们来，是要让我们体会体会做中国人的滋味。我们正品尝着这个做中国人的滋味呢，忽然来了一场雨，虽然一圈已经绕了十之九，没有几步路就到了餐馆，我们却都被淋湿了。继母买来几件汗衫，各自换上，父子们穿上了一样的衣服，更亲近多了。小事一桩，却永远难忘。

　　一天，父亲带我们到虎豹别墅参观。所谓虎豹别墅，即万金油大王胡文虎、胡文豹兄弟的宅第，我还记得 1949 年前的万金油盒子盖上都画有一只大老虎。这里虽是私宅却并不收取门票，随便什么人都可以来参观、游玩。这也是一种广告手段吧。进门便是园子，园子里用水泥塑了山、石、云、洞以及中外妖魔或神仙，再涂上艳俗的色彩。我们正觉得没什么可以欣赏，父亲说："你们看看这里，可以知道苏州园林有多么珍贵！"苏州园林的人文历史和艺术成就，无与伦比。父亲说，他在外几十年，梦里都想念着它们。于是这一天的话题就是苏州，就是苏州园林。

　　每晚的谈话中，新亚书院是一个重要的话题，那是父亲筚路蓝缕奋斗了十五年的地方。记得我在读中学的时候，就知道父亲在香港办了一所学校，有人对我说，他只身一人哪有力量办学校，他该是接受了谁的资助吧。现在父亲告诉我们，办学之初，他们真是"手空空，无一物"，租了几间民房，白天做教室，夜里当宿舍，学生没有能力缴学费，教师没有薪金可发，只是让想读书的人有书读，让教师有书教，让青年学生在这里有个学习的地方，学习如何做人，做一个堂堂正正的中国人。后来他们陆续得到了美国雅礼协会和哈佛燕京社的资助，才有了农圃道的校舍，之后又因官方择定新亚、崇基、联合三学院组建中文大学，遂成为中文大学的一个组成部分。父亲在新亚加入大学半年之后便辞去新亚院长之职。现任院长金耀基先生十分敬重我们的父亲，是他热心地为我们沟通联系，台北—香港—我们兄妹，离开了中间这个环节是万万不行的。金院长在一天晚上请父亲率我们兄妹共进晚餐，之后就在夜色之中载我们去了新亚书院。夜已浓，山上山下的灯寂静无声，很有点神秘的色彩，小车在山上一座白色的建筑物前停下，原来这里是以父亲的名字命名的图书馆——钱穆图书馆。不过逗留了三五分钟，就结束了这次活动。新亚书院，是谜是梦的地方，终于见到了你。

　　那时候，我们大多还没有照相机，大陆也还极少彩色的相片，继母带了一个相机去，照了一些照片，数量不多，但弥足珍贵。现在，这些照片可以帮助我们回想到那一次阔别三十二年之后的相会。

　　会亲之前不久，父亲在台北刚过了八十六岁的生日。继母给我们带来了在素书楼给父亲过生日的照片，这也是我们第一次认识素书楼，认识父亲生活着的地方。在照片上，父亲坐在书房的沙发上，抽着烟。父亲在客厅里，切着蛋糕，客厅正面的墙上挂着的对子，写的是"立修齐志，读圣贤书"，横批"静神养气"。父亲又在院子里休息，石凳后边是几株老松。为父亲做寿的是继母，没有他的子女。三十多年间，父亲在我心中的形象是模糊

▲ 5-2 父亲在素书楼

的，像影子，现在，我对父亲开始了新的认识。

　　匆匆的见面和真实的照片，证实了一个重要的事实：父亲重又回到我们的生活之中。这事发生在 1980 年。

　　不久，二哥回苏州了，仍然到第五中学工作。

　　不久，得到组织的照顾，我的工作也调动了。

　　或许可以说，从 1980 年开始（或者在此之前就悄悄开始了），我们的生活都有了不同程度的改变。当然最重要的变化在于父亲回到了我们的生活之中。

　　从此我们与父亲的联系再没有中断，对我们来说，父亲的形象渐渐地清晰起来，生动起来。我们从此得到了父亲的关爱、教诲和恩泽。

重逢

天下分久必合，仅仅是说历史和江山吗?

谁也没有想到，我们的家人也会应了"分久必合"这句话。1980 年，我们竟能够与分别了三十多年之久的父亲重逢! 1984 年，竟又再次去香港会亲，在父亲和继母身边生活了一个月。

1980 年，我虚岁四十一岁;1984 年，我虚岁四十五岁。看起来应该已经是一个成熟的年龄，但事实上，当时的我幼稚得很，既没有头脑，也没有胸襟。同父亲生活在一起，多么难得，多么值得珍惜，可是，当时我竟没有感觉，也就没有珍惜，回想起来就感到内疚和遗憾。

有一首题名《重逢》的歌，是抒发老同学聚会时的心情的，与我去香港见父亲的时候相比，有很多相似的地方，当然也有不同，但还算比较接近。姑且抄录于后:

分别朝阳里，重逢夕阳中，穿过风雨，走过秋冬，岁月好匆匆。似水年华去无踪，难寻旧时梦。海角天涯人生路，真情长相拥。潇洒对沧桑，悠然看云空，夕阳无限好，青山更从容。芳草碧水秋意浓，把酒吟长风。相聚相别总有缘，来日再相逢。

　　我想，两次去港，我是有喜有忧，喜的是兄妹团聚一起度假，忧的则是不了解父亲究竟是怎样一个人。几十年的疑问，是否可以有一个解答？想到妈妈独自抚养我兄妹长大，又有半身不遂病痛缠身二十八年的苦痛，想到自己几十年划不清的界限，心头被沧桑感充斥。

　　去香港，只想到要弄明白父亲是怎样一个人，几乎没有想到也要让父亲知道我是怎样一个人，更没有想到要做一回女儿，尽一番孝心。现在想来，真是追悔莫及。

　　第一次去香港，大哥、二哥、三哥和我四个人，自然大哥是与父亲对话的第一人。虽然大家围坐，听父亲讲话，我却常常瞌睡连连，不知道他们在讲些什么。其实，一个暑假里，办手续、买东西，跑东跑西，晚上又睡不好，我已经非常疲倦；到了香港，每晚谈话至凌晨两点，我早就吃不消了。当年在西山，晚上九点就是我们熄灯的时间，早上不到六点就起床了。现在，夜里听讲话瞌睡不断，早上却依旧早起，疲倦得不行。回苏州后，我的心脏就出了问题，心动过速，直到五六年以后才渐渐康复。回忆这些，想来想去，找不到一丝踪迹表明我听了父亲的话以后对父亲增加了什么认识。

　　对父亲的认识是一点一点累积起来的。其实，现在回想起来，第一次香港之行，收获还是极其丰富的。

　　最初印象，两个女学生在红磡火车站拥挤的人群中，发现了站在路边等计程车的我们，他们齐声问父亲："您是钱先生吧？"见我们点头，立即恭恭敬敬向父亲鞠躬，然后欢喜地走了。她们的虔诚敬礼和敬礼以后满足的笑容震动我心。父亲的人格魅力竟如此！

一起到虎豹别墅。虎豹别墅是万金油大王胡文虎、胡文豹兄弟家宅，前院后宅，院子里有假山、雕塑。虎豹两兄弟40年代在上海开厂，生产万金油，到了香港，建造这个花园，美其名曰"苏州园林"，还免费向游人开放。假山石用水泥堆砌而成，假山上各色雕塑也同样用水泥粗制滥造，色彩艳丽，大红大绿，内容更是堪称滑稽，耶稣和悟空、牛魔王和丘比特、龙虎与白蛇，古今中外风马牛不相及的传说或神话中的故事与人物都在这里聚集，真是一个荒诞的大杂烩。父亲生气地用拐棍戳着地面说："这还是苏州园林？"这个时候，我深信耦园和苏州确确实实始终是被父亲钟爱着的，心里热乎乎涌起一阵暖流。

父亲和继母按照他们事先商定的计划带我们去太平山顶，去尖沙咀半岛酒店。在那美丽清洁的山道上散步，在那近乎庄严的半岛酒店喝下午茶，父亲就说："这些地方过去只准许英国人来，中国人是不能到的。后来，情况才有了改变。""华人与狗不得入内"过去只在政治课本上看到，现在我也有了切身体会。我们到了一个英国人不准许我们到，而如今我们已经有权到达的地方！继母说："你们父亲在香港办学办得好，为中国人争了气，提高了地位。"对这句话，开始我是心存疑虑的，但之后看见了新亚书院，了解了父亲在新亚书院的经历之后，我是心悦诚服地相信。

且不说新亚艰苦创业的过程,也不说新亚校歌给我们心灵的震撼,我现在愿意讲一下组建中文大学时发生的两个小故事。

故事一:

为筹备创办新大学的事,香港官方拟了一个文件,有二十多条,让各校提出意见。新亚开会把这文件上三分之二的条款都改动了,送上去,官方全部接受了。又一天,香港教育司召开会议。主持人手里拿着讲稿,上列五六条,刚说了一条,父亲就要求发言,主持人同意,等父亲说话告一段落,主持人又说"请君畅所欲言",让父亲继续阐述自己的观点。如此再三,父亲竟讲了一个小时。主持人即宣告散会,说:"钱先生所言,当转告政府。办大学之事,等下一次再商量。"会后,与会者都说父亲有"伟大的、令人钦佩的"表现。

故事二:

新大学校长人选问题,久议不决。英国政府代表富尔顿提出"先聘一个英国人当首席校长,再由中国人继任比较合适";父亲坚持要由中国人担任。当时父亲由美国去伦敦,富尔顿邀他到自己家中做客,从午后谈到晚上,第二天又谈半天还是没有结果。后来,富尔顿亲自送父亲回去,在车上又谈及此事,他问富尔顿:"你认为当前中国学人竟没有一个可以担当大学校长的吗?"富尔顿不再坚持。至于具体人选,父亲说他争的是一个原则,具体是谁,绝不参与意见。大学成立半年后,父亲辞去新亚院长的职务。

在港一周,去看哪些地方、去哪个饭店吃什么东西,父亲和继母都一一讨论,详细计划。所到之处,让我们多少看到了父

▲ 5–3 1984 年 8 月，合影留念，摄于新亚书院会友楼
　左起：侄儿钱松、我、二哥钱行、父亲、继母、三哥钱逊、姐姐钱易、侄女
钱婉约

亲所经历过的、所珍视的、所不屑的……我们踏着月色到新亚一游，仰望图书馆门楼上父亲的名字；在虎豹别墅怀念苏州园林；在太平山顶漫步，让自豪充满我心；我们一起到一个可以眺望内地的地方，伫立良久……父亲爱子女、爱学校、爱祖国的心情感动了我，父亲开始以一种生动的形象走进了我的心。

2013 年 7 月 21 日

新亚漫想

1979 年，在经过了长期隔绝之后，父亲与我们取得了联系。我这才知道父亲当年在香港办的那所学校名为"新亚书院"。继任的院长金耀基先生则热情地为我们转寄信笺，沟通了海峡两岸的亲情。

1980 年夏天，我和三个哥哥同去香港与父亲见面。那次见面前后仅七天，相互间要交谈几十年间的一切，父亲又安排我们去各处游览。一时间，我们留下的新鲜印象实在太多，以至于对新亚的认识和了解显得并不那么突出，印象也不那么深刻了。只记得有一晚驱车去新亚。学校在沙田，一栋栋楼房面对着海，坐落在半山上，校园之宽敞、环境之优美，我前所未见。小车在一栋白色建筑物前停下来，原来那是一个以父亲的名字命名的图书馆。我们只逗留了几分钟。夜色深沉，来去匆匆，气氛庄严而神秘，念及父亲所谈学校初创时期之艰难，我有说不出的感动。更加令人感动的是，金先生对父亲的尊敬与关切。这种尊敬并非仅流于外在的礼貌，而是发自内心，似乎胜过了我们子女。父亲也并非只受到金先生的尊敬。记得那天我们刚刚到达，就在红磡火车站外亲见有两个女学生走过来对父亲深深地鞠了一躬，并说曾经听过父亲的讲演。随后，她们便满足地离开了。父亲何以赢得这么多人的敬爱？新亚和香港的青年，从父亲那里得到了什么？我甚至妒忌新亚的人，我渴望了解新亚。

再次去新亚，是在1984年夏天。那一年，为庆祝父亲九十大寿，新亚书院、新亚教职员联谊会、新亚校友会为我们提供了极好的条件，在新亚校园里与父亲一起生活了一个月。父亲住在新亚会友楼，我们则分别住男女生宿舍，知行楼和志文楼。一个月里，我们常进图书馆看书，在校园里散步，乘坐校车上山下

▲ 5-4 在香港，逯耀东先生等为父亲祝寿，寿宴后合影留念，摄于1984年7月
前排：父亲和继母，后排左起：侄女钱婉约、我、三哥钱逊、二哥钱行、姐姐钱易、侄子钱松

山。尽管时值盛夏，学校正在假期中，还是可以感受到这是一个理想的读书场所，有浓厚的读书气氛。这一个月里，认识了许多新亚校友。父亲生日那天晚上，新亚书院、新亚教职员联谊会、新亚校友会联合在国宾酒店集会，为父亲祝寿。到会者有的是1952年的老校友，有的是父亲离开新亚以后的新亚学人，有的是香港本地的，也有从日本、我国台湾专程赶来的，共一百余人。晚七时，先举行祝寿仪式。讲话和赠送纪念品外，还有一项程序，齐唱新亚校歌，然后聚餐，敬酒再敬酒，最后照相。此时，欢乐的气氛达到顶点。另一个星期天，校友数十人分乘两辆旅游车，环游沙田、九龙和新界，沿途看了桂林街新亚初创时的校舍（那只是租用来当教室的六间民房），农圃道新亚书院旧址

▲ 5–5　1984年，寻访新亚校史活动中，父亲在农圃道新亚书院旧址（现为新亚中学）休息时所摄

▲ 5-6 1984年7月，在沙田和风台父亲旧居前合影留念
后排左起：我、二哥钱行、继母、三哥钱逊、姐姐钱易，前排：侄女钱婉约、侄儿钱松

（1956年接受雅礼协会帮助后建造，现为新亚中学），以及钻石山、沙田和风台等父亲曾经居住过的地方。校友们追忆当年的情景，重温新亚在艰难困苦中奋进、壮大的历程，寻觅、温习和发扬新亚精神。我似乎也触摸到了这一种精神，并受到激励。我永远不能忘怀新亚老校友们同唱新亚校歌，那庄严而极富感召力的声音和场景。

新亚40周年校庆之际，《新亚遗铎》出版了。这本书汇集了父亲在新亚的十五年中对学生的演讲以及有关资料。不久，我便得到了一本。捧读以后的第一个念头，就是想向别人说：几十年来困扰我的问题，如今有了答案！但这样的冲动在繁杂的事务中很快就消失了。我并没有向人说什么，甚至也没有能把书读完。

万万没有想到，没有等到新亚 41 周年校庆，父亲竟在亚伯飓风中悄然而去。巨星陨落，天地同悲，新亚书院、新亚校友会、新亚文化协会等单位决定于 1990 年 9 月 30 日为父亲举行追悼会。我再次走进新亚校园，接触新亚的人和事，再次感受到新亚精神。然而，父亲已经走入历史，新亚的讲台将再也听不到父亲的演讲，我也将永不能聆听父亲的教诲。

我想，纪念父亲最好的方式，莫过于认真地读父亲的书。于是我重新捧起《新亚遗铎》，在处理完日常繁杂的工作之后，利用晨昏和假日，自 1991 年元旦之日起至月底，将其通篇读完，共 951 页，做卡片 126 张。读着书中一篇篇讲演稿，又如坐在礼堂聆听父亲的讲演，父亲讲述着做人的道理，教我们如何做一个堂堂正正的中国人。鉴于《新亚遗铎》尚未在内地印刷、发行，[①] 能够借阅此书的人并不多，为使父亲的儿孙晚辈、当年的老学生、家乡纪念他的人们，以及其他所有关心或敬仰父亲的人们，多少了解一些父亲在新亚的一段生活，谨将摘录的部分内容转抄如下。倘能将父亲拳拳爱国之心有所发扬，倘能与朋友们以新亚精神相共勉，则勉可赎不孝之罪于万一，而告慰九泉之下的父亲。

1991 年

《新亚遗铎》摘抄

《新亚学规》（1953 年）

一、求学与做人，贵能齐头并进，更贵能融通合一。

---

① 此文写在二十年前。如今《新亚遗铎》也早已在内地公开印刷发行了。

二、做人的最高基础在求学，求学的最高旨趣在做人。

三、爱家庭、爱师友、爱国家、爱民族、爱人类，为求学做人之中心基点。对人类文化有了解，对社会事业有贡献，为求学做人之向往目标。

一六、一个活的完整的人，应该具有多方面的智识，但多方面的智识，不能成为一个活的完整的人。你须在寻求智识中来完成你自己的人格，你莫忘失了自己的人格来专为智识而求智识。

一九、健全的生活应该包括劳作的兴趣与艺术的修养。

二三、以磨练来坚定你的意志，以反省来修养你的性情，你的意志与性情将会决定你将来学业与事业之一切。

二四、学校的规则是你们意志的表现，学校的风气是你们性情之流露，学校的全部生活与一切精神是你们学业与事业之开始。敬爱你的学校，敬爱你的师长，敬爱你的学业，敬爱你的人格。凭你的学业与人格来贡献于你敬爱的国家与民族，来贡献于你敬爱的人类与文化。

《新亚校歌》（1953 年 7 月）

山岩岩，海深深，地博厚，天高明，

人之尊，心之灵，广大出胸襟，悠久见生成。

珍重珍重，这是我新亚精神。

十万里上下四方，俯仰锦绣，

五千载今来古往，一片光明。

五万万神明子孙，东海西海南海北海有圣人。

珍重珍重，这是我新亚精神。

手空空，无一物，路遥遥，无止境，
乱离中，流浪里，饿我体肤劳我精。
艰险我奋进，困乏我多情，
千斤担子两肩挑，趁青春，结队向前行。
珍重珍重，这是我新亚精神。

《告新亚同学们》（1953 年 3 月）

理想的本质便是忧与困。任何一理想，无不在其内心藏有忧，在其外境遇有困难的，否则便不是理想。

《敬告我们这一届的毕业同学们》（1953 年 7 月）

艰苦不足以增进任何的价值。因于理想而招来的艰苦，那才有价值。……

……你们该抱持理想，无视艰苦！你们该在艰苦中完成你们的理想。

《新亚五年》（1954 年 7 月）

新亚这五年来，永远在艰困中。校舍是如此般局促而简陋，图书是如此般稀少而缺乏，教授们永远没有正式的薪给，老抱着一种牺牲的精神来上堂，学生们大多数交不出学费，半工半读，老挣扎在饥饿线上来校上课，而且是愈来愈穷了。他们凭藉这学校几堂课，来作为他们目前生命唯一的安慰，作为他们将来生命的唯一的希望。在此一种极度的穷窘困顿之下，不期然而然的，叫出一句口号来，说是"新亚精神"。所以我常说："新亚精神，老实说，则只是一种苦撑苦熬的精神而已。……"

……

精神如生命，经济如营养，营养不就是生命。我们并不能认为获得了营养，即是具有了生命。营养可以外求，生命则是内在的。外面帮助我们，也只限在一些物质的营养上，我们却万不该只在营养上打算，而忽略了所要营养的生命之本身。

……

只要有理想，必然须奋斗。只要须奋斗，必然是艰苦的。而且必然要有一段长时期的过程的。若不必要经历一段长时期的艰苦奋斗历程而可垂手而获的，这便不成为理想。……

《欢迎雅礼协会代表讲词摘要》（1954年4月3日）

中国要现代化，就必须学习西方文化，尤其西方的科学与民主。这是不错的。但中国要能在世界上站立得起来，成一个独立国家，要有一种精神上的自信心，那还需要了解自己的文化，自己的历史，自己的社会，自己的优点和特点。

……

新亚书院的宗旨，……就在于要中国的青年重新认识自己的文化，从这上面培养起我们所必须有的独立精神。而且只有如此，中国文化才能成为世界文化的一部分，被他人所尊重，发扬中国文化，沟通中西文化，以丰富世界文化，这是我们新亚要负起的责任。

《新亚校训诚明二字释义》（1955 年 10 月）

……要"言行合一""内外合一"，口里说的、心里想的、外面做的、内心藏的，要使一致，这始叫做"诚"。……我们在独居时，该如在群居时，我们在人背后，该如在人面前。我们不欺骗自己，同时也不欺骗别人。我们不把自己当工具，同时也不把别人当工具。循此渐进，便到人我合一的境界。这样的人，别人会说他是一位诚实人。

《农圃道新校舍奠基典礼讲词摘要》（1956 年 1 月 17 日）

我们的教育理想，不仅在指导学生如何读书、求知识，同时也注重指导学生如何做人。好让他们懂得如何凭藉他们的智识，来为社会服务，我们希望指导学生，做人更重于读书，事业更重于职业。

《告本届毕业同学》（1957 年 7 月）

一个学校若能栽培出青年们好的品格来，这比能指导青年们有好的学问，更为有成绩。今年诸位从学校毕业，诸位都该想，主要的不是在学校获得了更多的知识，却该是在学校养成了更好的品格。这是一个学校的成败得失所在，也即是诸位投身社会，将来的成败得失所系。

《第六届毕业典礼讲词》（1957 年 7 月 15 日）

有些人在没有谋得职位前，甚么事都愿意干，谋得了，就发怨言，对所处的人事环境都不满意，这种心理要不得。我们不应该计较名誉地位，不应三心两意，我们当努力于当前的事业岗位，带着好像初进大学第一天的那种活泼、热诚、兴奋、鼓舞的心情，就会觉得干什么事都有意义了。

……所谓上进，并不指求天天有更高的职位与名利，而是不断的完成充实自我。不要老批评别人不好，当反省自己的缺点。求学与做事，齐头并进，人人都易上进，这社会就好了。我们当知，社会不好，责任在我，那么社会自然上轨道了。

……我们当抱赤子之心，以迎接一切。我们不要以为社会是黑暗的。而我们应该用眼睛照亮这社会。光明是从我们每一个人的眼中发出去的。

《天才技艺大会开幕词摘要》（1957 年 11 月 30 日）

……人生不是单调的、呆板的，而应是新鲜的、活泼的。不但当富有教育意义，亦当富有人生情味。

《第七届毕业典礼讲词》（1958 年 7 月 15 日）

……新亚办学的宗旨是要各位"学做人"，而且是"学做一个中国人"。各位求智识，求一种专门的智识。各位求职业，事先亦必选择自己所喜好、所适合的职业。各位做人，在今日世界尚未达到大同以前，我们当做一个像样的中国人。我们过去的失败，并不在体力上、知识上、智慧上比外国人差，而是不知道怎样做一个当前理想的中国人。

《告本届新同学》（1958 年 9 月）

……民族的前途，即是诸位的前途；民族的命运，即是诸位的命运。……

诸位当善尽各自的时代使命，诸位首先当懂得，该为民族而献身。诸位目前所寻求的知识，将来所担任的职务，应该系于此一大使命之下，而始有其意义与价值的。诸位！莫为你个人的自私，莫为你当前的短视，而忽略了这一大使命。

……

远的从近处做起，大的从小处做起。群众的、团体的由各自个人做起。困难的、复杂的从简易处做起。只要具此志愿，立定此方向，一人人，一步步，一念念，一事事，朝着此方向而努力。积微可以成著，众志可以成城。微茫之尘，可以堆成泰岳，涓滴之水，可以汇为沧海。基础只建筑在各自心上立刻之一念，工程只开始在各自脚下当前之一步。诸位！努力吧！

《国庆与校庆》（1958 年 10 月 10 日）

国运隆替，必将影响到社会各阶层、各项事业之兴衰成败。但社会各阶层、各项事业，亦必然会影响到国运，这是绝无可疑的。尤其是学术思想集团，文化教育事业，其可能发生之影响，更为宏深，可说是无微不至，无远弗届。

《知识、技能与理想人格之完成》（1959 年 3 月 2 日）

……当知任何事，总有难，一步难关过了，便有另一步难关当前。我们不该因于经历了前一难关而自满自足，正该面对着后一难关而再加警惕。

《家庭母爱与孝道》（1959年5月）

中国社会，在全世界人类所组成之各色社会中，绵延最久，展扩最广。亦只有中国社会，一向最看重家庭，人人懂得把处家之道来处世。在中国社会里，那一番人与人相互间各自应有之善意最真挚、最洋溢。亦只有在中国社会里，道德心情，流露得最深厚，最自然。以此中国社会才能长久存在，广大散布。

《通情达理 敬业乐群》（1959年6月1日）

……在今日之世界中，若不通外文，这是苦痛的，不方便的。若在中国人的社会中而不通中文，这将是一种奇耻大辱。所以希望我们全体同学，要努力在此两课上注意。

《珍重我们的教育宗旨》（1959年10月9日）

我们常认为，若非对中国自己的文化传统有一肯定的价值之认识，中国青年们终难找到他们的人生出路。反过来说，若使这一代的中国青年们，各自找不到他们的人生出路，所谓文化传统便将变成一个历史名词，如一团影子般，会渐淡渐失。

《让我们过过好日子》（1960年除夕）

过日子，第一要懂得道理，不懂道理，是不能过好日子的。第二要根据德性修养，坏良心，坏脾气，也不能过好日子。第三是依于仁，人不能离群独居，不能单独一人过日子，在家有父母兄弟姐妹，出外有同学同事朋友。一个人不能只偏爱己身，应开旷心胸，泛爱众而亲仁，而后才能过好日子。第四是游于艺，过日子要多花样，要多才多艺，使日子过得多彩多姿。

《课程学术化 生活艺术化》（1961年1月20日）

学问正要学要问，听了记着这不是学问，须自己在学、在问、在研究，有了心得，那学问便是自己的。

……

又，同学借书，应该当心爱惜，不应折角、涂污、做记号等。此事不仅保护了书本，亦是养成了看书人自己的德性。而且图书馆藏书常新，亦是鼓励后来同学们读书兴趣一方法。又如同学们借书遗失了，那更是不好。遗失一本书，要照补一本，这须浪费很多馆员的精力与时间。

《关于新亚之评价》（1961年2月22日）

……校歌上说："手空空，无一物。"……校歌此语，诸位须用哲学、文学的眼光与态度去欣赏，这是说我们应始终在创造进取中，不以小成就自满，不沾沾计较物质条件为有无。……因此，校歌"手空空，无一物"之下，接着是"路遥遥，无止境"。……

……将来你们踏进社会，要贡献你们自己的特长，但同时须知，社会是一个大集体，不可能由一人包办。我们只该希望社会上任何人皆有其特长，不应只知自己，抹杀他人。认为自己有了特长，便社会一切事尽可解决，那只是一种狂妄之见。

……

每一同学要立志做一杰出人才，但同时又要做一普通人，大家所有的共同标准，你不该轻视。历史上每一伟大人物，常是从最平常、最普通中间来的，……

《第十届毕业典礼致辞》（1961 年 7 月 15 日）

……本校常教诸同学为学、做人齐头并重，为学方面须能顺应世界时代潮流，须能具备世界现代规模。但做人方面，则须能承受自己的文化传统，发扬自己文化传统精神。我们新亚前途，一面须能有世界性的学术地位，同时须不要忘了，这是一所中国人栽培中国青年的学术园地。这是我们的理想与抱负。

《孔诞与校庆讲词》（1961 年 9 月 28 日）

……当知我们做一个中国人，并不是我们的羞耻，乃是我们的光荣。并不是我们的负担，而是我们的责任。中国文化有其悠久的历史，更有其崇高的价值。将来中国文化对世界人类前途，应有其贡献。我们每一人，应有一份责任心，不仅为国家民族，也是为世界全人类。我们该发扬我们中国的文化传统，……

……我们要远望将来，不能只顾眼前。行百里者半九十，一百里路，跑了前面九十里只算是一半，后面的十里又是一半，这后面的一半才是真长远真艰难的，需要我们不断奋斗。但我们千万不要忘了开始时的精神。……

《学问与德性》（1962 年 1 月 12 日）

诸位又应知，为学、做人，乃是一事之两面。若做人条件不够，则彼所做之学问，仍不能到达一种最高境界。但另一面言，训练他做学问，也即是训练他做人。如虚心、肯负责、有恒、能淡于功利、能服善、能忘我、能有孤往精神、能有极深之自信等，此等皆属人之德性。具备此种德性，方能做一理想人，方能做出理想的学问。真做学问，则必知同时须训练此种种德性，若忽略了此一面，便不能真到达那一面。

《回顾与前瞻》（1962 年 6 月 13 日）

……我劝诸位，不要太重视虚名与外在条件。个人与团体之成功与失败，全须在实际上用心。要能脚踏实地，要能货真价实。……

《读书与做人》（1962 年 12 月 2 日）

……如果我们读书也如打麻雀、看电影般有兴趣，有习惯，在任何环境任何情况下都可读书。这样，便有高的享受，有好的娱乐，岂非人生一大佳事！读书只要有恒心，自能培养出兴趣，自能养成为习惯，从此可以提高人生境界。这是任何数量的金钱所买不到的。

《月会讲词》（1963 年 6 月 19 日）

生命愈奋斗，将愈见有价值。无奋斗的生命，终将枯萎而死。

《秋季开学典礼讲词》（1963 年 9 月 9 日）

此人若真有精神，饥寒交迫中，固可有精神，温饱了一样可有精神。而且他的精神，只该更好，不该转坏。

《事业与职业》（1964 年 2 月 21 日）

……专知有职业，其实是人生一痛苦，必待有事业，才是快乐的人生。

《校友日讲词》（1965 年 4 月 1 日）

……我们能素富贵，行乎富贵。素贫贱，行乎贫贱。素患难，行乎患难。素夷狄，行乎夷狄。要能无入而不自得，才算是一君子，这才是人生的理想境界。

飓风过后

1990年8月30日，气象台已发布了台风紧急警报，只是风还没有到。因列席苏州市人大常委会，我一整天都在友谊宾馆。中午休息的时候给父亲写信，表达自己对父亲的思念和对他健康的关切，信中还转达了无锡市政协文史办拟将《八十忆双亲》摘要发表，并拟请父亲写序的意思。

六点四十分回到家里。为国正在做饭，准备炒个青菜。见我回家，他一如往常平静地说："中午易姐来了个电话。""怎么说？""说父亲去世了，上午九点十分。还要你去告诉二哥，商量一下先发个唁电去台北。"近年为国身体很差，长年服药，根据医嘱，我支持他勉力地坚持着学校的工作，医生认为这样更有利于他的健康，期望他日益敏锐起来，思考和应变能力逐步由弱转强。真不知道他听到岳父去世的消息之后这半天是怎么过的，但无论如何，他的沉稳护卫了我，使我免受太猛烈的打击。当然，菜是不能再炒了，匆匆吃过饭，我们就去石路二哥家。我一向景慕我的二哥，他的人格修养和文字功夫都是我远不及的。唁电主要由二哥草拟："父亲病中不能侍奉，寿终又不在左右，实属不孝，盼节哀保重。子女行辉及全家。"发完电报回家已近午夜，又去老王家。

老王负责吴县人民政府台湾事务办公室，自1979年《告台湾同胞书》发表之后，我就同他有了接触，进而成了朋友。因为他作风平实，相识头几年，我们一直称他老王，也不知道他的具体职务，后来知道了，也还是老王老王地叫。在得到父亲去世的噩耗之后，我向组织报告，首先就告诉他。他的第一反应是：你要去台北奔丧！他希望我有个肯定的回答。但我深知，一切有待现实来决定。继母的想法我不清楚，台湾当局的想法我不清楚，就连国家现行政策我也不清楚，表达自己的愿望又有什么用呢？

父亲是五个孩子的父亲，却数十年没有儿孙绕膝的天伦之乐，而今后也永不会再有；作为女儿，我已是两个孩子的母亲，数十年间期盼呼喊父亲而不可得，而今后则永远不可得。凄楚之外唯有窗外风声。

飓风带来暴雨。31日午后，我约了二哥同去苏州市人民政府台湾事务办公室，小车在风雨中急驰，雨刷器摇摆不停。雨水顺着窗玻璃往下流，窗外的景物模糊不清，路边梧桐随风摇曳，悲哀而绝望，那被打落的叶子，沾在车窗上，横七竖八，令人心痛。路上几无行人，满目苍凉。苏州市台办多年以来与我们兄妹有经常的联系，1980年和1984年我们去香港会亲，都曾经得到过台办的具体指导和帮助。每逢中秋和春节，我们都会被邀请出席节日活动，台办的同志也要提了水果、糖果之类礼品到我们的家里慰问。我们常常为此很不安，多次推辞，却仍然不得不一次次地接受着这种慰问。今天，主任们都在，王主任见我们从楼梯上来，立刻迎出来，相互招呼之后就说："我们已经知道了，也研究过了，一切有小沈同志跟你们联系。"说罢，他转身进了屋，几位副主任也都没有出来。其实，我们并没有什么具体的事情要麻烦，只是想通个气，听听组织上有什么意见或忠告。沈科长从办公室迎了出来，于是在走廊站着寒暄了几句，总共逗留了不到十分钟就回到风雨中。

为纪念父亲，我想把心中哀思付与文字，又有消息传来，说台北《联合报》将以专版登载纪念父亲的文章，我们都可以写了文章寄去。夜里，独自伏案端坐，有万千思绪汹涌而来，却不知如何才能理出一个头来。我出世的时候，父亲就已经去了大后方，待同父亲第一次见面，我已经是八九岁的小学生了。我不知道和父亲在一起生活的日子有多少，有一百天吗？父亲曾经抱着我照过一张相，那是我读小学的时候一次参加演讲比赛得了奖之后照的。这也许是父亲留在我记忆中最生动、最令人快活的一幕，除此之外，那就只是一个影子。更确切地说，是一块巨大的阴影，落在我的生活中，以至在生活本该最灿烂的日子里，我的青春也黯然失色。父亲以九十六岁高寿告别人世，然而，我们父女之间竟互不相知，亲情无所寄托。数十年沉积于心的百般无奈、悲哀、孤寂和痛苦，全都随着眼泪涌流不止。父亲已离我而去，一切无可挽回，不能弥补，生活不能也无须重新演进一番。熄灭了桌上的灯，窗外晨光熹微。我对父亲的了解实在太少了，我没有在父亲身边生活，也从来没有好好读过父亲的书，也就无从了解父亲。我接受了"可以教育好的子女"这个身份，在

"出身不好"和"追求进步"之间求出路，在渴望父爱和"划清界限"的矛盾中挣扎。艰难的岁月刚刚过去，还没有来得及，还没有做一切，不，应该说还没有做一点，一点也没有做，父亲就走了。父亲匆匆地走了，走了，永远地走了。多么想再见父亲慈祥的脸，多么想把几十年的亲情、几十年积聚的爱去温暖父亲的心。去台北！去不去台北？能不能去台北？在痛悼父亲仙逝的同时即成了问题，也成了人们关注的热点。继母来电话说，台湾当局的政策是：共产党员不能去，政协委员不能去，人大代表也不能去。易姐来电话说，请示上级领导之后得到的指示是：为父奔丧人之常情，是恪尽孝道，是光明正大的事，故个人身份均不必隐瞒。当然，我们也不愿意隐瞒什么。但是，这就意味着我们兄妹谁也去不了台北。因为，二哥是苏州市政协委员，三哥是共产党员，姐姐是全国人大代表和北京市政协委员，而我也是共产党员和人大代表。当时，已有一些类似情形的大陆奔丧者滞留香港，进退两难。所以，继母与我们儿女商量后决定，不能让这家庭的丧事变成两岸的政治话题，就由孙辈中大哥的长子松和三哥的长子军申请去台。我们兄妹四个则确定去香港出席由新亚书院举办的追悼会。新亚书院是父亲创办并服务了十五年的地方，新亚的老师、同学和校友不可能全去台湾吊唁，故新亚书院、新亚研究院、新亚校友会决定于9月30日在香港开一个追悼会，邀请我们参加。

9月1日，我还是去列席了苏州市人大常委会，会议审议中小学德育工作。许多委员已见了报纸，会前会后悄悄地向我致意，但也有许多朋友尚未留意到关于父亲在台去世的这则消息，他们只见我这两天出出进进，没有专心在会议上，而不知其中原因。念及父亲从小学、中学，到大学，教了一辈子书，以中国传统文化和道德精神教书育人，我在会上做了一个发言，谈到中小学德育工作的任务、内容、途径、方法和德育在学校中举足轻重的地位。这次发言特别酣畅，与会者无不动容，后来应市人大常委会办公室之约整理成文，发表在市人大简讯上，成了一个永久的纪念。过了星期天，9月3日一上班，我所在的吴县人大常委会主任就来我办公室表示慰问，并主动给我假期，以"料理丧事"。我谢了他，又说暂时没有请假的必要，只是有些事需要我来联络，或许会分一些心。他又安慰说："有事尽管去做，有困难人大机关帮你解决。"这样，在随后的日子里，我照常工作着。10日，教师节大会，11日，县计量工作会议，12日，县计划生育会议，我都出席了，还讲了话。但当时我被悲痛占据，事后竟一点不记得当时都说了些什么。过去了好几年后，1995年春天，有一位老教师对我说："在那次教师节大会上，你讲得真好。"看我不解的神情，他又说："'我们不是泥人，就不怕雨淋；我们不是沙人，就不怕风吹；我们也不是糖人，就不怕太阳晒。'这几句话我始终记着，并经常这样教育学生。"哦，这些话其实并非我的创造，这是父亲读小学的时候，他的老师说过的，而后被他牢牢记住又写进了书里。父亲认为将教学生知识和教学生做人二者相比较，后者是更重要的。我记起来，1990年教师节，我在讲话中发挥的正是这个观点。我又记起来，关于中小学德育问题的文章发表的时候，编辑曾把我文章的结尾遗漏了半句，以至一句话就不完整，一个观点就不鲜明，我曾为此生过闷气。现在应该把我引用过的父亲的那段话重新完整地重复一遍，以还其本来面目："我们的教育理想，不仅在指导学生如何读书求知识，同时也注重指导学生如何做人。好让他们懂得如何凭借他们的知识，来为社会服务。我们希望指导学生，做人更重于读书，事业更重于职业。"就在这个九月，我曾在许多不能入眠的夜晚，许多思绪绵绵的时刻，埋头阅读《新亚遗铎》，对父亲在新亚的一段生活，对父亲的教育思想、父亲的爱国热情都有了一点了解。

我每天上班，处理各种事，参加各种会。同志们来看我，亲切地、诚挚地安慰我，帮助我。文联周尉岷、摄影协会汪朝俊帮我去扩印了父亲的遗像。这是父亲在1986年拍摄的，我们手头保存得最好的一张照片。父亲的眉毛是白的，头发却是黑的，每一条皱纹都漾着笑意，显得容光焕发，亲切而慈祥。这是一张彩照，在白色纸框青灰色纸衬之上，镶嵌在银白金属相框内，既庄严肃穆，又极其生动。我们人大常委会办公室的同志们都为我的事出了许多力，费了许多心。打电话（国内长途），发传真，复印材料，办护照，买车票，种种大小事情，一一顺利进行。当时我和易姐家里，成了信息中转站，台北继母那里的情况先告诉易，由她转告三哥和在京各孙辈，告我，再由我转告二哥，由我将纪念文章或其他信息电传台北继母。还有侄女婉约在武汉，也须联系。当时二哥家还没有电话，北京来了消息，须由我到二哥家去传达。记得在决定是否去台或者去港的那一天，9月6日，为及时传递消息，我于上午十时、傍晚五时和晚九时三次去了二哥家，给机关里的驾驶员添了好多麻烦。来办公室看望我的，来电话问候的，写信安慰的，来电报的，几乎每天都有。比如彭隆望，他的父亲曾是国民党西北军的将领，1949 年携夫人和两个小孩子去了台湾，老彭和他的大弟留在了大陆，经历坎坷，直到年过半百。他与我同时成为统战对象，又同于 1984 年进了县级领导班子，只是我到了人大，他则进了政协当了副主席。我父亲去世，他的感触是比别人多一层的。比如顾关成，县教研室小学语文教研员，当我在县教师进修学校教小学语文教材教法的时候，与他曾经有过很好的合作，自我进了机关，我们见面的机会少多了，而这次，他特地来办公室看我。又比如，我收到一封信，是我的一个小学同学於宜年写的。他看了报载的消息，就提笔写了这封表示慰问的信。他和我在 1948 年读小学四年级的时候是同学，从那以后，岁月像流水一般已经过去了整整四十一年，四十一年间我们没有任何联系，没有关于彼此的任何消息，在我最悲痛的时候，他来了。人们以友爱和同情给我温暖和力量，帮我度过最艰难的日子。无锡县政协来电话表示慰问，是在 9 月 1 日，除了我工作的吴县人大常委会，代表一级组织通过我对父亲的去世表示深切哀悼的，这是唯一一个。我始终期待着省、市台办的老朋友有谁会来，或者哪怕打个电话来，我期望同他们谈谈，但是这种期待没有结果。倒是在 9 月 24 日等来了市委对台办的电话，说是《金陵之声》的记者将于 26 日来采访，要我配合。26 日是台北开吊公祭之日，经过反复沟通，我们兄妹最后均未能获准去台北见父亲最后一面，悲痛之中又添万分无奈，哀思无以寄托，眼前和心头只是茫茫大海。我早在前一天向单位请假，拟静静地在父亲遗像前读一天书，以示纪念。不料一大早，王主任就为记者采访的事又来电话。碍于情面，我勉强答应了他，但我对王主任说："记者采访为什么要选择这一天，实在不懂人事，不通人情，要知道这并非如体育比赛获得金牌，须抢到那五星红旗冉冉升起的一刻。如果我在公祭现场，难道他还要现场采访不成？"后来记者来了，是个青年，名汪亚非，态度尚属诚恳，很努力的样子。他坐了公共汽车，跑了许多路，问了许多人，才找到我家。他对父亲了解极少，大致只知道此人"有名"，因而带着对名人的仰慕。

汪记者来的时候，我正坐在客厅里。客厅东墙上挂着父亲的遗像，下面小桌上，搁着一瓶绢花，几盆长青的草。父亲遗像左右，贴着为国敬献的挽联，小梅写的诗。我常在这里，给花浇浇水，给桌子擦擦灰，站站，看看，想想，或者坐在桌边读书，或者什么也不做，只在心里咀嚼生活的滋味。父亲的去世，在汪亚非这样的青年看来，这是"一个名人的逝去"，而我只是感到我失去了父亲，父亲也失去了我。我再没有一个机会使父亲得到安慰和欢乐，他本来应该可以为他的孩子们骄傲，可是，父亲已经永远永远失去了这种骄傲和由此带来的幸福，他已经失去了一切。一想到这生与死的阻隔，这非人力可以克服的难题，这使人永远遗憾、永远痛惜、永远无法弥补的失落，我的心中充满无奈，充满悲伤，止不住的泪湿润了我的眼睛。汪记者还去采访了二哥，但是，他究竟对外报道了什么，我们至今都不清楚。所幸汪记者能够理解我们的心情，逗留的时间不长。这一天，我在小桌前读书，几乎没有动窝，《新亚遗铎》传出父亲的声音："中国文化有其五千年的悠长传统，必有其内在可宝贵之价值。我们该使中国青年，懂得了解此传统之内在价值而能继续加以发扬与光大。"想起影响了我一生的那句话，我为父亲、为我自己觉得委屈，但更多的是为我的父亲骄傲，为我有这样一个父亲骄傲。

在经过了许多周折之后，经过许多人的努力之后（这包括从中央到地方各级组织的关怀），我们的赴港手续终于办妥。记得那是 9 月 22 日，从南京省公安厅回来时，是下午三点多钟，正值亚运会开幕式由电视直况转播，人们全围到电视机前去了。在这平日难得的一片宁静中，二十多天的悲伤、焦虑、身体的疲惫，一下子得到了体贴和安抚，心境平和之中，那空无一人的人民路，深深印入脑海，至今清晰不忘。

爸爸，我来了！您的女儿要看您来了！

香港之行

9 月 27 日午，易从杭州上车。行在硬卧车厢，我在硬座车厢，而易却在软卧车厢。本想坐火车可以从从容容谈话，不料竟是这样的情形。所幸不久即在软卧车厢发现有空铺，补了票，我才同易坐到了一起。28 日六点三十到达广州，三哥已早一天到达，他来接站，并带我们至车站附近的流花宾馆招待所。招待所很拥挤，服务员仔细读了四张身份证上的姓名、出身年月等内容，终于恍然大悟地说："哦，原来你们是四个老姐妹，两个从北京来，两个从苏州来。"她说招待所仅剩一间客房，你们将就住吧。我们接受了她出人预料的特殊安排。

晚上，湿衣服挂在贯穿屋子南北的绳子上，电扇在头顶上呼呼地转，我们四兄妹在一起商量起草追悼会上的答谢词。我们兄妹共五人，在过了童年之后几乎没有相聚的机会，唯一的一次是1978 年妈妈去世之后。1984 年到香港庆祝父亲九十大寿时，大哥已不在人世了。记得当时大家很有兴趣地说到"米寿"（八十八岁）、"白寿"（九十九岁），相约以后再为父亲祝贺"白寿"。不料父亲终未能成为百岁老人；这次兄妹相聚再去香港，将再不能见到父亲，再不能叫一声"爸爸"了。母亲和父亲的去世，造成了兄妹团聚的机会，悲伤冲淡了重逢的喜悦，重逢的喜悦或者也冲淡了些许悲伤。要四兄妹合写一份谢词，实在不是容易事，尽管哥哥姐姐都聪颖善文辞，但在讨论中往往会有许多引起议论的话题，像枝叶茂密的大树，分权、分权再分权，引你离开主题迷了路，久久回不来。最后确定由逊写了个草稿，行做了一点修改，易和我看了都说好。把稿子誊清，已过半夜。

这次去港，在我已是第三次。第一次，1980年，在海关滞留了几乎一整天。一大早从广州出发，到达九龙红磡车站已是华灯初上。想不到，父亲同继母在车站接我们，八十多岁的老父亲，在车站的人流里，翘首以待，盼望他的孩子们早早来到。1984年那一次，大约是下午三四点钟到了新亚书院。这一次，因新亚的朋友们早早地跟海关主管打了招呼，过关验证之类的手续出奇地快，到达红磡车站附近的伯乐酒店，还只是中午十一点刚过。伯乐酒店我们不陌生，1980年曾住过一星期，但如今经过装修，前厅显得宽敞且富丽堂皇。此刻，旅客也不少，站的坐的都有。我们注意到人群中并没有挎着包、拿着笔和本子、脖子上挂着照相机的记者模样的人，就选沿街落地玻璃窗前的沙发坐下，四兄妹悄悄地交换几句话，心照不宣地决定静候继母的到来。不料几分钟后就有大堂服务员来问我们是不是钱氏兄妹，说是台北的客人还没到，而房间早已预定，我们可以进房休息。于是我们被领进客房，但是我们不敢出去吃饭，不敢打电话，为的是怕记者。继母早就千万次嘱咐：尽可能不去招惹记者注意！她已被台北的记者搞得头痛至极。客房里由饭店总经理赠送的两篮水果，被我们充作午餐，直到下午四点钟，继母和侄儿钱松、钱军才到达。

晚上，伟长夫妇过来（他们到香港后由新华社接待，当了周南的客人），对四婶母表示慰问。继母将父亲去世前后的情形告诉我们，并表达了父亲归葬故里的遗愿。伟长当即说他会与无锡联系，以便四叔归葬故里。而我也表示，吴县有十多个乡镇在太湖边上，有许多有山有水的地方可供选择，我将为实现父亲的遗愿尽我的全力。伟长夫妇离开以后，我们仍然继续着这个话题。当时，继母说伟长的地位太高，最好不要惊动他。她希望父亲的身后事在大陆能悄悄进行。于是，我明白，主要的责任将不容置疑地落在我的身上。关于外界许多人关心的遗产继承之类的事，我们并未谈到。四兄妹只是听着继母的叙述，一切尊重她的意见，根据她的安排去做，安慰她，并劝她保重自己的健康，不要过于悲伤。事实上，关于父亲的遗产，台北报界也做过一些文章，说只有帽子手杖之类。但是，我们兄妹无须事先沟通地采取了一致对这类事漠不关心、不闻不问的态度。

继母对我们的关心是无微不至的，从各人的事业家庭，到在港出席重大活动时的穿着，她都一一过问并加以指导。这次也同样审视了各人出席追悼会的服装，在她的指示下，钱松特意一早上街去买了黑色领带。

1990年9月30日下午三时整，新亚书院、新亚书院校友会、新亚书院研究所联合举办的追悼会在中文大学邵逸夫堂举行。父亲创办并为之服务了十五年的新亚书院，从"手空空，无一物"，几个内地知识分子收了几个从内地去港的学生，租用几

间民房，白天作教室、夜里当宿舍开始，用"艰险我奋进"的精
神，培养了一批一批青年，逐步发展壮大，现在是香港中文大学
的一个重要组成单位。父亲离开新亚之后，继任的院长金耀基先
生以敬重父辈的心情敬重他，曾经为我们沟通联系，费心费力。
粉碎"四人帮"不久，金先生即把父亲健在的消息辗转传达给我
大哥，并以新亚书院院长室的名义为我们两岸传书，使父子亲情
沟通。1980 年，可以说还是"乍暖还寒"的年代，我们拙、行、
逊、辉四兄妹就获与父亲在香港会面的机会（第二年，伟长哥和
易姐又去了），其间就有金先生的大功劳。现在，金先生已任中
文大学副校长，而继任新亚院长的是林聪标先生。当天的邵逸夫
堂布置得庄严肃穆。父亲的巨幅遗像高挂着，占了整整一方墙，
叫人一踏进礼堂就可以十分清晰地看到。其实，除了看见父亲，
看见他慈祥的脸，我几乎什么也没有看到，不，也许，我还是看

▲ 5-7 1990 年，新亚为父亲举办追悼会
　　右起：继母、二哥钱行、三哥钱逊、姐姐钱易、我等

到了，我看见黑色的丧服，白色的小花，看见花圈和挽幛，看见怀念和悲伤。

追悼会上，中文大学校长高锟教授致悼词，副校长金耀基教授讲述父亲生平，新亚书院院长林聪标教授、新亚教育文化会代表许涛先生、新亚书院校友会主席李金钟先生、香港大学校长王赓武教授先后致悼词。会上还唱了新亚校歌。

山岩岩，海深深，地博厚，天高明，人之尊，心之灵。广大出胸襟，悠久见生成。珍重珍重，这是我新亚精神。

白了头的老学生唱，黑发的小青年唱。

十万里上下四方，俯仰锦绣，五千载今来古往，一片光明。五万万神明子孙，东海西海南海北海有圣人。珍重珍重，这是我新亚精神。

歌声深沉，渐见激越。

手空空，无一物，路遥遥，无止境。乱离中，流浪里，饿我体肤劳我精。艰险我奋进，困乏我多情，千斤担子两肩挑，趁青春，结队向前行。珍重珍重，这是我新亚精神。

新亞校歌

山巖巖，海深深，地博厚，天高明，人之尊，心之靈。

廣大出胸襟，悠久見生成。

珍重珍重，這是我新亞精神。（右之一）

十萬里上下四方，俯仰錦繡。

五千載今來古往，一片光明。

十億萬神明子孫。

東海西海南海北海有聖人。

珍重珍重，這是我新亞精神。（右之二）

手空空，無一物，路遙遙，無止境。

亂離中，流浪裡，餓我體膚勞我精。

艱險我奮進，困乏我多情。

千斤擔子兩肩挑，趁青春，結隊向前行。

珍重珍重，這是我新亞精神。

▲ 5-8 父亲手迹：新亚校歌

　　大厅里响着一个声音，这是新亚学子们高唱校歌的声音，这是父亲的声音。我悲痛，我竟从没有机会亲近父亲，聆听父亲的教诲，然而，这歌声又有如父亲的教导、父亲的鼓励、父亲的期望，给了我巨大的力量。他就是这样爱我祖国、爱我人民的，他就是这样以博大的胸襟、以坚强的毅力面对生活的，他就是这样不怕困难、不怕艰险奋斗了一生的。他这样做了，他一定希望我们也这样做。在歌声里，我听到了父亲的声音，我见到了父亲的笑容，我得到了父亲精神的感召。当然，我不可避免地想到母亲，想到大哥，想到他们艰难、坚强的人生，想到我们兄妹在童年、少年、青年时期经历的一切。

追悼会刚一结束，人们刚在椅子上站起来的时候，记者们一个个抢上前来。两个妇女也走过来，拉住我们姐妹的手，其中比较年轻的一个急切地自我介绍说："我是月珍，我是月珍。"新亚的朋友们生怕我们被记者缠住，拦开上前拍照的记者，也拦住了月珍她们，他们一直把我们护送到礼堂外，送上了车。没有说上几句话，没有表示我们的感激和谢意，这是至今还令我不安的。原来，新亚书院早年的校董刘汉栋先生（今为新亚教育文化会主席）是苏州耦园主人刘国钧先生的胞弟，所以，这次追悼会，刘家也有人来参加。当年，我们兄妹五人跟着妈妈住在耦园时，同刘家曾是好邻居，两家大人相互间都给对方以照顾，两家孩子也常在一起玩耍。我内心有一种感觉，月珍她们来，除了表示对父亲去世的哀悼之外，一定也想同我们谈谈，了解我们分别三十年来大家的情况，了解妈妈的情况。虽然父亲离开我们几十年，但他是我们的父亲，他永远和我们的妈妈有联系。1978 年，妈妈去世了，如今，父亲又去世了。然而，月珍她们的出现，把妈妈又一次带到这里，带到我心里，像飓风，像暴雨，震撼我心。心里有一个声音在喊："朋友，你知道我的妈妈吗？"

会后，因为钱军是初次来港，许涛先生和梁少光先生（新亚书院院长室秘书）特意陪同我们绕道去看了和风台父亲的旧居和农圃道新亚中学。晚上，继母和我们又谈话到深夜。第二天早上九点，继母和我们就在旅馆门前告别，各自踏上归途。在此之前，唐端正先生、李金钟先生到旅馆来告别，又送来一些《八十忆双亲》，说是可以分赠友人。

此次去港，曾经十分担心受到记者的注目，所幸新亚的朋友们精心组织安排，而香港的记者们也极能善解人意，拍了几个镜头就去写报道发新闻，没有使我们感到有什么为难。于是，我们沿京广线踏上归途时，有如释重负之感。钱松到广州即到了家，行、逊、易、我和军五人分别在两个车厢里，读着这一个月来积累起来的许多台湾剪报。说"许多"真不过分，报纸有好几种，《联合报》《中国时报》《中华日报》《台湾日报》等。每一种报纸都有丰富的内容，除了报道父亲去世、公祭的消息，也有父亲骨灰拟归葬大陆和大陆家属能否来台、不声明脱离共产党组织不能来台等消息。《联合报》9月26日发表了继母和我们兄妹的悼念文章。《联合报》也发表了许多素书楼弟子们的悼念文章，这些文章大都回忆了他们向先生请教学问，与先生朝夕相处的情境，重现了先生的音容笑貌，重现了先生的品格和胸怀。我们读着，在悲痛中得到了亲切的抚慰，感到父亲的形象格外生动起来。安慰之中又有不可磨灭的酸楚，充塞胸中，不可排遣。谁能想象，要认识自己的父亲，竟不能在他的生前，而要到他的死后，竟不能直接地通过朝夕相处，共同生活，在谈话和微笑之中，在举手投足之间，而只是通过间接的，在读书，在和父亲的朋友、学生谈话之中，在各种文字之中。生活对我们开了一个大玩笑！永远永远地无法弥补，永远永远地无法忘却，永远永远地不可能再拥有，永远永远地不可能再回头。父亲已经永远永远离开了我们！兄妹们偶尔走到一个车厢里去时，意外地被香港四海通讯社洪家森先生识破了身份，他十分友好地表示了对父亲的尊敬，对我们的理解，在武昌站，我和二哥下车时，在他恳请之下，我们一起摄影留念。

正如无心在港逗留一样，也无心在武汉久留，虽然婉约、余光夫妇竭力挽留，我们还是于 5 日乘江汉轮顺水东去，在宁给青儿发了一张明信片即转车回苏，6 日晚九时回到家中。10 月 8 日星期一，一上班即接到一位老朋友的慰问电话。一切似乎都过去了，又好像都没有过去，好像又有新的一页打开了。

父亲的塑像

在西山家里，有一尊父亲的塑像，安放在小书房里。凡是去家里见了的，都要问到这塑像的来历，都在这里看了又看，谁都觉得塑像很传神、逼真、生动。

继母第一次来大陆寻找墓地的时候，曾经在无锡的领导陪同下去梅村泰伯庙参观。泰伯庙曾经是无锡县立第四高等小学所在地，父亲当年在这里教过书，前后有五年。第一年同时兼着鸿模和县四高小的课，从第二年起，连续四年专在县四高小任教。据说，泰伯庙西边厢房的第一间，就是当年父亲的办公室兼卧室（现在这里做了泰伯庙管理人员的办公室）。正在参观的时候，来了几个人，他们自我介绍说是吴文化公园的。来人十分诚恳地说吴文化公园有一个"名人馆"，陈列无锡县名人的塑像，并配以一定的文字介绍。他们早就想为钱先生塑像，只是没有可以参考的资料。昨天，他们听说夫人要来，就急忙赶塑了一个像，今天特地从堰桥赶来，请夫人看看，对塑像提出修改意见。掀开红绸子，只见这一个像大约六寸高，比一只笔筒高不了多少，脸部没有什么特征，说不上这究竟是谁。继母问到他们塑像的依据，回答说，手头只有一本《八十忆双亲 师友杂忆》，是照这本书的封底上一张一寸大的照片塑的。难怪了，这样怎么能塑得好呢？继母很认真地说，艺术家塑像要看好多资料，单照片就要有正面的、侧面的、各个角度拍摄的、各种光线下拍摄的，最好还要跟本人或者跟熟悉他的人谈话，在塑像的过程中经常听取他们的意见，只有充分准备了，充分得到熟人、朋友的帮助，才可能把像塑好。吴文化公园的朋友们连连点头称是，表示这次太匆忙，没有做好，一定要把钱先生的像塑好。继母很感动，家乡人民会这么热情，会为父亲塑像，这是她完全没有想到的。

吴文化公园是无锡堰桥镇新办的农民公园。在改革开放的年代，农民的生活改变了，除了吃饭穿衣，开始要求休闲和文化。堰桥镇党委于是决定把一座荒山建设成公园。负责这个工程的是一位退休老教师高老师。高老师过去受不白之冤，风华正茂的时候不能发挥自己的才华，到了该退休的年龄却遇到了好时代。承建公园的工作尽管有千百种困难，他还是乐呵呵地不知疲倦地努力工作，在极短的时间里他就把荒山的面貌改变了。吴文化公园建起来，向游客展示"吴"地悠久的历史文化：泰伯把黄河文化带到江南，人民怎样种桑养蚕，怎样耕种田地，怎样读书赶考，吴地人民住什么样的房子，坐什么样的车，穿什么样的衣服，家里怎样布置，嫁娶的习俗怎样，等等。其中"无锡名人馆"里陈列着许多名人的像，有荣德生，也有阿炳，有身居高位的"官"，有创办实业的"民"，有科学家，有普通百姓，有几百年前的，也有当代的，由此可见，无锡真是一个人文荟萃的好地方。听了高老师的介绍，我们似乎看到了这个公园，它的每一个角落，陈列的每一件展品，在弘扬吴文化的同时，也都会告诉我们，吴文化公园的创办者们用多么大的热情在做着这件事。知道了他们所做的如此大量的、有意义的工作，我们不能不感动。我们也觉得应该在赞扬的同时做一些实际的事，做一些对他们有帮助的事，以表达对高老师他们的事业的支持，表达对他们工作精神的敬佩。当高老师要求继母在他们给父亲塑像的工作中给予帮助时，继母欣然同意。高老师还说，有一次他们专程去北京，是为给某人塑像而去，想不到，连一张照片都没有拿到，想不到，他们的工作这么不被理解。继母听了，为自己可以给他们一些具体的帮助而感到高兴。1991年4月，她来大陆，在吴县完成征地的手续后即去无锡，在无锡县政协蒋承倩副主席陪同下去了堰桥。她认真参观了吴文化公园，热情赞扬了他们工作的意义，感佩之情溢于言表。继母这次专程送去许多照片，黑白的，有好几张放得很大，比16开纸还大一些。我见了，心里还暗暗羡慕，因为有好几张我也还是第一次看见呢！这次去堰桥，同行的还有无锡县政协段秘书长、吴秘书长以及政协文史办的张有年主任，第二天就在政协商谈了出纪念文集的事。

　　几个月时间很快就过去了，塑像的事尚未有实际的进展。在此同时，台湾为素书楼纪念图书馆塑了一个父亲的塑像。这是由台湾大学一位艺术系的老师塑的，父亲的学生辛意云、戴景贤，父亲的秘书邵世光小姐等人都多次去看、去参与意见。当然，继母也参加了讨论，甚至还亲手去改动脸部某些部分，使他更具有父亲的特征。从泥塑的初稿，到玻璃钢的塑像，倾注了父亲的学生们、朋友们多少心意，倾注了继母多少情感！这一年9月，继母再次来大陆，到西山亲自看过工人做墓穴，又一次去吴文化公园。这次她带来了台北的塑像，是用玻璃钢铸的半身像，跟真人差不多一般大，配上一副黑色的眼镜，十分传神。继母对高老师说，这比照片要好多了，照片是平面的，塑像是立体的，有了这个塑像做参照，你们要塑，就方便多了。高老师当然很高兴，再三表示感谢，说这是对他们工作的最大支持。高老师问继母对塑像有什么意见，大小、材料、半身还是全身？继母说："这是你们的事，我们作为家属本没有什么想法，只是因为你们要做这件事，觉得有困难，需要我们帮助，我们才提供这些资料的。"谈话间，继母还着重说明了中国传统道德是"自谦"，是"人不知而不愠"，作为子女、亲属怎么可以要求为自家亲人做塑像，要求别人来纪念呢？如果这样做，那是很不得体、惹人发笑的。继母为了让吴文化公园今后归还这个塑像，还将这个塑像说成是"一个初稿"，是"尚未正式完成的"。我们相约，待吴文化公园的塑像完成后，我们就来取回这个像。

　　1992年1月，父亲的灵骨安葬后，为缅怀父亲，寄托哀思，我们曾到苏州、无锡父亲生活过、工作过的地方，如苏州的耦园、无锡鸿声里七房桥、荡口鸿模小学、梅村泰伯庙无锡第四高等小学旧址等一一走访，也去了堰桥吴文化公园。继母是想让台北来的辛先生、邵小姐看看这个农民公园，了解她所赞赏的无锡人。继母常说，无锡人能吃苦耐劳，能办实业，高老师和吴文化公园正好是个例证。当然，不只是两位台北来的朋友很感动，北京来的钱易、婉约她们也被高老师的事业和精神感动。我和继母已是第三次去，每次都能见到公园有新的进展、新的成绩，让我们惊叹。只是塑像似乎没有什么进展。高老师在谈话中，多次宣传他们的公园是在政府基本不投资的情况下建设的，多次宣传他们到处请求赞助的经历，令我们更加佩服他和他的朋友们对吴文化的执着，对工作的热爱，以及面对困难勇于奋斗的精神。

同年6月，无锡县政协文史办编印的《钱穆纪念文集》出版了，寄来一张请柬，说是定于6月9日举行纪念文集首发式暨塑像揭幕仪式。当时我正在苏州市委党校学习，7日是星期天，一天里接到继母两个电话，再三问所要正式展出的塑像，究竟是台北做的那一个，还是吴文化公园自己塑的。她说，如果就是台北做的，那是很不得体的，那要给人耻笑的。于是我开始设法与无锡县的领导取得联系，无奈正是休息日，不知打了多少个电话，要找的人都找不到。星期一，仍然到党校去学习，直到中午才终于同无锡县政协蒋承倩主席、吴文化公园高老师取得了联系，转达了继母的意思。承倩主席十分尊重继母的意见，9日，当我们去到吴文化公园，活动的主题已正式改为一个，纯粹是纪念文集的首发式。我心存感激，觉得是他们帮我解了一道难题，否则我怎么向继母交代呢？我又当面谈了继母的观点以及自己的想法：无锡县出版这本纪念文集，家乡对父亲的认同、尊重、纪念，无疑也是为我们这些做子女的"松了绑"，令我们进一步从压抑中获得解放。对无锡县要做的事，我们只有努力配合，尽可能做好，没有什么要求可提。塑像的事也是一样，吴文化公园有种种具体情况，塑与不塑、用什么材料、大小尺寸、制作日期等问题都应由公园决定，我们没有意见，只是千万不要用台北的那一座展出。高老师对此表示充分的理解。

10月下旬某一天，高老师专程来吴县，只是那几天我正好为了解当年政府工作完成情况，到社会事业各有关单位去开会，先后到了科委、卫生局、计生委、文化局、档案局、广播电视局、体委、建委等单位，这一天按计划到爱卫会，要和爱卫会和环保局座谈，于是，我在爱卫会接待了高老师。高老师送来了塑像，他笑着说"完璧归赵"。高老师为完成了塑像而松了一口气，而我同样也松了一口气，当晚就给继母写信报告这个消息。

冬天来了，继母要在冬至日到西山"过节"祭祖。吴文化公园就约定于12月20日星期天举行父亲的铜像入馆仪式。继母、二哥和我一起去了，仪式简朴中透着庄严，二哥代表家属在会上发言，表示我们的谢意。父亲的像也是半身的，和台北的那座相仿佛，陈列在名人馆，还加了一段说明。父亲在《八十忆双亲》中深情地回忆父母、家乡，现在他回来了，他永远回到了可爱的家乡。家乡人民纪念他，这是父亲的光荣。父亲永远是无锡的儿子，无锡永远是父亲的故乡。

由父亲的塑像，结识了高老师和吴文化公园的朋友们，深为他们的工作精神所感动，继母觉得他们的工作是极有意义的，为了表示这种认同，继母出资两千元人民币，贡献绵薄之力。她很怕别人把钱和塑像联系在一起，不，她这笔不大不小的赞助款，只是同吴文化有关，所以，这事她是放在最后才做的。不知人们能理解吗？不知高老师理解吗？因为后来再没有去过吴文化公园，答案就模糊了。但我想，这已不很重要了；同时，我也想，高老师是会理解的，一定会的。

　　台北的这座塑像，后来被安置在西山家里，在小书房的书桌上。书桌上方墙上，挂着父亲的照片，两边是朱晦翁所书立轴"立修齐志，读圣贤书"的拓片，同台北家里的布置差不多，就像父亲还在这里读书写作，就像父亲还生活在这里一样。

纪念文集的出版

　　无锡，是父亲的故乡；故乡的人民深情地纪念他。父亲去世之后，无锡县台胞台属联谊会、无锡县鸿声乡七房桥小学给台北家里发了唁电，无锡县堰桥吴文化公园为父亲塑了像，无锡县政协文史办还出了一册《钱穆纪念文集》。尽管不能这样靠一一列数来说明家乡人民的情感，但是，一一列数也总能说明一点问题。

　　1990 年 11 月，继母初次来大陆，无锡县的领导们就以最热情、最真挚的家乡情怀接待了她。12 月，无锡县政协就作出决定，要出版纪念文集，要在父亲去世一周年时出版这本书。大致是在作出决定的同时，无锡县政协文史办的同志即设法与我们取得联系。

　　无锡县政协分管文史办工作的副主席是蒋承倩女士。她比我年长几岁，过去是学农的，作风踏实，待人诚恳，谦和而热情，对我很有吸引力，或者因为有相同或基本相同的经历，我们很能有共同的语言。她自始至终关心着这项工作。在我的《效率手册》上，1990年12月23日这一天记着这样一句话："办公室电告，无锡县政协再次来邀。"12月24日记着："去无锡。蒋承倩副主席接待并陪同。谈纪念文集事；去南方泉、军嶂山钱氏墓地，见钱孟清之墓。"25日，记的是："参观吴文化公园（堰桥）。下午4时归。晚上写信：给陆凤娟（无锡县接待办）、蒋承倩。"这些记录，帮助我很生动地回忆起当时的情景。无锡县一再地邀请，本身就令我们感动。可以这么说，父亲从来在我们生活中都是"悄悄地"存在着的，除非是在那个年代，在"革命"风暴中，父亲的名字会被大喊大叫出来，会被粗暴地侮辱，否则都是"悄悄地"存在的。父亲悄悄地留在我们心中，只在独处的时候、在夜晚，我们悄悄地想到他。别人提起他，多半也是悄悄地，在只有少数人在场的时候。就连父亲去世之后，大多数向我表示慰问的同志，也还是悄悄地来到我身边。也许，这只是我的想象，但我确确实实有这样的感觉。我的感觉并没有错，这里有无锡县政协文史办《关于纪念钱穆专辑的出版计划》中一段话为证："他的逝世，新华社发电讯稿，格调较低。国内报刊悼念文章寥寥，反响不大。钱伟长说纪念钱穆，为时过早，似有深层涵义。编辑出版本专辑，难度较大，可能招来一定程度的非议。"正是由于这一点，我在几十年间养成了习惯，从不主动对别人讲父亲，怕别人误解，怕别人受牵连，怕多事。我只把父亲珍藏在心里。在别人，县一级的干部，我周围的同志、朋友、群众，了解父亲的并不多。他们中有的知道父亲曾被毛泽东主席批评过，但也并不知道是在什么场合，或者是在什么书上写着，他们也并不清楚应该对此事处什么态度。他们只模模糊糊知道，因为父亲的关系，我成了重要统战对象。在父亲去世之后，普通朋友立即做出反应，向我表示他们的同情，这或许只出自同志朋友的情谊，但没有红头文件来，没有任何形式的"平反"，那一句话仍然在。无锡县政协要出版文集的决定，在当时确确实实是很大胆的。我和二哥能体会到蒋承倩主席的好意，但是，我们仍然希望无锡县政协对此决定要再次考虑，三思而行。这一次去无锡县，在主人的陪同下第一次去了军嶂山，听主人们介绍钱氏家族的历史，介绍军嶂山的情况，看到十八世祖钱孟清的墓，使我们对家族的历史有了初步的认识。这可以说是十分新鲜的经验。

在此之后，经过多次联系，无锡县政协文史办决心已定，拿出了纪念文集编辑计划。考虑到可能招到非议，提出了一些需要注意的问题。指出"本专辑应高举爱国主义旗帜和坚持实事求是原则"，"要以高度的政治责任感，考虑社会效果，从有利于促进爱国统一战线和祖国统一大业的发展为出发点"，要征集和选编能真实反映父亲生前"弘扬中国传统文化的贡献"和他的"治学精神"的文章，"既不贬损，又不溢美"。我们兄妹有感于他们的真诚，决定尽可能协助之。继母知道了，也尽力配合文史办开展工作。文集的编辑工作进展很快，文史办几个老同志做了大量工作，除了案头的文字工作，他们还去上海、北京，事先开列了专访名单，走访了当年燕京大学、齐鲁大学、清华大学、四川大学、江南大学父亲的学生，父亲在无锡省立第三师范工作时的学生，当年西南联大的同事等，共有十五六人，访问回来又伏案工作。他们的辛勤工作最后形成了这本书。纪念文集内收集了祭文、回忆与怀念文章、父亲的著作选摘、书信选摘、父亲的传略、简谱、著作目录，以及父亲去世后的一部分挽联和唁电。文集有 268 000 字，文章作者三十余人，有老，有少，此外还配有若干照片、题词。这么多的工作，在差不多五个月内，就完成了。张有年先生为首的文史办这些老同志真了不起！他们用心、用力、用感情做着这件事。我内心有说不出的感动。

由于种种原因，这本书于 1992 年 4 月印刷，6 月首发。纪念文集的前言说：

> 先生无愧为一位爱国学者。他以严谨的治学精神，为弘扬祖国优秀传统文化不遗余力，至死不渝。日军侵华，先生与北平各校教授联名通电当局，力主抗战，后随校徙迁西南，执教授课之余，精心著书立说，激励青年抵御外侮，谆谆教导学生认真读书，学会做人，"中国人不要忘掉中国"，不要对民族文化妄自菲薄。近年来，先生在台多次谈话，常以祖国统一为念，倡言统一比分裂好。先生身居异乡，眷念故土之情与日俱增；拳拳爱国之心，溢于言表。

这段文字，是无锡县政协对父亲的评价，是我五十多年来所听到代表"官方"的唯一评价，让我热泪盈眶。记得有一个同事参观韶山毛泽东故居纪念馆之后曾经对我说，他在那里看到了教授们联名要求抗战的电文，里边有父亲的名字，他认为我应该去看一看。他的意思，也是赞扬父亲爱国和有勇气，只是他仅代表了个人，而且是悄悄地对我一个人说。当然，我对他的关心非常感激，且铭记在心。而此刻，读到这段话，我更加不能不动情。

被理解、被接纳、被尊重，这些极普通但又在过去几十年里极少
得到的东西，今天得到了。

　　纪念文集选编了许多文章，除了我们子女、孙子女的，更多
的是父亲的学生们写的，当然也有父亲的朋友们的文章。这些文
章，使我对父亲的认识又有所提高，也澄清了一些过去我对父亲
很片面的认识。比如，过去我虽然知道父亲自青年时代起，就刻
苦读书，学不厌，诲不倦，只读了中学，却能有渊博的学问，有
等身的著作，但是我总无端地以为，"国学大师"的称号是港台
专用的，以为大陆没有对父亲这样的评价。不对了，读了这本文
集才知道，父亲还在苏州中学教书的时候，他的《刘向歆父子年
谱》和《先秦诸子系年》在学术界引起震动，被认为是学术史上
具有划时代意义的，父亲也就以一个中学教师的身份被尊为"国
学大师"。当时，父亲年仅三十五岁。又如，因我从小就没有和
父亲在一起生活过，印象中的父亲形象，不免带有很多虚构、很
多想象，但是，无论怎样想象、怎样虚构，总还是干巴巴的，或
者说是公式化的。我想象中的父亲读书、写作、教书、做学校行
政工作……是严肃的，是严厉的，甚至是枯燥和乏味的。虽然父
亲所写《八十忆双亲　师友杂忆》在早几年出版了，我对父亲读
书教书之外也享有艺术的人生已有所知。而纪念文集这么多文
章，则深深地打动我，给我永不磨灭的印象。父亲的学生们在写
这些文章的时候，同父亲已有三十年、四十年，甚至五十年的离
别，但是，他们仍然用亲切的语言深情地回忆父亲"温和的面
容，敦厚的风度，谦简的语言，殷切的问话"，他们回忆父亲简
朴的生活，严谨的学风，回忆同父亲一起游山玩水的情景，回忆

同父亲一起切磋学问的往事。一篇篇、一行行，生动地再现了当年他们师生的共同生活，真叫我有说不出的羡慕，有说不出的感激。

记得唐端正先生所写的《我所怀念的钱宾四先生》，是我推荐给无锡县政协文史办的同志的。唐端正先生说我父亲"是一个很懂得生活的人"，说他工作再忙，也总是"不徐不疾，从容有度，显出一种敬业与乐业的精神"，说他生活兴趣广泛，喜欢"种种盆栽，下下围棋，对京剧更有特殊的爱好"，说他的谈话艺术很能引人入胜，"当他谈到兴高采烈时，你会觉得眼前的一切都在开颜言笑、活泼自在。但当他敛容凝思时，你便会觉得周遭的事物都屏息以待，仿佛时间也暂时停息了似的"。唐端正先生还写到了父亲会打太极拳，"在桂林街初期，有一天正当钱先生在上课，突然来了两个阿飞，在课室门口探头探脑，一派轻薄。钱先生站着问他们是做什么的，他们也不理睬，还旁若无人地在课室内左右穿插。钱先生恼怒了，登时把长袍的两只阔袖拉起，露出两只结实的手臂，一个箭步就抢到那两个阿飞的面前，摆出个揽雀尾的姿势，把他们吓得一溜烟跑了"。这些描写，真是生动极了，我曾一再地读，想象，哦，原来我的父亲是这样的，这就是我的父亲！我读这样的文章，就像在看父亲，看看父亲，再看看父亲，百看不厌。

唐端正先生是父亲在新亚书院的学生，另一位学生余英时先生也有一篇文章《敬悼钱宾四师》。文章写到这么一段话："他原本是一个感情十分丰富，而又深厚的人。但是，他毕竟有儒学的素养。在多数情况下，都能够以理驭情，恰到好处。我只记得，有一次他的情感没有完全控制好，那是我们一家人请他同去看一场电影，是关于亲子之情的片子。散场以后。我们都注意到他的眼睛是湿润的。不用说，他不但受了剧情的感染，而且又和我们一家人在一起，他在怀念着留在大陆的子女。"我庆幸父亲有这么一次没有把自己的情感控制好，而余英时先生又注意到了，并且写了下来，这帮助我了解父亲，并且使我对父亲产生更多的谅解。说实话，在我幼年和青少年时期，为父亲离我们而去，在我内心，总是有一个疙瘩，让我心存怨恨。

父亲在治学之暇，喜游历，醉心大自然山水幽宁中，又对棋管游艺无所不爱。这一点，几乎是所有的学生都忆及的。

诸宗海先生写在江南大学时的情景说："住处离学校约一里许，先生总是策杖缓步，从容前去。于时，朝暾初上，晨风煦拂，先生指点山水，谈古论今，一行人彳亍于江南秀色之中，融融然别有一番情趣。"又说："荣巷在太湖之滨，民风淳朴，习俗敦厚。近处村落田塍，藕池鱼塘，绿树荫翳，花木相映，士农工商各得尽其天伦。远处湖光山色，碧波荡漾，野云飘忽，风帆往来，鸟翔鱼跃，渔歌牧笛，悠悠然人间仙境。每傍晚饭后，暑气渐消，清风徐来，先生常偕廷彦、家驹与我，徜徉在湖堤间，领略超然物态，神飞情驰，沉思古往今来之衍变，中西学术文化之异同，漫谈理想的人文科学。"这些描写，给我们真切地再现了父亲当年的生活，叫我们更加理解父亲的志趣和爱好。

我由此想到父亲生前最后一篇著作，父亲说中国文化中"天人合一"观对人类未来可有贡献。其实，父亲的人生，就是一个与天命自然融合一体的人生，他亲近自然，亲近历史，对国家民族的过去和现在、将来充满温情与敬意。他把自己融于自然，融于历史，融于国家民族，融于师友之中，他不为物累，永远心境和平、宁静，做到"人不知而不愠"，做到淡泊明志，孜孜以求学问，并在乱离中历数十年而终有所成。学生们笔下父亲在山水之间读书的形象，使我领悟了做人的道理。《国史大纲》出版，几乎同我的出生同时，但是我从来没有读过这本书，不了解这本书究竟写了什么。在纪念文集中有诵甘先生的文章写到了它，文章说："一位热爱自己祖国历史文化的中国学者，在三十年代目睹日寇侵凌日甚一日，终至全中华民族奋起抗战，一决存亡，而他正在对自己民族的历史文化作一番亲切的考察和深刻的反思；当他渊然以思、憬然以悟的时候，其精神之感奋、激昂，将为何如？人们在这场空前伟大的民族解放战争中，读了先生这部书，得以重新认识自己祖先所创造的历史文化价值之所在，一下子豁然开朗的时候，其精神之感奋激昂，又将为何如？所以，此书之出版，真是适逢其时；它对鼓舞爱国精神，提高抗战信念，是有所贡献的。"读了这段话，我更加想快一点读到《国史大纲》，后来，商务印书馆出版了这套书，才了了我的心愿，那已是1994年了。

纪念文集收集了部分唁电和挽联。北京大学、清华大学、中国和平统一促进会、中华孔子学会等单位，还有浙江省临安，以及江苏无锡的朋友，都发了唁电。著名学者和书画家顾廷龙、匡亚明、钱钟韩、钱临照、钱君匋和陶寿伯，为文集题签、题词。借此机会，谨向各位表示由衷的感谢。

纪念文集有精装和平装两种。封面为黄色，右下角有父亲的一帧肖像。从左下方崛起两枝竹子，挺拔的枝和疏落有致的叶布满封面。竹子以永远的虚心、永远的挺拔、永远的青翠给人以启发。文集将帮助我们永远记住父亲，记住父亲的高风亮节。文集也将家乡人民对父亲的深情，给了我们，将永远地温暖我的心。

▲ 5-9《钱穆纪念文集》封面

落叶归根

　　父亲要归葬故里的遗愿，经新闻媒介的传播，引起了许多人的关注。落叶要归根，大地敞开了胸怀。父亲祖籍无锡，曾在太湖边的江南大学任教，父亲又曾在苏州生活多年，由此，苏、锡两地乡亲父老尤其盼念着父亲的归来。

　　我在父亲身边生活的日子太少，一向未能尽孝。为实现父亲的遗愿，我决心辅助继母在太湖之滨觅一方土地，作为父亲最后归宿之所在。吴县有十几个乡镇在太湖边，要找一个依山傍水的地方实在不难。

　　我首先看中了胥口乡墅里村。墅里村有山林，有规模很大的副业生产基地，外向型经济也已有一定基础，农民生活富裕，交通也极为方便。有柏油路直通村里，坐小车从苏州去，三十分钟可抵达。村里一座山叫渔洋山，与太湖中的长沙岛相望，构想中的太湖大桥东堍就选定在这里。风景这边独好。向继母报告了上述情况之后，继母说，虽然依山傍水，但那里不一定是个适宜读书的地方，那里将日趋繁忙而渐失清静。继母知道我对父亲的了

▲ 5–10 1990 年 11 月，摄于上海大学乐乎楼前
    左起：堂嫂孔祥瑛、堂兄钱伟长、继母、我

解太肤浅，她很不放心，怕这样乱找会浪费了时间，决定于父亲逝世的当年，即 1990 年 11 月亲自来一趟。

11 月下旬，继母专为"找地"来大陆一星期，堂兄伟长全程陪同。家乡亲人热情而恳切，领我们去最佳处任凭选择。11 月 27 日，到无锡市马山区，马山区的区长自豪地说："太湖的风光无锡的好，无锡的太湖马山的好。"在他的带领下，我们驱车环岛一周（马山岛已有长堤与陆地沟通，去马山无须摆渡），环岛处处好风光。

太湖水是绿的，在不远处闪闪地荡漾，坡上遍植松、柏、杨梅和板栗，也是绿的，小车驶过，隔几分钟就可看到树丛中或水边上有一群色彩和式样都很美的建筑，那是各种疗养院、休养所。我很为马山区的发展兴奋激动，然而心想，比起墅里村来，这里更是一处都市化了的乡村，与父亲一向所处环境相差远了。在一个被称作"龙头渚"的地方，四周环境极清雅，眺望太湖，湖面格外宽广，只见碧波万顷，一望无际，天水一色，有极目千里之畅。继母对我说："这里固然好，却富帝王气度，你父亲则只是一个读书人。"11 月 28 日，无锡县的领导们又陪我们去了鸿山。鸿山距鸿声里集镇不远，而老家七房桥距鸿声里集镇也不远，可以说，到鸿山也就等于到了老家。去鸿山的路旁种着柏树，因为路是笔直的，所以树也是排列得笔直的，十分的整齐显示十分的肃穆。鸿山并不高，但林木茂盛，油亮油亮，极浓的绿色富有灵气。山上有泰伯墓、梁鸿孟光墓，已被列为文物保护单位。我们去时不是旅游旺季，游人不多，环境十分清静幽雅。我想，这里真是好地方。当然，鸿山距湖远，距我工作的吴县更远，但相比之下，这些不利条件显得并不那么重要。问到继母的感想，她说："鸿山再好，这里却有古迹，你父亲一个读书人怎么可以去占一席之地呢？"

吴县人提起太湖，大都首推东山。东山是个半岛。论交通，有公路直通苏州，小车行一小时即可到达；论风光，山好水好，真山真水远胜城里的假山假水；论物产，山上有花果，池里有鱼虾，真是丰富极了。这里还有悠久的历史和厚实的文化积累。为此，吴县的领导特请我继母和伟长夫妇去东山一游，并指出有一片果园的土地可以提供方便。果园那里因原有办公用房，水、电、路都是现成的，具备生活基础，而既在果园里，则环境之优美可以想象，春日万紫千红，秋天硕果累累，不是天堂胜似天堂！只可惜离湖远，远得看不见，只能见到鱼池和橘园。继母说："能见到湖也不能要，这里是公家的地，我们去用不合适。"经再三推敲，继母决定的是西山俞家渡村的那块石坡地。西山各方面条件与东山相仿，唯交通不如东山方便，因为西山是在太湖中，到了东山还需环山而行至后山的码头，然后乘轮渡过去，光在湖上就得花四十分钟。

　　我们是 11 月 24 日去西山的。当天玩了林屋洞和石公山，十分尽兴。继母有感于西山的自然风光、人文景观和淳朴的民风，很觉得安慰。当晚，西山镇三位主要领导来住处小谈约一小时，他们的诚恳与友善，也给继母留下深刻的印象。25 日一早，镇里一位副书记领我们游罗汉寺，然后去四墩山选地。四墩山已被果农们千百年来的辛勤劳作充分地开垦，满山坡密密层层全是树，高高低低地杂种着茶树、橘树、枇杷、栗子和杨梅。沿小道往上走，犹如钻进一条绿色的山洞，那枝枝杈杈不时地扫到你的眉心、钩住你的头发。攀到半山，继母就说："山上有再好的地我也不能选。如果我选了这里，那这条路是太窄了，为了把这条小路拓宽一点要砍去多少树呀，怎么可以叫老百姓受这么大的损失呢？"我们在四墩山的半坡上见前边有一山头，距湖更近，风景更好，于是立即下山赶去。那里就是后来被选定的地方——俞家渡村石皮山。石皮山的情景大体与四墩山相仿，只是这一条山路约有 80 厘米宽，人行其间尚从容（实际上，后来施工中抬黄沙水泥上山，也未伤着林木，小路仍维持原样）。山腰间有几处石坡，其中一处石坡很大，上下左右已遍植经济林木，而这片石坡却从未被开垦，只是在石缝中长着一些荆棘野草。石坡面向东南，站在坡上，只见满坡的绿一直流向太湖边，农舍掩映在极茂密的橘树和银杏树丛中，湖里有小岛两三座，近山青翠，远山如烟，间或驶过的船划破宁静的湖面，使如画的风景格外生动起来。继母后来说，在这里所见的景象，与在沙田和风台五号所见相似。而正是在和风台五号居住的八年中，父亲和继母曾在楼廊无数次地在观海、赏月时谈起过太湖，谈起过将来有一天能在太湖边建一小屋安度晚年。

那天在石坡上不过逗留了两三分钟，因为要在中午之前赶到东山去。大约到阳历年底，继母来信说决定选用这块地，之后我们又为她选了一块建房子的地。

第二年（1991年）4月，继母第二次来大陆，再次上山去看过，才办理了征地的手续。

▲ 5-11　商讨俞家渡 75 号设计方案，1991 年摄于苏州苏苑饭店，继母居中而坐

关于父亲的回忆

　　父亲离家去大后方有半月，我出生了，父亲得知又添了小女儿，给我起了名字——晞。

　　父亲长久地没与我们在一起，襁褓中，父亲是一首歌谣："爸爸回来，回来抱抱，横抱三年，竖抱三年。"这首歌谣陪伴我牙牙学语，蹒跚学步，度过童年。

　　十来岁开始，父亲就变成一条线，老师严肃地要我"划清界限"。同父亲划清界限？如何来划？怎样才算划清？这些问题对于一个十来岁的孩子是过于深奥了。

　　进入青春期，这条线长大很多，变粗变深，简直就是一条鸿沟了。一边是反动，一边是革命，一边是黑暗，一边是光明，而我永远在那一边，跨不过这条沟，到达不了光明彼岸。曾经选择了去农村工作，入了团，以为把这条沟跨过去了，结果完全是误会。

　　这样地被加入另册，大约经过了三十年。四十岁前后，我因为是爸爸的女儿，不由自主地我就被"消失"了，只不过是某人的女儿而已。

在这样的情况之下，随着年龄的增长，父亲成为一连串问号存在我脑海。他怎么着就跟美帝国主义走了？怎么着就走向了反面？胡先生、傅先生是他的朋友？他们持怎样的立场观点？三个人是怎样走在一起的？没有一个问题我能找到答案！

父亲究竟是一个怎样的人？

1980年，我得到机会与父亲在香港见面，一起生活一周，同时有三个哥哥和继母在一起。当时我已经四十岁，是两个孩子的妈妈。见到在火车站偶遇的两个学生，恭敬地向她们敬仰的先生行礼，见到新亚书院以父亲名字命名的图书馆，听父亲和继母讲述新亚书院初创时期的艰苦奋斗和坚持努力，并将其逐渐壮大发展，我想他是努力工作的人，受到青年学生敬仰的老师。这与一向的印象是多么不合！这又是为什么呢？

从此开始有机会逐渐认识父亲，了解他，亲近他，学习他。1984年夏天，我和兄长行、逊，姐姐易，侄儿松，侄女婉约，去到中文大学新亚书院会友楼，又在父亲和继母身边生活了一个月。八个人享受到了温馨的家庭生活。生活在一起，当然可以相互了解。但我对父亲的了解更多来自和继母或他的学生们的谈话，以及他的书，别人的文章。谈话和阅读得来的间接知识对我来说也是十分重要的。

《八十忆双亲 师友杂忆》《新亚遗铎》两本书，平实易懂。前者记录了父亲自幼到老，与家人、父母、老师、同学、朋友一起的生活，相处的故事，极其生动；后者是父亲在新亚校会上的讲话集，语言流畅，道理却深刻，读着，就如同坐在讲台下聆听

▲ 5-12 1984 年 7 月，摄于新亚会友楼
　　左起：我、父亲、姐姐钱易

老师讲课，受益匪浅。这两本书我是读了又读的。看到父亲当小学教师的经历，看到他对贾克文、丁龙的赞赏，我就会想起我的乡村教师的经历和我的农民朋友，我对自己当初选择走向农村的举动很满意，有自信。父亲看见我们在沙滩上捡了珊瑚海螺，知道我们除了学习工作，也有生活的情趣，他高兴地笑了。父亲一生没有停止过读书和写作，他又把为学与做人高度统一起来。"为学与做人，乃是一事之两面。若做人条件不够，则所做之学问，仍不能到达一种最高境界。但另一面言，训练他做学问，也即是训练他做人。如虚心，肯负责，有恒，能淡于功利，能服善，能忘我，能有孤往精神，能有极深之自信等，此等皆属人之德性。具备此种德性，方能做一理想人，方能做出理想的学问。真做学问，则必知同时须训练此种种德性。若忽略了此一面，便不能真正到达那一面。"这是父亲说的，也是他一生的实践。父

亲又说，假如我们诚心想做一人，"培养情趣，提高境界"，只此八个字，便可一生受用不尽。这八个字，也着实需要我努力一生啊！

父亲给我起名"晦"，1940年我降生之时，正是抗日战争最艰苦的岁月。东北沦陷已近十载，日寇铁蹄已践踏了大半个中国。屠杀，轰炸，掠夺；上海、南京、武汉、重庆，多少家庭妻离子散，多少生灵惨遭涂炭；到处血雨腥风，再没有一处可以安放书桌的净土，国家民族正处在最危急的时候。父亲是要我们记住这风雨如晦的日子、这民族危亡的岁月吧。1945年，我进入学校读书了。抗战胜利了！到处一片欢腾！老师说："你的名字还叫'晦'，太不合大家的心情了。"于是，我回家请大人帮忙查字典，在同音不同义的几个字里边找了一个"辉"字，把父亲给我起的名字换了。

我与父亲在一起生活的日子实在太少，这个名字，却是父亲赋予我的实实在在的馈赠。所以，虽然我把它改了，但当初父亲为什么给我起这个名字，名字里边包含着什么期许，这些问题也常常缠绕心头。

大概有这么几层意思吧。

父亲希望我踏实做人，绝不哗众取宠，要朴实无华，韬光养晦。就好比许地山先生，用落花生来启发引导他的孩子，做一个如同落花生一样默默努力充实自己的、对社会人群有用的人，而不要像苹果、桃子或石榴，以其鲜红嫩绿的外表招摇枝头。

记住苦难的岁月，记住在苦难岁月中坚持奋斗，去争取胜利。我渐渐明白，我们家庭个人的境遇与国家民族的命运，是紧紧捆绑在一起的。父亲离开我们在大后方工作，是多么的无奈。在孤寂和艰苦中，独自生活在宜良山中，写出《国史大纲》，是多么了不起。天上没有馅饼能掉下来，一切要靠努力奋斗来获得。父亲不是单纯地要我记住苦难。不能够总是凄凄切切，晦暗无望；要记住的是振奋精神，拿出勇气，奋斗，克服困难，争取胜利！"人若真有精神，饥寒交迫中，固可有精神，温饱了一样可有精神。而且他的精神，只该更好，不该转坏。"父亲这样说。"晦"字提醒我，战争虽然结束了，在和平的岁月里，还是要记住苦难，记住苦难中的艰苦奋斗，无论顺境或逆境，都要拿出爱国、爱民族的精神，敢于牺牲自己，坚决奋斗，争取胜利！

新亚校歌也正是这样的意思，要新亚学子保持并发扬"手空空，无一物"时敢于奋斗的新亚精神。《义勇军进行曲》也是一样。

我在感动中，把"晦"字拆分为"日每"做了微信网名，决心不再把父亲的教导丢弃。

要记住父亲对我的殷切的期望。

忘记过去，意味着背叛！

虽然，还有许多问号没有答案，虽然我已届耄耋，方才悟及此一层，也还是非常高兴的。朝闻道，夕死可矣！

父亲常在我念中。

2019 年 10 月 9 日

无尽哀思无尽悔

父亲离我们而去了，不胜悲痛之中思绪纷纷，无以言表。30日，我给父亲写信，代家乡友人请父亲准予转载《师友杂忆》中有关父亲在家乡就读和从教的几段文字，并遥祝父亲健康快乐，不料此信将永不能寄达父亲手中。噩耗传来，恰逢台风过境，风狂雨暴，天地同悲。

我在父亲身边生活的日子甚少，而父亲给予我的甚多，只是我曾经似乎并不十分珍惜，现在想来，真是泣血痛心，追悔莫及。

父亲曾为我题名"晦"。七七抗战，我们全家移居苏州，父亲随学校去了后方。后为侍奉祖母，父亲曾于1939年隐名埋姓深居苏州藕园历一年，1940年夏，又独自返回重庆。父亲曾多次遭遇空袭，亲见到处一片破瓦残垣，百姓惨遭涂炭。有一两回，他竟几乎是独宿空城。在这家书抵万金的日子里，父亲得到祖母病亡、幼女降生的家讯，一介书生，为国家民族不能尽忠，为生身母亲不能尽孝，父亲日夜伤悼，而为我取名"晦"，以寄托其拳拳爱国之心、切切爱女之情。然而，这个名字我不过用到六岁。那是抗战胜利那年，我正升入小学二年级，当时不过只识了几个字，便任性地将"晦"字改成了"辉"，自以为这才是又响亮又闪光的好名字。岁月流逝，当自己成了两个孩子的妈妈之后，我才深切意识到父亲为我题名时对我的期望和教诲。我曾想请求父亲原谅我当年的幼稚和任性，但终于并未有过什么表示。"辉"字沿用至今四十余年，已极难改正，又似无十分必要，只能将父亲对我的爱连同这一"晦"字，永远珍藏心间了。

父亲同我曾有过一张合影，那大约是1948年的事。抗战胜利后，父亲曾去云南昆明，后又到无锡工作。那一天，难得父亲回到家中，我正好参加演讲比赛得了奖，父亲笑着抱我在他膝上留下了一张珍贵的照片。这张照片在很长的岁月里让我依稀记得父亲温暖的怀抱。我并暗自以父亲的学问品德为楷模，走我的人生道路。我曾珍藏过它，而最终还是遗失了它，还似乎淡化了父女亲情。

父亲后来给我们两次、三十七天、八百八十八小时共同生活的机会。1980年和1984年夏天，两次都在香港，看哪些该看的，吃哪些好吃的，父亲都为我们一一考虑，精心安排。记得初次见面那七天，父亲白天携我们同游，晚上与我们谈话，每每谈到凌晨二时还兴致勃勃、滔滔不绝，是我常常打断父亲的话头，提出休息的要求，而父亲则常常宽厚地原谅我的不孝。父亲希望我们详尽地告诉他我们所经历过的一切，正如他详尽地告诉我们阔别四十余年间他所经历的一切。然而，我的叙述往往是过于简单而使父亲失望的。还有一次，父亲想吃面饼，我竟终因不知父亲口味而不敢贸然掌勺。如此难得的八百八十八个小时中，我为父亲做了些什么？深深的自责困扰我。当十年书信往来缩短了时间和空间造成的距离之时，我急切地热望能去素书楼侍奉于父亲左右，尽我之孝心，学父亲之为人，补做几十年间应做而未做的一切，可是，这种热望最终也未能成为现实，必令我遗恨终生。

　　父亲离我而去了，无尽哀思无尽悔。此时，我想我唯一还能做的是遵从父亲最后的心愿，我将尽我所能，辅助母亲，为父亲觅得一方净土，让父亲得以静听松涛鸟鸣而安息。父亲生前对我"最所关心"，父亲的爱将永远庇护我，父亲崇高的智慧和品格，照亮我前程。

晚年学写字

2001 年退休以后，我的生活里一个重要的内容就是学习写字。在电脑上写字，记述我的过往；在毛边纸上写字，学习使用笔墨。毕竟二十多年过去，现在所说"晚年学写字"虽说是指我学写毛笔字的一番经历和体会，而所记所留也不过只是一鳞半爪而已，勉强胜过啥也不留、烟消云散吧。

进老年大学跟金伦老师学写字

退休以后，渴望过自由自在的生活，根本没有想去老年大学，就在家里每天下午写写毛笔字。一年、两年以后没有什么进步。区里新的老年活动中心启用的时候，单位发了一张活动卡，去参观以后，就去唱歌、打乒乓，又去报了名上书法课。2004年下半年，就当上了金伦老师的学生。金老师字延年、绍舜，他的作品就这样署名，出于尊重，我们极少直呼其名，以致我竟忘记了他的名字。最近问了朋友才知道。

金老师字写得好，每堂课布置作业都在课堂上示范。教材是老师自己编写的。金老师批改作业更是认真，从指导用笔、点画、结字、布局，到体会行书的原则，落款和章的用法，各种书法作品、各种书体的欣赏，等等，点点滴滴，在批改之中帮助学员把理论和实践结合起来，以利于不断提高学员的书写水平。

在习字中得到了什么

金老师布置作业，每次十几个字，最多不超过十五个字。我每天写五六张，选出一张比较满意的，一周下来再选出一张比较满意的交给老师。所以这一张作业实际上是临习了三十来遍以后选出的一张。我这几年学写字，除了由金老师指导临习隶书，其余全部都是临习赵孟頫的法帖，《兰亭序》《归去来兮辞》之类，还有金老师手书的孙过庭《书谱》。之后，金老师走了，我想我的这番学习远远不够，尚须继续努力，怕新来的教师有新的要求，就没有再上书法课。每天下午，习字却依旧，直到2020年冬天摔跤以后才停了下来。

书写是十分快乐的事。在老师指导下，我的毛笔字有了一些进步。细想起来，在写字之外，还有如下收获。

第一，加强自律。

定时定量地写字，一天天，一月月，一年年。从努力完成到养成习惯。不仅限于写字，退休生活的全部内容都逐渐结成一体，做饭、洗衣，环境卫生，陪伴家人，电脑和笔墨，游玩和散步，一样样都按序进行。不再渴望过不受纪律约束的生活，而是乐于自我约束，自得其乐于自己安排的、兼顾了家庭和自己学习进步的、快乐有序的日子。

第二，放开眼界，放大心胸。

金老师要求我们按照字帖上的字写大字。字帖上的字不过一厘米见方，要写成巴掌大，困难不小。起初我不会写，也不理解所以然，日子久了才有所悟。把字成倍成倍地放大了，笔画的粗细、长短更加分明，笔画之间的向背、疏密也一目了然，照样子写出来，就笔画分明，容易做到精准。日子久了，我体会到看人看事也是这个道理，不要拘泥于小处，放开眼界和心胸才能比较接近于准确。

第三，临帖和慎独有关。

学习要有范本，学历教育要有教科书，学习写字要临摹字帖。这样才能继承，才能有之后的发展和创新。我退休以后的最初几年，不注重临帖，写了多年，进步小。后来金老师指导我们临习赵孟頫的字，情况才有了变化。

临帖要虚心。忘记自己的成绩，忘记自己的长处，唯法帖为准，一点一画不走样，模仿开始，日趋熟练，"把别人的经验变成自己的"。初学时，把自己忘掉还比较容易做到，在临帖时，也能够看到自己的字与法帖之间的异同，看到差距，努力精准地书写。过些时日，会觉得，已经练习了几十遍，有点像了，临习时就马虎了，老师就会用红笔指出许多写得不够到位的字来。

临帖要自我省视，发现自己的缺点或优点，坚持优点，纠正错误。这同检点自己的思想道德行为一样，从这一角度看，临帖的功夫与慎独类同，相得益彰。

第四，在习字中亲近了父亲。

离开金老师的书法课以后，学习写字由我自主进行了。除了继续临习赵孟頫的法帖，每年我也有一部分时间写点别的，写父亲的作品就是首选。父亲的字，在我看来，初看很是疏朗清丽，再看则刚健有力。有如画家画的竹子，自在又有骨子；又如一位长者站在面前，尊严和慈爱同在。我很想学，但终因功力太浅，摸不到规律，入不了门。于是，用毛笔抄写父亲的一些诗、语录、春联就成了我经常做的功课。写着写着，对父亲增加了了解，想象着父亲的生活、喜好、情趣、品格，心中充满温情和敬意。

还有，习字让我贴近孩子。做了三十年教师，最后的七八年担任小学语文教材教法的教学任务，其中写字教学也是必不可少的学习和研究的课题。到了晚年，自己定下心来学写字，也少不了为孩子们写写字。幼儿园要孩子们学习《三字经》，写一份。朋友的孩子要学写字，写一些当作字样。写写《千字文》，写写《论语》，写写古诗，"梅子时间"鼓励爱读书的孩子，写一写，当作礼物送给他们。过年了要贴春联，也写一写。教育部颁布了小学生中学生必读的古诗各七十首，按照目录找出来，一首首学习一番再练习写出来，有如当年备课一般。可惜，因为急于求成，这一遍很不成熟，缺点多，自觉到需要加倍努力。

凑巧，小学生必读古诗写完一遍以后不久，我就病了，手脚无力，不能安坐，无法握管。在美好的回忆中，仿佛看到了孩子们天真的笑脸，看见孩子们端坐桌前提笔书写的样子。

小北屋的几个角落满是写了字或者没有写过字的纸，书橱里堆放着一袋袋的字纸，连床底下也塞着纸箱，里边有历年来积存的、孩子们认为舍不得丢弃的字纸。回顾快乐的习字经历，很想做个小结，准备选取部分作业，结集成册，在自己是留一个纪念，在他人或许也并非一无用处。若有见了这些作业产生兴趣，也爱上写字的，哪怕一二人也好啊。幸有子女和亲友们积极鼓励，建昌尽力帮助，再三商议之后决定将杂乱的作业粗略地以内容分类归结为五组，其五组内容大致是金老师布置并批改的作业、自主临帖作业、与父亲有关的作业、与孩子有关的作业和其他作业。

希望这样做的结果，能够记录和反映我晚年学写字的一个大致过程，至于书写时间先后、书写效果的优劣、所临摹法帖的完整等都未能兼顾到。从秋到冬，春天在前了，在快乐和遗憾之中、在取舍犹疑之中度日，终于接近了如愿完成的日子。真是敝帚自珍啊！

怀着感激和希望，说什么都多余了。只有两个字："多谢！"多谢老师！多谢亲人朋友！多谢美好生活！

2022 年 1 月 12 日于苏州

擘開蒼峽吼奔雷，萬斛飛泉湧出来。斷梗枯槎無泊處，一川寒碧自縈回。

步隨流水覓溪源，行到源頭却惘然。始悟真源行不到，倚筇隨處弄潺湲。

朱子偶題两首　錢穆書　日每臨習

▲ 5-13　书法习作一

桃源在何許西峰最深處不用問

漁人沿溪踏花去

陽明先生山中示諸生　程子教人聖人千言萬語只是欲人將已放之心約之使反復入心来自能寻向上去不學而上達陽明此詩同其意趣　錢穆

甲午五月　錢穆臨習

▲ 5–14　书法习作二

劲草不为风偃去

乙未年六月初九日为纪念父亲学书时

聖人之心如明鏡止水物来不乱物去不留

六月初九
月每书

▲ 5–16 书法习作四

富潤屋德潤身心廣體

胖故君子必誠其意

大學 錢穆 每臨習於 甲午五月

▲ 5-17 书法习作五

学贵大成不贵小用大成者参扵

天地小用者谋利计功

乙未六月初九

日每敬书

▲ 5–18 书法习作六

天之将降大任于是人也必先苦其心志劳其筋骨饿其体肤空乏其身行拂乱其所为所以动心忍性曾益其所不能

孟子语　乙未年五月廿三日每书

▲ 5–19 书法习作七

诚明

钱五遗辞摘句　日每学书

只要有理想必然须奋斗的

而必然要有一段长时期的

而且必然的若不必要经历一

的过程的艰苦奋斗历程

段长时期而获的这便不成

而可垂手

为理想

我们的理想不妨高但是

我们应从低处着手这样我

们的大事业才能成就

才能成就大学

新亚

▲ 5–20　书法习作八

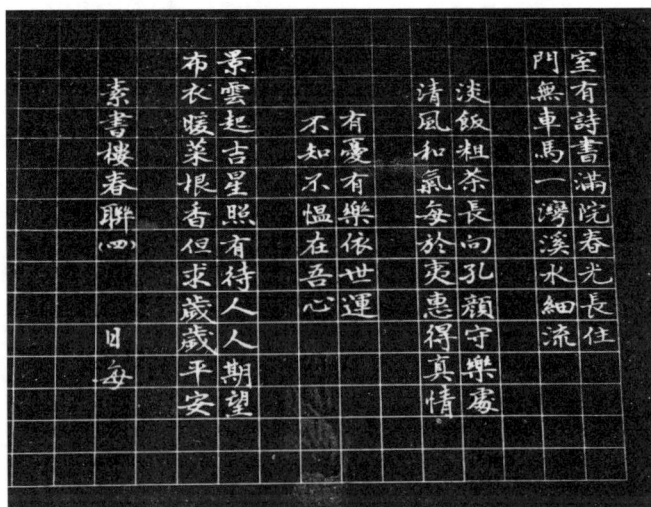

素书楼春联(四)　日每

室有诗书满院春光长住

门无车马一湾溪水细流

淡饭粗茶长向孔颜守乐处

清风和气每於夔惠得真情

有忧有乐依世运

不知不愠在吾心

景云起吉星照有待人人期望

布衣暖菜根香但求岁岁平安

▲ 5–21　书法习作九

▲ 5–22 书法习作十

第六章 继母及其他

在匆匆出站的人流之中，不是父亲认出了儿子，也不是女儿认出了爸爸，而是继母，一把抓住我的手，一边叫着我的名字。

宝岛旅行记

一、慈济，爱的奉献

《人民日报》3月2日第14版登载了一条消息，还配了照片，说："接受台湾同胞骨髓捐赠的浙江天台患者范志和，在移植后第九十天从浙医一院康复出院。"该消息的标题是"两岸亲情血浓于水，范志和告别癌症"。消息又说，浙医一院已有11位患者在台湾慈济骨髓捐赠中心进行HLA配型成功，即将进行骨髓移植。5月28日，中央电视台又在新闻节目里播放一条好消息，说一个北京女孩接受了慈济骨髓捐赠中心捐赠的骨髓，移植成功，康复出院，十六岁的生命得到挽救，仍然如花一般开放。

读了这些消息，我们都为范志和患者以及其他白血病患者能够得到治疗并康复感到欣慰，也同时会产生"感谢慈济骨髓捐赠中心"的想法。那么，你是否希望对慈济有更多的了解呢？

慈济骨髓捐赠中心和慈济综合医院、慈济医学院、慈济护理专科学校、慈济医学研究中心等均属于花莲慈济功德会。慈济功德会会长是佛门比丘尼证严法师。早在 50 年代初期，证严法师还是一个十五六岁刚刚走出家门的贫家姑娘，她的理想就是"兼善天下"，即使无法实现，至少也要坚守"自力更生"的原则。她用"一日不作，一日不食"作为自己的生活规范，决不接受人供养。后来她到花莲秀林乡普明寺修道，她"日食一餐，读经拜佛"，同几个比丘尼一起，自己动手种植稻米，收成后除食用外把米都发放给贫困人家。她们到工厂去拿原料来，加工打毛衣，把水泥袋改装成小型纸袋当作饲料袋。后来她们又增加了婴儿布鞋的制作，以增加她们的收入，维持她们的生活并帮助周围的贫困人家。

有一次，证严法师看见一位山胞的女人小产，家人抬了八个小时终于把女人抬到了医院，但是因为付不起八千元医疗费，只得又把女人抬了回去。这给她的刺激很大，她当时下定决心，除了帮助贫困的人，她一定要积钱来救人。于是，她对寺院里的几个人说："寺里六个人，做婴儿鞋，每人一天多做一双，每双可以卖台币四元，每天可以多赚二十四元，一个月多出七百二十元，全年可多出台币八千六百四十元。如果早有了这笔钱，就可以拯救那个因小产而昏迷的山地女人一命了。从今天开始，实践我们的具体救济事业好吗？"她们就这样做了起来。除此之外，她还劝三十位跟随者，每天到菜场去买菜之前，先省下五毛钱，投入竹筒。一人五毛，月积十五元，三十人一个月可以省下四百五十元。这事很快在花莲的各个菜市场传开了，家庭主妇们辗转相传，强烈响应，参与的人越来越多。不久，成立了"慈济功德会"。这是 1966 年 3 月 24 日，一件具有历史性的事业就此展开了。

　　慈济功德会一成立，就开始工作，她们"救济"的第一个人是一个孤苦无依、不能走动的老人，直到她死后安葬为止。第二个是一位害青光眼开刀的妇人。她们的工作，包括长期救济和紧急救济，所做的都是"救人救到底"的事，绝不中途撒手、有始无终。她们"但愿众生得离苦，不为自己求安乐"的精神感召力是巨大的，经过二三十年的努力，慈济的精神如涓滴成海，如星火燎原。如今的慈济，早已不只是几个比丘尼的事，许多老百姓都乐于参与其间，为慈济的事业做"义工"，许多有专长的人（比如医生），也都乐于为慈济服务；在许多国家，有慈济功德会的分会；慈济的工作逐渐发展到慈善、医疗、教育、文化四个方面。慈济的工作有"马上办、集中办、全效办"的特点。1973年秋，台湾的台东县遭台风袭击。当时，证严法师晚上听到灾情报告，天一亮就召开紧急会议，集合三十多人，用大卡车把毛毯、衣服、被子和钱送到灾区，将受灾同胞的苦难减少到最低程度。1990 年和去年（1998 年），长江、珠江、黑龙江沿岸均遭特大洪水，这洪水也让慈济人不安，他们到了江苏、安徽、辽宁，给灾区人民送去了粮食和衣被；水退了，又建造了几十所希望小学。哥伦比亚强烈地震，慈济勘灾小组立即去了，提供药品和干粮；慈济的衣物也送达中美洲六个受飓风袭击的国家；日本、印尼、马来西亚等地，也都有慈济的足迹。

　　1979 年开始有建造慈济综合医院的构想，大约过了五年时间，这个医院真的破土动工了。继慈济医院之后，"慈济护理专科学校"办了起来，如前所说，慈济还开展了医学研究工作和骨髓捐赠工作。慈济救死扶伤的工作得到许多医学工作者的支持。据说，有一位医生，他志愿到慈济医学院当教授，他教学生解剖学，他在临终之时留下遗言：捐赠他的遗体，让学生解剖，在他身上学习。他的这种精神，令他的学生们肃然起敬。学生学习得更加认真，同时产生了为医学献身的激情。

慈济功德会因开展工作的需要，建造了静思精舍（在离普明寺二百米处），这里有证严法师的寮房、会务办公室、会客室等，经常有十多位工作人员在这里为慈善事业忙碌着。证严法师所说"天上最美的是星星，人间最美的是温情"，得到最广泛的认同。现在，静思精舍已经成为旅游线路上一个最受人们喜爱的景点，每天都有许多游客来到这里参观、游览。我到这里的时候，见到有一对年轻夫妇，先是虔诚地站着，默默地看，默默地看，后来，又恭敬地向静思精舍三鞠躬。我很感动，不知是为证严法师的事业和精神，还是为这对年轻夫妇的虔诚。导游的杨先生告诉我们，这里的导游都是慈济的"义工"，他们各有自己的工作，他自己就开着一家小店，每到法定节假日他就到这里服务（我们去的这一天是年初四，杨先生他们手托装了糖果的盘子接待游客，见面就问新年好，请吃糖，然后领我们参观），给游客讲述慈济的工作，讲自己的苦乐观、人生观。这样做了，他感到心安，感到活着有意义。

慈济，给人帮助，给人温暖。想到慈济，就会想到"爱的奉献"，"只要人人都献出一点爱，世界就变成美好的人间"。

二、广告之类

台湾的报纸，一天有四十版或者更多，其中广告就至少占了三四版。教育、医疗、工业、商业、运输、旅游，各行各业的广告都有，还有寻人启事，喜宴或讣告，当然，最多的是招聘广告。

这招聘广告有他吸引人的地方，除了通常都有的年龄、学历、性别等要求以外，很多广告都对应聘者提出了特殊的要求，显得很有个性。联经出版公司门市部诚征工作伙伴，对门市人员的要求是"专上程度，无书店经验可，欢迎有学习热诚的青年"。大安区诚征早报生，要求"能早起，肯吃苦耐劳"。另有单位征营业代表，要求"学习心强，积极，乐现，形象佳，愿向高薪挑战"，要求会计人员"细心负责，具会计经验者佳"，总机接待员则要求口齿清新、声音甜美、仪表端庄，等等。有好多单位要求应聘者对所要求从事的工作"有志趣"，这些单位要求应聘者来投入一项事业，而不是仅仅寻找一个饭碗。

街头也有引人注意的广告。比如小店面要出让，店主只在门面上写一个大大的"让"字，简洁明了，令我不禁哑然失笑。想起我们也常见一些出让店面的广告，往往要写一大串话，诸如"店面转让，价格面议"，或"本店转让，有意者面谈"之类，最简单的也至少是两个字"转让"。我心想，用一个字来表达一句话的意思，这真是一个最好的例子，可惜我早已不再是语文教师。又比如告诉你"镇民代表的办公地点"，或者镇民代表在春节的时候，在墙上张贴的"大家恭喜"之类广告，也吸引我这个人民代表的注意。还有，春节前，在一个小巷口，一并排贴了三张纸，仔细看，是针对治安问题的。第一张内容如下：

敬告

一、本巷于九月五日十三时许，发生机车尾随妇女抢夺皮包案件，本所已积极布线查缉中。

二、妇女行经本巷时，请将皮包背在内侧（靠右边走背右边，靠左边走背左边），并随时注意后方有无机车尾随。

三、本案歹徒特征为：机车未悬挂大牌，戴黑色全罩式安全帽。发现可疑请来电本所。谢谢您！

本所电话：×××××××××，×××××××××

×× 敬上

旁边有里长的招聘广告：

诚征志工

为维护里内治安及落实守望相助，盼具热心、爱心之地方人士，踊跃参与巡守队。请洽里办公处。

锦泰里里长陈红桃敬邀

也同时有里长要各位先生、女士提高警惕的告示，说：

年关将届，最近有不肖分子假借名义行骗、行抢、闯空门，请里民提高警惕慎防受骗受害。

商品和包装也被利用来做广告，特别是一些特殊商品。超市里，货架上的商品琳琅满目，看这看那，忽然看到酒类，红的、白的，还有绿的酒。想看看绿的酒是什么酒，拿到手里，知道是一些梅子酒，有的只是酒的颜色呈绿色，有的酒瓶里还泡着几颗梅子。再往细处看，看见广告了："酒后不开车，安全有保障。"既有劝人不酒后开车的，想必也有劝人不抽烟的广告吧？果然，在"出国暨赴大陆旅游健康手册"上，看到了劝人"出国不买烟，回国不送烟"的广告。这里画了一支大香烟，烟雾缭绕的，香烟边上写着"送礼用香烟，害人不利己"，又写"如果你打算送这个礼，请先了解它将会造成的危害。吸烟害人害己：孕妇吸烟易导致胎儿早产及体重不足；吸烟能导致肺癌、心血管疾病及肺气肿；吸烟会导致癌症；吸烟有害健康"。显然，最后一句是个总结论，吸烟有害健康！为了有充分的说服力，前面详细叙述了吸烟的害处。在台北，你会发现超市里的马甲袋上，有时也会有广告。台北市政府委托经营台北农产运销公司的连锁超市所用的马甲袋上就有。马甲袋上画了一些图案，标明了所有连锁超市的名称和电话号码，然后有一句话："配合环保响应绿色消费，本塑胶袋可自然分解。"第二句话："铭谢惠顾，退货、换货七日内凭发票办理。"还有第三句、第四句，分别写在马甲袋的正反两面。一面是"家有一老，事事没烦恼。人人能敬老，社会没纷扰"；另一面是"扶他一把，等他一下，听他说话。——请关怀老人"。

商品社会真是一个少不了广告的社会，除了商品需要广告，打知名度，招揽顾客，社会公益广告也必不可少，广而告之，形成共识，利于树立共同的道德准则，利于建立良好的社会秩序。

三、台湾的瑰宝——太鲁阁公园

没有到台湾去，心中只知道日月潭、阿里山，以为那里是台湾风光之最，令人向往的地方，到了台湾总会有机会去一下。从台湾回来，熟人朋友差不多都要问："去阿里山了吧？"或者问："日月潭怎么样，跟太湖比怎么样？"我笑着回答："没有。"除了在电脑上查询后，找到一些观光农园去参观学习，我们去了太鲁阁公园。

太鲁阁公园位于花莲、南投、宜兰、台中四县的交界处，面积 92 000 公顷，折合成我们熟悉的地积单位来说，就是 138 万亩呢！在这样广阔的地域里，山峦起伏，河流纵横交错。雄伟峻秀的太鲁阁峡谷有独特的高山地理景观，有独特的魅力。

太鲁阁峡谷的形成，可以追溯到两亿多年以前。当时台湾岛还没有形成，简单地说，这里过去是海。以后，海里的珊瑚礁、有孔虫、石灰藻等生物形成生物礁，以及这些生物的遗骸，崩落海底，堆积在深海之中，因为受到压力，逐渐变成了石灰岩，变成了大理石。大约四百万年前开始，这里的海底逐渐隆起，台岛逐渐形成，慢慢地又形成中央山脉。太鲁阁公园这 138 万亩地，就在中央山脉北段。这里地势高耸，层峰连绵，最高的山峰海拔 3740 米，而 2000 米以上的高山就占了全区面积的一半。由于这是大理石的山岩，裸露的山岩受到立雾溪经年累月的侵蚀，峡谷越来越深，而山则越来越高。这里的山都高耸直立，峡谷则几乎是"U"字形的，立雾溪水冲刷着大理石的山壁，石灰岩在水中溶解，使水呈宝蓝色，特别美丽。所以说太鲁阁峡谷"雄伟俊秀"，一点儿也不夸张；说太鲁阁公园是台湾的瑰宝，也恰如其分。

到太鲁阁峡谷来，抬头看山，低头看谷，山上是庄严的石头，谷底是活泼的溪流。大块小块的岩石，横着竖着，或稀或密地布满山谷，阻挡着溪水，而小溪却匆匆忙忙、不屈不挠地奋勇向前，冲撞着巨大的岩石，激起白色浪花，涌过去，向前奔。有时候，小溪流又同大大小小的卵石显得十分亲近，温柔地拥抱着、裹挟着、搀着小石头的手一同向前奔。小溪一会儿温柔，一会儿热烈，一会儿变得柔弱如丝，一会儿又汹涌澎湃，而溪水的宝蓝色，镶嵌在灰黑色的高峻山岩中，实在是令人在严肃和压抑中感到富有生机和活力。所谓小溪，其实并不小，河床有时十分开阔，比足球场还大得多，大得多。可是在枯水期，溪流却极细小，游客们可以下到河床上，去亲近溪水。他们在宽阔的河床上，把卵石一颗颗排列起来，留下他们到此一游的纪念。于是"生日快乐""情人节乐""大家恭喜"之类的令人欢欣的语句，向着天空，向着每位游客，向着认识和不认识的朋友发出召唤，并传递着友好和温馨。高山气候变化莫测，特别在合欢峰，每年冬天，东北季风都会给它带来水气，再遇上冷气团南下，往往会有丰沛的降雪。于是，这里成为四季如春的台湾唯一会有降雪的地方，是台湾的赏雪胜地。当然，太鲁阁公园境内，有3000多米高的山巅，又有深深谷底，地势落差极大，热带、亚热带、温带、寒带的气候，全集中在这里，于是这里就有了复杂的植被，各种各样的植物真是热闹缤纷，也有了与植物种类同样繁多的野生动物。但我在太鲁阁游览的时候，注意力全在山岩和峡谷、溪流上，并没有顾及欣赏动、植物或其他。

太鲁阁公园内的居民是泰雅人，所以，接触泰雅人文化，也是游览太鲁阁公园的内容之一。除此之外，在太鲁阁公园还可以看到一些史前遗址和古今道路系统。史前遗址表明，两三千年以前，这里就有人类居住，而泰雅人的先人们，大约是在二百五十年前于狩猎途中进入立雾溪流域来定居的，他们在河谷及河阶地上建立了九十七个部落。泰雅人为迁徙、为御敌、为开垦，逐渐在此崇山峻岭中开出了一条小路（只是利于北部和东部的交通）；日本人殖民统治期间，又将该小路拓宽，那就是今天的合欢岭古道。凡去合欢岭赏雪的，可以去走一走，看一看。但是日本人终于没能修通横贯台湾岛东西向的交通大道。1956 年，中国人自己开始修横贯东西的公路，经过四年时间的努力工作，公路于 1960 年通车，全长 198 公里。这里要重复交代的是：这 198 公里路，有一半是在海拔 2000 米以上的高山上修的，是在"U"字形的峡谷之上修的，要了解在此崇山峻岭、断崖深谷之上修路的艰巨和艰险，有当时台湾报纸上的消息可供我们参考，帮助我们展开合理的想象。当时报载："平均筑一里死二人，伤者不计。"大陆出版之《中国名胜词典》收录了太鲁阁楹联："从茫茫绿浪中，矗起百堑千岩，量衡山径，则长江失其汪洋，匡庐失其奇突，巫峡失其幽深，几亿年雾锁云封，浑然淋漓真宰；想煜煜烟霞外，飞来鬼斧神工，卢牟禹绩，似孟贲为之效力，五丁为之驱驰，共工为之役使，数万人惊锤险凿，完成坦荡康庄！"为供奉殉职的筑路人员和他们死难的眷属，在太鲁阁公园特别还建造了长青祠。有了这康庄大道，又有如前所述之山水、虫鸟、树木美景，太鲁阁公园随后于1986年成立，中部横贯公路也就成为贯穿公园东西向的交通，没有这条公路，就没有办法观景。坐在车里沿路观景，只觉得转弯，隧道，再转弯，又是隧道，不断地发出赞叹，不断地抬头看高山或者低头看峡谷。从太鲁阁公园游客中心开始，经常青祠、布洛湾、燕子口、九曲洞，到天祥，然后折回，有目不暇接之深切感受。路上小车接连不断，没有大车，因为春节期间中部横断公路有限高管制，高3.5米以及12吨以上货车禁止进入。据说，超高的大型车辆为避免车身碰撞山壁，都必须行驶在公路中央，致使在较低矮的隧道或狭路转弯处不容易会车而造成严重的塞车。太鲁阁公园之行，不只是在大自然的雄伟壮丽中感动，行驶在这条蜿蜒的山路上，你不能不同时想到修路的艰难和修路人的英勇顽强，我们不由得要说：我们是中国人，中国人能战胜艰难困苦，能作出令人瞠目的伟业！

四、看见绿岛

小车离开三仙台的时候，天空忽然堆起了乌云，太阳光从云层里往外挤，一缕缕光线清晰地射向大地，使景色分外美丽。一边是山，一边是海，在这条路上行车，使我想到家里，想到吴县的湖滨公路，只是太湖是平静而温柔的，而海，哦，这里可是太平洋，太平洋是兴奋的、激动的，甚至还有些像顽皮的孩子。海浪冲上来亲吻海岸的礁石，然后吐着白沫退后去。一次次往返，不知疲倦。向南，向南，小车继续着行程，已经差不多走了半天，中午以后出发，此刻已经接近五点钟。好风景对我的吸引力减弱了，我敌不过困乏，恹恹地靠在后坐，睡了。"左边海上是绿岛。"司机介绍说。"绿岛！"我一机灵，睁开双眼。哦，绿岛。

　　绿岛在我心中有几十年了。现在，它在公路左前方的海上，灰黑色的一条，不高也不长，像一只玩具沙皮狗卧着。蓓蓓，你看，绿岛！蓓蓓，这就是绿岛！蓓蓓，我的初中同学，她的大名叫王蓓蓉。我进初中的时候，才十一岁，我和一些小朋友在浪木上荡来荡去，在小池边脱了鞋袜捉蝌蚪，在课堂上相互递纸条，在南园荒地里"探险"，就这样来显示我们的勇敢和活力。蓓蓓高个子，很文静，眼睛近视却没有戴眼镜。我们几乎没有什么来往。后来，大约在三年级，我们常常在图书馆相遇，看看对方借的是什么书，谈谈读书的印象。她妈妈教书的学校就在我们读书的学校附近，于是，我们借了书就一起到她妈妈工作的学校去看，去聊天，后来，我成了她家的常客。蓓蓓家里还有奶奶和弟弟，没有看见爸爸，大约现实生活中，都没有爸爸在家里，没有得到父爱，也是我俩成为朋友的因素之一吧。当时，我们都十分崇拜保尔·柯察金，崇拜牛虻，崇拜中国的保尔吴运铎，革命英雄主义令我们热血沸腾。我们读了书，还把保尔的画像画下来，贴到墙上。我们也画牛虻。记得后来班上有几个同学跟我们一起，将《把一切献给党》画成连环画，寄给吴运铎同志，表示十四五岁少女对他的崇敬，对他革命生涯的认同和追随。"生命诚可贵，爱情价更高，若为自由故，两者皆可抛。"这在保尔、牛虻、吴运铎的生活中放射光芒，也照亮我们的人生。

我们出生得实在太迟了，急风暴雨的大革命已经结束，还有什么事需要我们去奋斗，需要我们去献身呢？我们选择了地质。这样的选择大约与当年的一本书《青春万岁》（也有同名电影）有关，地质和艰苦联系在一起，和奋斗联系在一起，和激动人心的社会主义建设联系在一起，好像不选择艰苦，不去奋斗，我们就没有把保尔称作"同志"或兄长的资格。只是，少年时代的理想没有能实现。地质学校录取新生的一个条件是"年满十六周岁"，而我在初中毕业的时候还不满十四周岁。

不久，我进了师范，蓓蓓到江苏师院附中读高中。蓓蓓敏锐，善感，悟性高，她的文科成绩很好，只是与数、理、化无缘，进入高中以后，她学习得很艰难。我星期天常常到她家去，同她一起做功课。但是，渐渐地大家忙起来，通信就代替了见面。我就是在她的信上第一次知道"绿岛"的。蓓蓓信上说，她提出入团申请之后，团组织跟她谈话，说她爸爸在绿岛，为什么她不谈谈自己的认识，为什么不能划清界限？好像她要向组织隐瞒什么。蓓蓓的痛苦我能感觉得到，她说她也是第一次听说绿岛，该死的绿岛！爸爸为什么会在绿岛呢？绿岛在什么地方呢？十四五岁年纪的我们，早已对没有一个父亲在家中的生活艰难有了深切的感知，早已明白妈妈支撑一个家的艰难，而自觉地从不拿自己的事去麻烦妈妈。爸爸和绿岛的事，蓓蓓照例没有去问妈妈，而绿岛则成为我们私下里谈话的一个话题。绿岛，在哪里？蓓蓓爸爸，在哪里？我们把头凑到地图上找，在台湾岛附近的太平洋上找到一些小点子，这里有绿岛吗？

神秘的绿岛，原来在这里！这个好像沙皮狗的小岛。司机说他当兵就在绿岛服役，那里四面是海，监狱里的犯人，别想能逃跑。他又说，现在绿岛是旅游的好去处。阿芬接过话题，向司机打听去旅游的交通之类。我丢不开对往事的回忆，不参加他们的谈话，只是回忆着往事。

高中要毕业了，绿岛仍然困扰着我们。为什么不能同别的孩子一样生活、一样成长呢？我们以为生活的道路是靠自己走出来的，入不了团，我们自有表现。高中（师范）一毕业，我就去了江宁县当"乡村女教师"，她去了新疆。在"到农村去，到边疆去，到祖国最需要的地方去"的口号感召下，有多少青年自觉地离开城市，投身于同工农兵结合的生活呀！可是，蓓蓓去新疆后不久，就患了淋巴结核，不到两年，疾病就夺去了她年轻的生命。蓓蓓离我们而去了，她到死也没有知道绿岛在哪里，她带走了爸爸在绿岛这个谜。神秘的绿岛哟！

60年代末期，生活充满苦难和恐怖的时候，不知怎么，我听人说到绿岛，这次，明白听说绿岛有国民党关押政治犯的集中营。对集中营，我们似乎不乏了解，上饶集中营、白公馆、渣滓洞，一个个集中营，我们早在书里、在电影里见过，皮鞭、烙铁、辣椒水、老虎凳，狼嚎般的吼叫，魔鬼般的狰狞，邪恶凌辱着正义，这一切都令人毛骨悚然。绿岛也正在演绎着这一切？蓓蓓爸爸经历了什么？已经不可能有答案了。绿岛在神秘之外添上了恐怖。把它深深地掩埋起来吧。

"去绿岛，有渡船，也有飞机，很方便的。"司机这样介绍。

他肯定着阿芬的说法，绿岛四面环海，空气特别清新，天空特别蓝，确实是度假休闲的好去处。阿芬则说，这样的地方须住上几天才好。继母也同意说，以后找机会，再约几个人一起来。

　　绿岛好像跟着我们的车似的，转一个弯看见了，转一个弯又看见了，不过现在比刚才要大些、清楚些。路上的车好像多起来，司机关注起路况来，在小心驾驶的同时，谈话时断时续。我一直注视着绿岛，看它时隐时现。在心里藏了一个绿岛之后，过去几十年了，改革开放的岁月来了，时兴起卡拉 OK 来，一时间，大大小小的餐厅都装上了音响，吃饭的时候就唱歌。不少的人，其实并不会唱，也不识谱，只是跟着歌片扯直嗓子喊，节奏也乱了。听这样的歌简直是受罪。就是在这样"受罪"的时候，我竟听到了《绿岛小夜曲》！一种轻柔舒展的乐声在室内流动，"绿岛"和"小夜曲"联系在一起，可能吗？我禁不住激动起来，我被这个问题缠住，没有听到歌词，也没有记住曲调。以后又几次听别人唱这首歌，还是会激动，还是没有什么印象，只记住了一个歌名：《绿岛小夜曲》。现在，看见了绿岛，我真想知道，《绿岛小夜曲》究竟唱些什么。

　　司机在"水往上流"的地方停车，让我们看看水往上流的奇景。再次上车之后，天渐渐黑下来，路上的车，也几乎开不动，有时候，车速只比步行稍快些。司机聚精会神地注意路况，我们也沉默下来。绿岛已经退到我们的车后头。

　　从台湾回来不久，有三个初中同学来看我。谈话间列数一个个老同学，韵华问起蓓蓓，她竟不知她早已不在人世。我忽然对威年说："这次，我看见了绿岛。"并且我从蓓蓓想要入团说起，对威年讲了所有的事情。威年理解地钩住我的肩，也同样轻声对我说："我哥哥去年去了台北。去看爸爸的坟墓。"她又说："没有告诉妈妈，妈妈已经八十八岁，没有必要告诉她了。"威年的爸爸是共产党员，是被派往台湾做长期潜伏工作的，但是，当年威年和家人也不知道。她高中毕业的时候，也因为"海外关系"，不能继续读大学，而被下放到农村当"知青"，后来也不知怎么的，上级组织知道后，才把她调回苏州，让她当了小学教师。她和我在沉默良久之后，不约而同地问对方："你会唱《绿岛小夜曲》吗？"我们相视而笑，笑了一阵，又几乎不约而同地说："要把这首歌学会。"

为了这深藏在心四十多年的绿岛，我找来了这首歌，学唱。可是，这绿岛，早已不是我心中深藏的那个绿岛了。

五、农业和旅游

把农业和旅游结合起来，这在台湾，大约是 70 年代就开始了。城市里的人到农村来，暂时离开喧嚣和繁华，看看宁静朴素的农村、农家和田园，得到休息和新鲜的感受，也就成为很好的旅游经历。

起初，主要是以观光为主。在农村适当的地方，建一些必要的休息亭、公共厕所，以便游客参观，而游客所参观的不过是自然的农村和纯粹的农家生活而已。然而，这一参观却给农业展开了一条新路，农业逐渐变成为"观光农业"。

之后，有主见的农民把农业生产过程有意识地展示给游客看，并让游客参与部分农业生产活动，又增加如食宿、游戏、欣赏大自然等活动项目，让游客在参观农村的同时，有了如同去风景名胜地休闲一般的享受。农业又逐步变成了"休闲农业"。

如今，台湾农村把农业与旅游结合起来的形式有多种，我所见到的或听到的，罗列起来有以下几种：

"草莓开放"

新竹县关西镇公路沿线有许多家挂有"草莓开放"牌子的农家，一个草莓园，一间小屋子，草莓成熟了，园子对游客开放，可以供人参观，也可以让游客进去自行采摘。这种形式简单易行，小车往路边一停，进园子去享受新鲜草莓的香甜，谁不乐意呢。

"租种菜地"

台北市阳明山有农民将自家的菜地出租给城里人（即游客），游客在假日里来土地上劳作，收获新鲜的蔬菜，平时，菜地则由农户管理。此种形式显然受到游客欢迎，双休日去地里弄弄泥巴、采采蔬菜的城里人往往使阳明山道路交通堵塞，这就是证明。

"休闲农场""生态农场""牧场"

桃源县龙潭乡"茶舍水龙吟"。业主徐荣波，祖父以种茶为业，纯粹地从事农业生产；父亲则在种茶的同时成立了制茶工厂，农工商结合；他这一代，在其父辈的基础上又进步了，起初办茶馆，后来逐步形成"水龙吟综合性观光农园"。其经营项目有住宿、餐厅、地方特产、茶叶、茶馆、陶艺、展览艺文馆、会议室、茶叶品种鉴识区（茶园）、鲤鱼鉴赏区、制茶教学区以及开展相关活动的有关设施（比如篮球场、阅览室、儿童游戏等）。

业主徐荣波先生还是"中华茶艺联合促进会"与"中华茶业联谊会"理事长。这个茶舍已经经营了十年，他感到难以再度创新，近年来考虑向大陆发展，已到过四川、福建（武夷山）、浙江（杭州）、江苏（宜兴）。他在四川与西南农业大学取得联系，协助永川旅游局设计了一个茶文化村，即将开业。看他家祖孙三代发展的轨迹——从纯粹从事农业开始，进而农、工结合，又发展成为以农业为基础、以茶文化为依托的观光休闲农业实体，不难理解台湾农村和农业变化的轨迹。

宜兰北关生态农场。业主李冠兴是一个青年，从学校里出来，就回到父母经营的土地上。李家的农场有三十公顷山林，这里正演绎着十分生动的故事。网上的资料是这样介绍北关农场的：它"在滨海公路旁，是一个坐山面海的生态农场"。这里"日夜四时各不相同的海湾景色，让人引颈遐思、心旷神怡"。这里有蝶类，有萤火虫，有八十多种鸟类、鱼类，还有果子狸等小动物。果园里有柳丁、桶柑、莲雾等，游客"可在适当季节享受采果的乐趣"。农场还设计一系列让游客自己动手做的活动，如造天灯、做鸟笛、烤红薯、制标本等。

宜兰原来拟以发展工商业为主，后来确定发展观光休闲农业，请大学生和专家制订规划，然后经过认真实施和努力，现在已见成绩。类似北关农场的观光农园还有不少，当然，北关农场是比较起来最好的。

台东县卑南乡初鹿牧场。这土地属于官方财政部门所有，委托土地银行代为经营管理。牧场放牧区约四十三公顷，养了五百多头乳牛，年产乳量约 1500 吨。牧场实行产、制、销一元化经营。游客去初鹿牧场，可以观察乳牛，品尝鲜乳，欣赏丘陵草原，呼吸清新空气，享受阳光和山风。

还有台湾少数民族生活的农村，展现少数民族生活、服饰、风土人情的各种带有地方特色的农村旅游，在这里不一一叙述了。

农副产品或农村草木石头经深度加工，便成了上好的旅游纪念品，或者还可以登上超级市场的货架，受到顾客的青睐。比如：一段树枝装上一段铅笔芯，便是一支独特的笔，很有些乡土味，以其粗犷取胜。又比如茶叶的深加工，茶叶已经被制作成绿茶粉、绿茶素牛奶、绿茶浴包、绿茶酥糖，甚至还有绿茶冰激凌，媒体广泛宣传"绿茶具有抗癌功效"。而梅子也已酿成了梅子酒、梅子醋等，还被说成有利于减肥、健康等，梅子制成的蜜饯被称作"茶点梅"，把梅子同茶叶紧紧地联系在一起。

在台湾，有"台湾省农产品特产行"，专售农产品，各种农产品琳琅满目，这有利于农产品的销售，又为游客提供了方便。

台湾的观光农业，以私营为主，但都在官方的指导之下。如"草莓开放"的农户屋子上都挂有一块牌子，上边标明农户姓名、联络电话、辅导机关、执行机关等。而辅导机关正是"农委会"、农林厅、县政府、镇公所等部门，另外还有农会。又如"水龙吟"的招牌上写明了省政府批准他营业的文号"省政府农林厅农观字 00288 号"。以笔者观察，水龙吟和北关农场做得比较好，重要原因之一是业主本人的素质。一个有文化，有独立工作、独立研究能力，能开展创造性劳动的业主，是办好休闲农场不可缺少的条件。

观光、休闲农业在台湾已经成为旅游事业中不可或缺的重要组成部分。

六、这样一个青年

后天就要回大陆了，已经在台湾待了十三天，每天看到许多新鲜的事物，每天都睡得很晚，人已经十分疲倦。一早见下着大雨，我就想把预定的活动取消。阿芬来了，坚持着要开车送我们去北关农场。一路上，雨不断地下着，沿海公路上车并不多，可以看到一些勇敢的人，站在礁石上垂钓，远远望去，他们离海浪是那么近。礁石光溜溜的一定很滑，垂钓者有可能会被海浪卷下海去，我不免为他们担心。除了这些令人担心的垂钓者，长长的路、灰沉沉的天空、不断的雨和黑乎乎的礁石都叫人压抑，我又双眼沉沉地想睡了。

来到北关农场已近中午，还在下着雨，农场里没有别的客人，只有我们一行四人。老板娘热情地迎出来，同时站在柜台里的小姐也与我们打起招呼。知道只是来参观，那小姐走出来说"可以，可以"，并说可以先参观客房。

接待厅里靠左手沿墙有一排柜台，柜台上搁着一座竹制的东西，长短不一的竹筒一根根挂着，不知有什么用处。见我们饶有兴趣地看着，那自动出来负责接待的小姐，顺序摇摇这些竹筒，竹筒居然发出音阶，原来这类似编钟，只不过不是用金属，而是用竹子制作的罢了。谁想出来放这样一个东西？"是我们主人。"她高高兴兴地接过我们议论的话题。柜台里货架上搁着的是各种各样的旅游纪念品，没有通常所见的一些千篇一律的项链、钥匙环之类，这里陈列着一些制作精美的蝴蝶、螃蟹的标本，我们于是又赞美这些旅游纪念品"很别致，很有特点，很富知识性和趣味性"。接待小姐又高兴地接过话题说："这都是我们主人带我们自己做的。"她又说："我们刚刚布置了一个螃蟹标本的陈列室，你们是不是有兴趣看看？"当然，我们愿意看。陈列室在这座主楼的东侧，有四十或五十平方米大小，沿墙安置着橱、柜，墙上挂着陈列框，大大小小的螃蟹标本，布置得高高低低、疏疏密密，配着工工整整的文字说明。我惊叹，这陈列室竟布置得如此"专业"，既有"艺术性"，又有"科学性"，这是我几十年教学生涯中，在小学或中学的自然室里从没有见过的。这里可以称得上是一个海洋螃蟹博物馆，是很好的中小学生校外学习机构。接待小姐又适时地说："这是我们主人自己做的，制作标本、布置展馆的都是他。"

　　参观农场的客房时，我们刚走到阳台上，扑啦啦一声在头顶飞过两只大鸟，它们由屋子的左前方向右后方飞去，飞到屋后的山林里。"野鸡，野鸡！"我很兴奋地喊。接待小姐立即纠正我说："是蓝鹊，不是野鸡。"她又说："我们主人家山上有木瓜，蓝鹊是去山上吃木瓜了。""他的木瓜不卖钱，就是给蓝鹊吃的。"接触不过几分钟，她开口闭口不离"我们主人"，引起我们的兴趣，问她是农场的什么人，她大方地介绍说，自己是这里的工作人员，原本是搞媒体的，从电脑资料里了解了北关农场，再实地看一看，觉得这里的主人是个难得的有创意的青年，就来农场工作了。姑娘对"我们主人"的欣赏和佩服全写在脸上，她从事媒体工作的经历使她现在应付接待游刃有余，她的所有介绍都令我们对农场的兴趣大增，期待着同这个还未露面的农场主结识。

到吃饭的时候，才看见了他。原来，北关农场的主人只是一个青年，刚才看见的我以为是老板娘的女人，实际上是他的妈妈。青年很文弱，腼腆，像他爸爸一样不说话。他妈妈过来和我们说话，我们对螃蟹标本的展示馆大加赞赏，当妈妈的才把儿子介绍给我们，说标本全是儿子做的，他也才从他们一家人吃饭的桌子旁站起来，走到我们这边来。他说，他专科学校毕业，当了兵，就回到家里，接了这个农场。至于螃蟹嘛，他说，他这两年常常到海边去，帮渔民清理渔网，把渔民不要的小螃蟹取下来，带回家。他说，日子久了，渔民知道他喜欢各式各样的蟹，也会主动送给他。"那，你是学生物的？对螃蟹这样熟悉、有兴趣。"我们问。"不，我学的是电脑，对螃蟹也不熟悉。我借了一本书，将捉到的蟹同书上的图片一一对照，慢慢地掌握了许多关于螃蟹的知识。"他说："都说螃蟹是横行霸道，其实几乎有一半的蟹并不是像我们常说的那样横行，看，这一只就是跳着前进的。"我们都睁大了惊奇的眼睛，螃蟹并非都横行，简直闻所未闻！"请快去吃饭。""不能耽误你，饭菜都要凉了。"我们这样劝说着，他回到自己的桌边。

一个农村青年，读了书，回到农村来，这本身就是很有意思的事，说为了谋生也好，为了建设农村也好，都不错。这个青年还这么有心，他学习着新东西，把他的农场办得更好，这就更加引起我们的兴趣。他又走过来，拿来一本书，是大陆海洋出版社出的《中国海洋蟹类》，说就是读了这本书才知道了近五百种海洋蟹。可惜这本书是借的，要还的，如果能买到一本就好了。我不假思索地答应他回大陆后帮他打听一下，看能不能买到（很遗憾，此事没有令人满意的结果）。他放下饭碗两三次，走过来同我们谈话；在我们一再劝说下，他匆忙吃罢午饭，坐到我们桌旁。他的妈妈，早已在我们桌上放了水果，泡了茶，见我们十分欣赏她的儿子，她显得十分高兴。青年送给我们他的名片，他的名字是：李冠兴。我们夸他农场的位置好，对着海，靠着山，说我们刚才看见了蓝鹊。蓝鹊，显然是他最感兴趣的话题之一。他说，他观察到，蓝鹊每天从它们的窝里飞出来到山上吃东西是定时的，早上六点四十，中午十一点四十，傍晚五点四十。"你们刚才看见蓝鹊，正是它们中午飞到山上去觅食，它们从我们这座屋子的左前方飞往右后方，几乎是一条直线，游客多的日子，它们就要飞个大弧圈形了。"说着，他还打了一个手势，帮助表达蓝鹊飞个大弧圈远离游客很能自我保护的意思。刚才的腼腆不知什么时候消失了，他很兴奋地向我们介绍，他还观察了蓝鹊在溪边喝水、在他的木瓜树上吃木瓜的情形。深情地说，蓝鹊是台北市的市鸟，是要好好保护的，山上的木瓜不卖钱，都是留给它们吃的。从蓝鹊，又说到画眉，他问："你们可知道，画眉同松鼠怎样共生的？"没看我们摇头，他就紧接着讲开了：松鼠要吃柳丁的籽，它并不贸然去采。松鼠看画眉啄柳丁，柳丁还没有成熟时，柳丁皮结实得很，画眉的尖嘴啄上去，就弹回来，等柳丁成熟了，画眉轻而易举地啄破了柳丁的皮，松鼠就跳过枝头把柳丁采下来。松鼠把柳丁的皮剥开，一群画眉早已在一旁等着，它们之中有三只飞上枝头担任"哨兵"，其余的就都落在松鼠采摘的柳丁边上，一起来分享美味。画眉鸟们啄食着柳丁肉，而松鼠，则在画眉们的帮助下，吃到了柳丁的籽。放哨的三只画眉，会由别的已经吃饱的画眉替换下来。万一发现了鹰，放哨的画眉发出警号，鸟们一下子哄地飞走，松鼠也急急逃窜。他们有共同的食物，也有共同的敌人，它们相亲相爱，一起生活在林子里。听这一番谈话，就像听童话故事一样，我们都被深深吸引了。他见我们有兴趣，放松了许多，高兴地把我们当作朋友一样。问到农场的工作，他说很辛苦，但是很有趣。我们说，既然叫"生态农场"，恐怕农药化肥都不能随便用吧。"这是自然的。"他说，"夏天，天牛盛发期，天牛是害虫，要吸果树的汁，靠我们用两只手去捉，实在很累，捉也捉不完。"正在我们为此担心的时候，他又说："我们组织游客一起捉。"他给游客安排时间，上山去捉天牛，捉满三十只，奖励一瓶果汁汽水。捉到天牛之后，他教游客把它制作成标本，而游客带不走的天牛，留下来，他们农场自己也可以制作成标本，留待以后作旅游纪念品出售。游客玩山，获得新鲜的感受，还知道了有关天牛和果树的生物知识，学习了制作标本。

　　他把作为生产过程的除虫和作为休闲旅游农场的经营如此巧妙地结合在一起，真令人佩服！他为游客安排的活动项目多达数十种，比如看日出、到原野去"探险"、探索有趣的生态知识、观察鸟类和昆虫、采摘成熟了的水果、吃乡村早餐（午餐或晚餐）、自己动手烤红薯或制作乡村小吃、制作天灯（再来一次放飞天灯的比赛）、捉萤火虫（或天牛、蝴蝶），等等。这丰富多彩的各项活动，随季节变换而变换，游客无论什么时候来，来一天或两天，总能有十来项活动使他们得到许多新鲜的经验，他们的假日过得充实而有趣。

李冠兴留给我们的印象是深刻的。六七年前，在日本大分县同知事平松守彦先生谈话的情景，又生动地浮现出来。大分县提倡一村一品，农村经济发展的需要，使农村青年纷纷回到农村，在农村求出路、求发展，改变了农村青年离乡离土去城市，再不对土地感兴趣的局面。现在，北关农场的例子也给我们以同样的启迪。我们的农家子弟，知道吗，农村是广阔的，大有我们的用武之地；而知识，在哪里都不会嫌多的，只有有创意的人才能做出有创意的事。我们的学校、校长和教师们，多多培养像李冠兴这样的青年吧！

七、花草和树木

即使是暖冬，苏州道路边的那些会落叶的树，也难免一天天显出窘相，脱去了它们翠绿的衣裙，只把光秃秃的枝条伸向灰白的天空；常绿树缺了这些伙伴，似乎也没有了往常的精神。苏州的花，在冬天里也显得单调。虽然，案头洁白的水仙飘着清香，而窗台上鲜红的圣诞花也以其浓烈的色彩，令人鼓舞，人们还是盼着梅花，盼着由梅花带来百花齐放、万紫千红的春天。

台北的纬度比苏州低得多，台北的冬天可暖和啦。在苏州穿着两件羊毛衫，外加风衣，还常有寒意。到了台北，可以穿衬衫裙子，可惜没有带着，只得穿一件羊毛衫，忍受着难耐的燠热。正是这样的天气，使台湾的花草树木，即使在冬天也还是那样茂盛，那样富有生机。我被这些充满生机的花草树木深深吸引。

台北也有圣诞花，只是并不是长在盆里，而是长在地上。在一些布满日式老房子的住宅区里散步，你能随处看见围墙头伸出一些枝条，枝头有鲜红的花，那就是圣诞花，我想，恐怕应该叫它"圣诞树"了吧。台北也有紫鸭趾草，它也不只是长在盆里，我看见它长在屋顶上。住所附近一家小饭铺的屋顶上，铺满了紫鸭趾草，就像屋顶长了头发，檐口有许多叶子挂下来，像刘海儿。苏州家里有一盆蟹爪兰，我怕它受冻，再三交代家人不能把它拿到户外去。不料，在台北，蟹爪兰也都在户外生活。在四姨家里，我看见二楼阳台的扶手上，一条边都种着它，碧绿的叶，玫红的花，给楼台镶上了一条好漂亮的花边。过去在影视作品中认识的蝴蝶兰，现在在台北的花市上、在市民家的窗台上到处可见。蝴蝶兰墨绿的叶类似君子兰的叶，只是稍小一点，花朵高高地长在枝头，恰似蝴蝶落在那里，红的、紫的、黄的，各色都有。叫不出名字的花草不计其数，只在脑子里留下印象：到处是耀眼的绿地，到处是缤纷的鲜花，到处有藤萝。那柔柔的藤从高处挂下，犹如绿色瀑布，又像友好的使者在向你招手。

花草如此，树木则更为壮观。曾在小学语文教材里读到过《鸟的天堂》一文，说的是一棵大榕树。这棵大榕树是那样富有生机，它的绿叶绿得那样灿烂，它茂密的枝叶织成巨大的树冠，小鸟在它的枝叶间，夜晚能安心休息，白天则自由地鸣唱、跳跃、嬉戏。小鸟们在大榕树的庇护下活泼泼地成长。大榕树真是鸟的天堂！那么在台湾，这样的大榕树实在太多了。常常想把一棵大树摄入镜头，却无论如何找不到合适的角度，人往后退，退到再不能退的地步，还是不能摄入大树的全身。大榕树不少，叫不出名字的大树更多。在淡江大学的校园里，有两棵大树特别引人注目。一棵大树有许多裸露的根，像许多根手指，紧紧抓住大地，苍劲有力，透现着坚毅和刚强；另一棵有巨大的树冠，覆盖着好大一片土地，阳光在树叶的缝隙里透射下来，光影斑驳，颇有情致。它的根部，粗大的杆（分不清是根还是枝）相互缠绕，相互交叉，这边从地里伸出来，那边又钻进土里去，搭起的图形，像小桥，像门洞。在这些大树面前，我们常常流连良久，为大自然的杰作所感动，久久不愿离去。也有并不很大的树，曾吸引了我们的注意。台湾大学农学院围墙边，有一棵树被锯了，留下的树桩约有手臂粗，断口白生生的。就在这桩头，却已经长着三粒嫩芽，鲜红色的三颗细如沙粒的嫩芽，在令人爱怜的同时，不由得不让人赞叹它顽强的生命力。

台湾的气候温和湿润，有利于植物生长，在许多知名或不知名、熟悉或陌生的树上，又结出许多我们认识或不认识的果实。于是台湾的水果店就很有吸引力，阳桃、莲雾、桶柑、柳丁，还有大如鸡蛋的、绿色的甜蜜枣，对我们来说，既有可口的香甜品尝，又有新鲜的经验积累，实在也是不会事过境迁就置之脑后的。与此相关的还有花店。"花""发"同韵，正逢春节，有"花"就"发"，讨个吉利的口彩，谁不愿意呢？小巷里也到处可遇花店，花店虽小，不过二十平方米左右的店面，却有非常多的花，多到摆到了街上，摆到街对面，多到挂在檐口，不是挂一排，而是挂了一排又一排，高高低低，琳琅满目。尽管如此，要过年了，人们还是觉得在这种小花店里选购的余地太小，要到大花市去买花。台北的花市真叫大，我们去的这一个据说还是小的，它设在高架路下，二三十米宽，几百米上千米长的地盘上布满大大小小的花摊。人们从四面八方汇集到这里选购鲜花，选购"好彩头"，犹如苏州人到观前街购物一样。所谓好彩头，那是市民们要在春节里供奉在佛像前、祖宗神位前的。比如一颗硕大的橘子，系上彩带，用它一个"橘""吉"谐音，寓意新年大吉。比如大菠萝、大红萝卜，系上彩带，那巨大的果实，宣告着事业有成，收入颇丰。而菠萝和萝卜顶上翠绿的叶，向上生长，也正预言着来年的发展。还有普遍为人们喜爱的是竹子，有一种叫作"幸运竹"的，被截成一段段，编起来，编成一圈，再编一圈，一圈又一圈，大的、小的、再小一点的、更小一点的，直到编出一座小塔。幸运竹编的小塔被养在水里，竹子生了叶，一层层地排列向上。青翠的绿色表现的是生活的和美，竹子节节高，隐喻着向上和发展，谁不想登上生活的塔顶，展望灿烂的前程呢？由此可以理解过年的时候，为什么台湾人喜欢插一瓶菊花、摆一盆金橘，并在家里几乎所有的桌子上放置花盆和花瓶。

台湾的春节是在鲜花中度过的。

愿生活如鲜花一般美丽，愿人们像大树一般常青。

八、扑面而来的亲情

从台湾回来，朋友、同事都要问起对台湾的印象。这很难回答，也许是一言难尽，也许是不能准确概括。但是，到了一个地方，住了半个月，总不能说没有印象，也确实有一些感受，总得有一个说法。我总想用最简洁的词语来表述在台湾半月给我的印象，那就用"亲切"吧，在台湾，常常能感受到扑面而来的亲情。

我想应该从台湾在我心中的印象说起。台湾，从来对于我们就是非常亲切的，从我懂事起就知道台湾是"祖国的宝岛"。"阿里山的姑娘美如水呀，阿里山的少年壮如山"的歌曲更令我对她油然产生亲情；而后，在经过了许多风雨之后，因为父亲在台湾生活着，亲情之外又有许多神秘，许多似乎可以称作恐惧的东西，滞留在我心间。我自己也做了两个孩子的母亲，父亲晚年在香港两次会亲激起我的一种渴望，使我曾特别想去台湾，看看父亲生活的地方，了解父亲，亲近父亲，我特别想能有机会尽尽孝心。然而，即使父亲在亚伯飓风中隐入历史，我们日思夜想而终没有能实现这平常而简单的愿望，于是，台湾就同深深的遗憾和痛惜同时并存。

父亲去世多年之后，终于有机会去台湾。一大早离开家，到达台北是当晚八点多钟了。办完手续走出机场的时候，又过去了一个小时。我们惊喜地看到在机场接我们的是继母。她说我们初次到台湾，没有人来接如何找到家？她也会担心我们是否顺利安全，在家不能定心；她来接我们，大家都可以心安。想到1980年我们初次到香港会亲，继母也曾搀扶着父亲在红磡车站接我们，那是我们最初的见面，从那时到现在，已经过去了将近二十年，我们相互从陌生到认识、熟悉、了解而愈发增进了亲情。当时到香港，我们无疑地几乎单纯只有看望父亲的念头，而今天，我们来台北，除了看看父亲生活过的地方，同样迫切的是看望继母，看看她生活的地方。计程车在车流中行驶，向前看，是红色的光流，那是几排前行汽车的尾灯；左手耀眼的银白色光流，是逆行道上的车前灯；路灯是灿烂的金色，如同珍珠镶嵌两边。这一串串流动的光，美丽而携带着暖意。我兴奋地想，我们到家了。

三姨三姨爹、四姨、八姨都在台北，我们到了，少不了相互拜访，虽是初次见面，却像早已熟识。还有表弟们，也对大陆来的这两个表兄、表姐亲切有加。

三姨爹傅百屏曾在台湾财税界有"圣人"的美称，退休后担任过银行的董事长，现在是素书楼文教基金会的董事长。表弟、妹中不知是哪一位做着素书楼文教基金会的会计工作，知道他们都在为素书楼文教基金会的工作义务出力，不用多说，自然就接近了许多。嘉宝表弟在司法部门工作，我们戏称他"大法官"，他自然也是素书楼文教基金会的义务法律顾问。他对大陆法制情况十分关注，他认为有朝一日祖国统一，作为一个法官，对大陆地区的法律没有一点了解是十分被动的。由于他的职务，目前还被台湾当局限制着不能来大陆，他们夫妇特意过来与我们聊了一个黄昏，只觉得时间过得太快，不能畅谈，遗憾着，也期待着什么时候能亲自到大陆一游。后来，我们在台北的一个图书馆里看见，有整整一间屋子陈列大陆书刊，其中也有不少法律书籍，只是以基本法律为主，地方性法规不多，难以给人整体的印象。也有专业书籍和小说之类，甚至我们还看见了两本易姐所写的关于环境保护的专业书。

素书楼文教基金会是父亲在世时创立的，那是1983年的事。第一笔基金就是《师友杂忆》一书换来的稿费新台币十五万元，其基金会的目的是为"弘扬中国文化之工作能永续推动"。此后，凡有稿费收入，都积存为基金。1990 年 8 月 29 日，父亲和继母又将稿费四十万元存入基金会账户，不料，第二天父亲就在飓风中去了。父亲去世之后的这几年，继母积极开展素书楼文教基金会的工作，由基金会印刷出版父亲的著作，赠送给各大学图书馆、研究中国传统文化的学人，将父亲的全集赠送给我们吴县图书馆等。1998 年，素书楼文教基金会组织台湾的建国中学、南山高中的教师和学生若干人，参加了在北京举办的国学夏令营。该国学夏令营由基金会同全国重点高中校长会议共同构想、筹划而举办，大陆有北京师范大学二附中、北京四中、北京十二中、山西汾西一中、四川石室中学等师生参加。在继母家里，我们看见素书楼文教基金会的一份"报导"，它向人们汇报了基金会当年的工作，其中有参加夏令营的学生写的文章摘要。现在，我忍不住要摘录几节："感觉过去的一周，仿佛不只是参加了一个暑期活动，而是经历了一场丰盛的生命飨宴，自己的生命似乎也有一个全新的开始。""我们由陌生而熟识，尤其是共同生活、共同体验研讨了中国文化之后，我们似乎都打破了彼此迥异的成长背景与地域的隔阂，心与心靠得好近：我们看见中国人的和谐圆融、大同世界——以属于中国的学术文化、中国的人文精神。""旧梦重温之余，才发觉这里的天空有点窄，空气有点浊，物价有点贵，人们有点盲目，而且色彩过于斑斓。我翻出在那里拍的黑白照片，不论是二附中的宿舍，抑或原乡气息的胡同，色调都是那么的纯净而亲切。尤其是对岸同学们的笑脸。啊！我们是多么亲近又多么遥远，就像隔着一条小溪紧紧地握着手却怎么也无法踏踏实实地跨过去。"读了这些青年所写的文章，我们怎能不感到亲切呢？更令我感到亲情扑面而来的是那些没有跟我照面的、专程来送基金的人。已经是旧历年底，人们都忙着要过年了，竟有人按响门铃，送来用红纸包着的和没有用任何纸包的一份基金。继母送走他们以后说："他们看见了我们的报道。……他们理解我们基金会的工作。"有一位先生每年送来捐款，这位先生只是普通工薪族，收入有限，捐款的数额也不大，但这份捐款是他的一份心意，继母动情地说，他这样做已经连续三年了。

没有见面的青年、朋友令我感动，也有见了面的青年、朋友，更给我们留下深刻印象。一些老朋友且不说，只说新朋友吧。

阿芬（她的大名是秦照芬，研究历史学的博士，在大学担任教师之余，做着基金会的执行长）去加拿大度假，来不及在我们到达台北之前回来，她就托她的一个学生，现在当着小学地理教员的蔡先生，开车送我们去参观茶舍水龙吟。蔡先生在我们去参观的前一天，自己先去了一趟，预先做了接洽，像备课一样，为我们的参观充分做好了准备。一路上，他同我们谈话，说在学校里教的是中国地理，不去大陆看看，怎么教得好功课呢？大陆，在他日思夜想之中，他热切地向往着长江、黄河和长城。我们问起台湾青年服兵役的事，他说根据政策，到艰苦山区工作可以替代服兵役。"那你是否愿意去呢？"我们问。他的回答是"愿意"。50年代，我们自己不也曾热情地"去边疆、去农村、去最艰苦的地方"吗？跟蔡先生一起活动的时间虽然只有一天，但除了对他的帮助心存感激之外，他的形象也很鲜明地留在我们的记忆中。蔡先生在小学工作，因为放寒假，不能去参观他的学校，我很觉得遗憾。不过，后来我经过一所小学校，看见校门口有一副对联，那是用正楷书写的，红底黑字："做一个活活泼泼的小学生，做一个堂堂正正的中国人。"这副对联我看着十分亲切，也十分感动。

在台湾看电视里播报的天气预报是很有趣的事。天气云图显示，有一股强冷空气从北方南下，西伯利亚、新疆、内蒙古、黄河流域、江淮、江南然后才是南方，一天天向前发展、一排排表示风向的箭头由北向南向前推移。每天这么看，往往感觉就像还在苏州家中一样。台北电台每天下午五点钟有一档谈话的节目，春节前几天，我们听了几次，是东吴大学曾祥铎教授主讲的。曾教授讲时事、讲传统文化等。有一天，讲到"飞弹问题"，当时各报纸都登载了"大陆在沿海布陈飞弹，对台湾构成威胁"的消息或评论，一时间成为大众关注的热点。曾教授在电台的谈话中说：大陆飞弹，并非针对台湾地区，而是对着台湾海峡，是保卫中国领海、保卫中国主权的需要。听曾教授的节目，无疑也令我们耳目一新，增加了对台湾同胞的了解。

在台湾的日子里，常常可以遇见从大陆去台湾的人。在餐馆吃饭，隔着桌子听一听别人的讲话，说不定就听到了上海话、苏州话，在这种听到乡音的时候，真的有一种他乡遇故知的激动。更多的时候，则是用普通话同人交流，几乎什么人都能说普通话，买东西、问路、乘坐计程车，都能顺利进行，没有障碍。当然，我们也用普通话同人交谈，询问台湾的情况，回答朋友们的问题。有时候谈话很深入，朋友们大都对长城、故宫、庐山、黄山、敦煌、西藏之类的旅游胜地有大兴趣，往往就从风景旅游谈起，又进而谈到城市建设和当今各方面的发展。我们在一起谈教育、文化，谈农村、农业，谈苏州吴县。朋友们对大陆的了解虽然不算多，兴趣可不小。在这种时刻，我们都感觉到，我们是一样的中国人，说一样的中国话，有一样的中国礼节，有一样的中国心。在太鲁阁公园，人们说："太鲁阁这条路，日本人没有修成，只有中国人才能修成。"我们一听，立刻就想起我们的人民解放军修筑川藏公路的事迹。"二呀么二郎山，哪怕你高万丈"，这高亢、激越的旋律曾经那么热烈地被传唱。难道不正是表达了我们中国人的自豪、中国人的自信吗！

在台湾半月，我常常能感受到扑面而来的亲情。

怀念美琦妈妈

　　继母走了，在三月。如同生母走在三月。就在万物复苏的春天，花儿鲜，叶儿新，风儿软软的，小雨沙沙的，太阳暖暖的，人们都兴高采烈的，你们却走了，安详地在熟睡中走了。这么美好的季节，也未能挽留住你们远行的脚步。你们的离开，让我心头涌出无尽的哀痛……

　　我的生母于 1978 年 3 月去世，不过两年时间之后，继母就走进了我们的生活。1980 年春天，经过一两次信的往返，就决定了我们兄妹将在暑假去香港会亲。我们到达红磡车站，已是黄昏，华灯初上，人如潮涌。在匆匆出站的人流之中，不是父亲认出了儿子，也不是女儿认出了爸爸，而是继母，一把抓住我的手，一边叫着我的名字。继母一定早把我们的照片看了又看，看了无数遍，在爸爸想念儿女的时候，一定是同样深切地想念着。这种亲情，在第一瞬间就感动了我，这就像在艰辛的生活中忽然爆出了一个温暖的火花。

　　到香港见爸爸和继母的时候，"改革开放"还是一个新名词。

我们几乎是自己生活圈子里第一批出境的人，对香港的生活非常陌生。继母每天都会在一些小节方面给我们以指导：吃西餐，刀叉怎样使用呀；出席一些重要的活动，该怎样穿衣服呀；男生是否要戴领带呀；客人来了，怎样迎来送往呀……。总之事无巨细，妈妈都悄悄地提醒我们。她的提醒，免了我们很多尴尬，也让我们长了很多见识。我也亲见了她对爸爸细致入微的照顾。一次，一起到太平山顶，散步的时候忽然来了大雨，把大家都淋湿了。妈妈去便利店买了衣服和毛巾，让大家去洗手间脱了被淋湿的衣服，换上新买的 T 恤。出来的时候，爸爸神色严峻，显然淋了雨让他很不舒服，妈妈一边抚摸着爸爸的左小臂，一边要他看我们这几个，几个人穿了一样印着蓝色图案的衣服，就像中学生穿了校服一样，很好玩。爸爸就笑了。

这是我们第一次见面，继母给我贤妻良母的印象。

继母来大陆为父亲找寻墓地时，我与继母形影不离地生活了一周。从苏州到无锡，她不选择有帝王气度的地方，也拒绝有历史遗址的山丘，她不愿占公家的便宜，也不愿影响农民的利益，她选择了一个有山有水的地方，一个安静的有风月做伴的地方，一个优美而宜于读书的地方。在俞家渡石皮山那一片长满荆棘的石坡上，不过三两分钟，她的心中就有了决定。我看到继母聪明能干、精力充沛、头脑清楚的一面，深信继母是一个正直、自信、有决断、爱读书的人。我高兴地想，原来继母还是这样的。

在如此两个第一次以后，我们有了更多的接触。继母几次三番来大陆，到西山扫墓，到苏州、无锡了解生养父亲的故土，寻觅父亲的足迹，到出版社商谈父亲全集出版事宜，到一些中学校举办国学夏令营……在我们相聚的日子里，她是我们的继母，是我们的老师，我是她的女儿，是她的"秘书"或者"办公室主任"。我们一起办"公事"，也一起居家过日子。一起攀登长城，一起荡舟西湖，一起在石公山赏月，一起在圆明园怀念故国和故人。在那些日子里，我们有说不完的话。每一次返程，在去机场的路上，两个人才沉沉欲睡，关上我们的话匣子。我们的心靠拢了，相互的爱加深了。

但是，我知道，在最初几年，却总是有一个疙瘩在继母心里："他们怎么都不说他们受过的苦。"她这样想，并且联想到这几个做儿女的，是不是跟父母不亲，对父母不信任。继母好几次对我提到这个，我都笑笑，并不正面作答。这样过了好几年后，有一天，继母又很有感慨地对我说，她看到一些青年（甚至，已经步入壮年或老年的人），开口是过去生活的艰难，闭口是今天社会

▲ 6–1 继母钱胡美琦女士在台北家中，摄于 1992 年

的不公，怨天尤人，心胸狭窄，她很不能认同，也很为他们难过。我在这个时候，又笑着说："那，我们不诉苦，您还不满意？"她大概想不到我会抢白，愣了一会，忽然笑了。我知道，继母心里的疙瘩解开了，我们的心也走得更近了。

1999 年，在继母的努力下，我和二哥一起去台北过春节。短短半月，时间宝贵。继母帮我们安排的活动，目的是一个：帮助我们认识台北，认识台湾，认识我们那些从未谋面的长辈和亲友。而在这么多要做的事情里边，她把帮助我们认识台湾农村、台湾农业，放在十分重要的位置。因为她知道，我工作在农村，而爸爸如今也"落户"在了农村，她自己对西山的几个农村干部也深有情感。继母迫切地想把台湾发达的农业和新鲜的农村、农业发展经验，通过我们介绍给大陆的农村。我们一起参观茶园，访问农场，一切历历在目；而继母在接触农村的时候，表现出的真诚和热情，给我特别深刻的印象。

那一次我们就在淡水的"银发族生活新象"过年，由此说到老年人的生活，我告诉继母，我们常去老年大学唱歌、学书法（如果喜欢，还可以学绘画、学摄影、打乒乓、玩桌球）。于是，继母赞赏大陆的"老年大学"，因为她觉得，在那里，老年人也还可以学习，可以增长才干。她为全集的事操劳奔波，我都是看在眼里的。我对自己说：继母就是一个永远在学习中、工作中的人。

海峡还是那么宽阔，思念更是那么悠远。今年春节之前，小梅有幸去到外婆的身边，带回继母对我们的祝福，对我们的嘱咐：继母对我们说要"努力"！

　　会的，我们会努力的！努力学习，努力工作，努力健康，努力生活，努力做一个善良正直的人，努力做一个达观明理的人！

　　美琦妈妈，安息吧！

2012 年 3 月 30 日

壬辰年的四月初十

　　壬辰年的四月初十，是继母归葬的日子。继母于三月初五（公历 2012 年 3 月 26 日）辞世，四月初八在台北永远地告别了众亲友，告别了喧闹的人世。四月初九，继母在舅舅、姨妈、表弟兄们、老朋友们、新朋友们陪伴下，从台北飞回大陆，回到西山家里；初十，继母就安息在父亲身边了。"爸爸，妈妈，你们团聚了，你们将在山水之间朝夕相处，读书写作，畅谈人生。"想到这，似乎心中涌动些许暖意安抚我悲痛的心。

　　这一天我的心情，用百感交集来形容，也许还不够。虽然时间已经过去了两天，我还是理不出一个头绪来。我就想用"写"来把我的心情尽可能记录下来，当然，这就会选择一些最深刻的，而舍弃一些尚未清晰的。

冥冥之中

　　四月里有两个节气，"清明"和"谷雨"。提到清明，不用解释，谁都可以想到"清明时节雨纷纷"的诗句，而谷雨，则是明明白白宣告着"雨"。在这样的日子里，江南是湿漉漉的，天气就像孩儿脸，多变化，白天艳阳高照，说不定晚上就雨水连连了。三月底，我就关注着天气预报，就见四月初十将是雨天，之后又常见"阵雨""雨量中等"之类的，搞得我心里惶惶的。在"十天早知道"或"七天早知道"中，没有肯定的报告，一天说有雨，下一天又说没有雨，我的心情就随着天气变化，忐忑不忑，不得不祈求上苍。初九日，菊英告诉我，天气预报还是说有雨，阿芬则不断地说，我们请师母告诉老天，不要下雨。夜里，耳朵很紧张地听着屋外的声音，辨别着是风还是雨，久久不能入睡。

初十到了，没有雨！空气中也没有前一天的那种湿度。清爽的感觉代替了闷热！不禁想到父亲归葬的日子——1992 年 1月 9 日。1991 年的最后几天，苏州陷入冰雪之中。12 月 26 日夜里的一场大雪，把一切都装扮成银色，把水上的和乡村公路的交通中断，能不能顺利去西山，成为一个巨大的问号，成为沉重的石头，压在我的心上。过了阳历新年，雪虽然停了，却换来了雨，阴天，雨天，雨天，阴天，这样的轮换，叫我苦不堪言。继母陪同父亲回来那一天，送行的一路还是蒙蒙细雨，恰似我们心头的泪。1 月 9 日上午十一时，吉时到，安葬仪式开始，云层打开，放出蓝天，太阳射出光芒，人们心里涌出暖意。

在为父亲修墓的日子里，1991 年的清明时节，继母数次往来台北、苏州之间，办理征地手续、商量小屋的设计或者开工动土事宜。我们常常会遇到春雨，然而，往往是坐在车里的时候，见外边下着雨，办事的时候，雨就停了。那一天做墓穴，继母在一旁放着佛教音乐，工人在另一边挖土。当我们听到叮叮当当，铁锹与石头碰撞的声音时，工人师傅们一量尺寸，正好，不用去撬动底层的石块，土层的厚度正与墓穴的要求吻合。师傅们在挖出了土的墓穴中用砖砌了一个方盒子，是安放石椁用的。砌好了，完工了，小雨沙沙地来了。

再往前回顾，1978年的春天，三八劳动妇女节，妈妈走完了她艰难的人生道路，永远地放下了她的牵挂，在凌晨，在我们安睡的时候，安详地离开了我们。我和为国，顾不得两个孩子，在同事们"我来照顾孩子""你们放心地去"的呼声中陪伴妈妈离开西山，渡过太湖去苏州。岂料，中午时分，孩子们的奶奶到了西山，正赶上帮助我们整理家务、照顾孩子。那时候，既无电话可以联络，我们与奶奶近日也没有书信联络，从黄埭去西山还需要提早一天动身，奶奶来得如此及时，我们不由得感谢上苍庇佑。

冥冥之中，上苍保佑。我不得不这样想。上苍庇佑善良的人，庇佑好人。爸爸、妈妈和继母都是好人，上苍庇佑他们！

望月

夜里无法入眠，思绪如潮。因为听风听雨，忽然盼望有月，盼望星星、月亮来报告明日的晴朗。

曾经，我向继母介绍西山的一些景点：说石公山有历史，那里至今还有西施赏月的明月廊，又说石公山还有日月同辉的奇观。每当农历九月十三，黄昏时分，可以见到日月同辉。东边即将圆满的月亮升起，西边太阳正降到湖面之上。看那浩瀚太湖，一边金光闪烁，一边银辉荡漾；看辽阔天空，清丽的月色和绚烂的晚霞各领风骚，渲染出一派童话般神奇的图景。

继母问我是否亲眼所见，我答曰：总因工作忙碌，错过九月十三这个日子。未到这一天，常常念着，到了这一天，却又常常杂事缠身，把赏月的事忘在脑后。继母很是为我抱憾。算了一下，中秋前后正有事与出版社相商，继母还得来大陆，就此相约等中秋节，一起去石公山赏月。

中秋那一天，我俩入住石公山的旅馆。究竟是哪一年，我想并不重要，此刻也就不再费神去想，更不去翻检过去的日记。大致是二十年前吧。记得那天晚饭时，有新上市的板栗。西山的吃法，将栗子壳剪开一刀，上锅蒸熟，淋上少许酱油，当菜吃，当然也可以当作小吃。栗子酥酥的、香香的，甜中有咸，美味可口。继母说，从未尝过这样的栗子，高兴地吃了很多。等月亮升起来，我们在湖边散步，又找一块大石头，两个人面朝天空，伸展手脚，直接躺在石板之上。继母说了许多话，大概我也说得不少，但是竟不能在记忆中再现，只有那意境，那清冷的月光和凉爽的石板，却带着许多温暖充满我的记忆。

在我听风听雨等待月色报告天晴的时候，一首美妙的歌曲在脑海里响起来，不停盘旋。那是宋祖英首唱的一首歌——《望月》。"望着月亮的时候，常常想起你。望着你的时候，就想起月亮。世界上最美最美的是月亮，比月亮更美更美的是你。没有你的日子里，我常常望着月亮，那溶溶的月色就像你的脸庞。月亮抚慰抚慰我的心，我的泪水浸湿了月光。月亮在天上，我在地上，就像你在海角，我在天涯。月亮升得再高，也高不过天啊，你走得多么远，也走不出我的思念。"那清亮的声音，真挚的情感，委婉的倾诉，抒发的本是青年们的爱情。可是，在此时此刻，我深切感到爱情、友情、亲情的一脉相承，就感到这首歌特别能把我此刻的心情表现出来。妈妈，你走得再远，走不出我的思念。妈妈，世界上最美的是月亮，比月亮更美的是你！

爆竹声声

　　葬礼程序第一项：放爆竹。十一时，吉时已到，小军就在亭子前边石坡上放起爆竹来。他一个人承担这一项任务，手里拿着一支烟，点一个爆竹，"砰"一声响，等爆竹飞到空中，又"啪"一声响。然后点第二个，又是一先一后"砰""啪"两声响。一声声的，很沉稳，很清晰，很响亮。

　　我自小不会放爆竹，不过，自改革开放以后，生活中并不缺乏爆竹声。开业、结婚、庆典都是人们燃放爆竹的日子，走在路上，常常可以遇到正在欢庆的人家或商号放爆竹，也常常在不经意间被吓到。最热烈燃放爆竹的日子是春节，不只是爆竹，还有鞭炮和烟花，此起彼伏，响成一片。有一年除夕，夜里的炮已经放过，我们在街上走过，脚下踩着爆竹和鞭炮爆炸以后落下的纸屑，软软的，像走在地毯上。虽然爆竹声给节日增添了许多欢快的气氛，但是，留在我心里的却并非全是好印象。在那响成一片的爆竹声中，我们分不清哪是哪，真感觉有点嘈杂，噪音太大，最是过年那几天，还被吵得不能睡觉。

今天不同，那爆竹声声，"砰""啪"，一声又一声，清脆响亮，划破云层，直冲云霄。就像打开了门户，让清爽的风吹进我的心；就像一个声音在向山水、向树木、向人们庄严宣告。我听出来，这是继母在告别。"再见，再见！"这是继母在叮咛。"努力，努力！"在"砰""啪"声中，悲伤的人们来了勇气，有了精神，得到安慰，得到鼓舞，我会记住这声声爆竹。

流泪

长久以来，我已经不会流泪了。不，这样说也不确切，我是说，在别人因为悲伤而流泪的时候，我却不会流泪了。在丧事中，我不会流泪了。平时也有流泪的时候，那是笑得太狂，笑出了眼泪；那是在看那些并不是很优秀的电视剧的时候，不知何故，一句话、一个动作，触动了某根神经，有了感动，眼眶里就有了泪水。我失去了悲伤的眼泪，只剩下欢乐和感动的泪水。

妈妈去世的时候，我悲伤又害怕。大哥去世的时候，在人们把他从我身边推走的那一刻，我号啕大哭，哭得惊天动地，哭得泪湿衣襟。之后又有一个又一个亲人离去，公公、婆婆、小叔子、大哥、大嫂、大阿姨，还有舒秀姐，在他们离开我的时候，我为他们送别，想到他们曾经生活的艰难，想到他们曾经对我的好，想到他们未了的心愿，想到我早就想为他们做的事还没有来得及做……带着太多的痛、太多的遗憾、太多的感恩和歉疚，往往在翻检照片的时候，看着定格的某个幸福瞬间，就不能自制，就把自己沉浸在悲痛的泪水中。可是，扩印遗像只是所有事情中的第一项，把照片选定以后，还有太多的事要办：扩印照片、注销户口、通知亲友、联系丧葬……即使在此刻，我都不忍——罗列这些撕心裂肺的杂事，每做一项，都让我痛一次。然而，再痛，事还是得做，不然又能怎么办？在一个一个丧事里，我渐渐有点变化，那就是渐渐不会流泪了。记得，得到爸爸去世的消息，我也号啕痛哭，一边流着泪，一边用笔诉说我心里的话，但是等到寻找墓地和做一切有关葬礼的具体工作的时候，我就没有眼泪了。这才能保持清醒的头脑，把应做的工作做好。

这一次，我却一反常态，泪水几次流了出来。当小舅舅对姐姐和我说，要在第二天去为妈妈扫墓的时候，我一边说着"万万不能"，"谢谢舅舅的美意"，一边哽咽了，流泪了。当我感觉到自己被亲情、友情包裹的时候，我又流泪了。我想念着两个妈妈，再一次流泪了。我的两个妈妈，都做过教师，都能够做好的教师，但是都早早离开了学校和讲台，又都以一个教师的形象活跃在社会生活之中，在人们的记忆之中。她们的生命让人感动，她们的离去让人悲痛。

钱家和胡家，两个家庭的成员，在这样一个送别亲人的日子里，相互接纳，相互珍重，悲痛中有了温暖，离别中有了重逢……悲痛呢，还是感动，抑或两者兼有之？泪水就这样流出来。泪水流出来了，心头重负也相应减轻。

亲情浩荡，犹如春天的风。

孩子们已经长大

我一向知道自己有多么优秀的兄长和姐姐，也一向知道自己有优秀的孩子。可是"孩子"永远只是"孩子"，我似乎忽略了他们的成长，这一次不同，这一次最最深刻的印象是"孩子们已经长大"。

婉约、顾青、顾梅、周支军、钱泽红、徐樑，这就是我所说的孩子们，虽然有我们的家人，也有别人家的。

我真感谢他们的出色表现，他们在这个葬仪中不可或缺，不只是主动认真地做了许多具体的事，还给大家带来希望和温暖。孩子们难得相聚，都有说不完的话，谈着谈着，都有相见恨晚的意思。他们这样友好相处，叫我们多么高兴！难道还有比这更好的事吗？三个女孩，个个聪明能干，热情洋溢，公关大使似的，沟通两岸亲友的情谊，还拍摄了许多照片，给大家留下很多念想。小军买鲜花、买糖，跑了好多家商店，在葬礼上燃放爆竹，而这些出力的事，我已经不能胜任。小军的车发挥了大作用，送舅舅、姨妈，送我们四个老人，我在接受他们安排的时候，就感觉到了孩子们的成长。小青自小不善交际，这一次去向俞家渡的乡亲送糖，抢在前边，积极热情，真是难得，恐怕是生平第一次有这样的表现，至于不怕脏累，也就不必多说。

自己家的孩子这样，别人家的也这样。苏州中学徐樑老师一早到了山上，见我上山，就说："有什么事让我做。"他竟帮助我们把石椁的盖打开，又把石椁的盖盖上，他把自己当作这个家庭的一员，亲切而诚恳。妈妈，你感觉到了吧。

孩子们虽然各有专业，但是他们都认真努力地学习着外公（爷爷）和外婆（奶奶）。平日里，他们读外公（爷爷）的书，从中领会做人的道理；在这个难得相聚的日子里，与长辈们一起讨论着学问，一起商量怎样利用西山这座房子，来为弘扬传统文化发挥一些作用。而他们在具体琐事中的出色表现，正表明他们走在正道上，在外公（爷爷）、外婆（奶奶）的人格影响下健康成长。

孩子们的成长，是最令人安慰的；我想，也是继母最愿意看到的。继母曾经把关怀给予我们家的这些孩子，支持他们一个个走出国门，继续深造，给他们打开了一条发展之路，期待他们健康成长，长大成人。素书楼文教基金会与高中校长会一起举办的国学夏令营，继母一干十年，在病中还坚持着，难道不就是为了孩子们的成长吗！

妈妈，孩子们在成长，孩子们已经长大。您安息吧！

老李

　　我这样称呼他，有点别扭。照着乡里的习俗，都应该是省了姓而直呼其名的。多年前我当教师的时候就是这样：培德、爱兴、发元，叫得多亲切，一听就知道这是在叫民办教师或者出身本地农村的公办教师，而对公办教师或出身城市的，则一般称呼为"某老师"或"老张、老李"的。并没有什么尊卑之嫌，我们这里农村就是这样的。他是农民，是本地人，我称呼他为"老李"，这在别人听来，还真有点别扭。

　　继母在决定父亲坟地的同时，决定在俞家渡村上建一间小屋，那是1991年春天定的。她把一切事都委托给了建筑公司，只要求我常常去看看，关心一下。于是，我就抽空去西山，到俞家渡去，看看工地。工人们都忙着，建筑公司的一个技术员领我到处看看以后，也走开了。我这才注意到他，一个瘦瘦小小的老头，其实刚才他一直在我们身边。他告诉我，地基挖得很深，搁了楼板，建筑公司工作很负责；他指给我看，围墙边有一棵银杏树，恐怕会与围墙相互妨碍，今后或许会有小麻烦。我一一看过，征询意见似的说："把西边围墙的南北两个角都切掉，怎么样？这边与银杏不犯了，那边小路转弯更方便些。"他笑了，满脸的皱纹显得更深，他说："这当然好！你真是个好人哪。"我心想，两个角一切，切去的不过一两个平方土地，根本不值得他这样感激。我对这老头笑笑，问："你是谁？我怎么称呼你？""我给建筑公司看工地。我叫小苟，李小苟。"听着他自己"小苟小苟"地介绍，我想到的是"小狗、小狗"，我怎么也叫不出口，面对比我年长得多的他，脱口而出的是："哦，老李！"

以后，我又去西山。工地上的人还是那么忙，老李还是在我身边，介绍他认为应该向我介绍的一切。于是我知道，他每天睡在工地上，虽然他的家就在附近，恐怕拉开嗓子一喊，就能叫得应呢。他一边走，一边拾起地上的铁钉、木条，或者把凌乱的东西理顺，同时他又回答我的问题，也主动告诉我许多情况。于是，我大致了解了他和他的家人。

老李生于1928年，早年丧妻，当时儿子才三岁，他是既当爹又当妈，把儿子拉扯大。他帮建筑公司看守工地，同建筑公司一起出过太湖。他的儿子叫林根，媳妇叫菊英，两个孙女李霞和小静，大的刚进中学，小的还在小学里。他叫我到他家去歇歇，泡了茶叫我喝。他家的楼房还是新的，一间厨房就有三十多平方，楼下除了厨房、客厅，其余的屋子就堆柴草、放农具或者用于储存大米、黄豆之类，橘子上市的季节，这里将堆满装了橘子的筐。院子里一排三棵老银杏，枝繁叶茂，走上二楼东侧的一个晒台，只见银杏枝像荫棚一般遮盖其上，树叶间漏下的阳光已经失去了应有的热力，清风吹来，令人感到特别凉爽。老李提醒我说，房子盖好后，需要一个人为你们看，现在还在施工，有我看着，盖好了，就要你另请人了。

日子过得飞快，房子很快就要完工了。我反复思考之后，经继母同意，决定就请老李为我们看房子，只是我始终没有把握。哪里知道，一提，他就欣然同意了。从此，他放着自家的新房子不住，在这边楼下搭个铺，每晚睡到这边来。同时，在1992年父亲归葬之后，他也为我们代看坟地。

▲ 6–2　俞家渡 75 号

有了这么一层关系，我同老李的联系就多了。也是巧，原来林根还曾经是我丈夫的学生，村里也还有我的学生，顾老师、钱老师对他们来说并不陌生，倒是我们离开西山有十年了，早年的学生如今都已长大成人，显得不那么熟悉了。在他一次又一次的邀请之下，我偶尔去西山，就在他家吃午饭（有时住一晚，就连晚饭、早饭都在他家吃）。关于吃饭，印象最深的是"吃呐、吃呐"热情的呼声，西山人把"吃呐"讲成"缺酿"，特别显出其强调的语气。一定要你吃菜，多吃菜，饭碗上夹满了菜；吃饭，吃了一碗一定要添，不添了就说："小鸡还要比你多吃几口，你客气，太客气。"栗子上市的时候，蒸一碗栗子当菜吃，谁说吃饱了，不吃了，老李就会说："栗子谁不爱吃！不相信，不相信。客气，太客气了。"我们认识了一年又一年，老李一家人这么热情地待客，始终没有变。唯一有变化的是，他们父子俩从喝酒变为不喝酒了。起初，老李每餐总要喝上一小杯酒，父子俩各人一小杯，白酒，量虽不多，但不喝不行，厨房里一个橱柜底下，有一个放空酒瓶的筐子，每次去，我都可以看到许多空酒瓶。他们喝白酒，总要叫我们（有时候我哥哥、丈夫，或儿子、女婿中的一两个人会同我一起去他家）喝啤酒，再三推辞，再三劝，多次下来才相信我们都是些不能喝酒的人，他们父子才放心对饮。吱地嘬一口，稍稍吃一点菜，再嘬一口，举起筷子为我们夹菜，"缺酿，缺酿"，关心着他的客人吃得好不好，慢慢地嘬一口，慢慢地享受一份休息。见我们快吃完了，老李的酒也喝完了，盛一碗饭，浇一点菜汤，飞快地用筷子扒，很快也就吃完了。他几乎同我们同时放下饭碗，还没有等我们站起身，一杯茶就递到了我们面前。但是后来，老李气喘、咳嗽的毛病严重起来，他就把饭桌上的这杯酒戒了。

老李一家的热情远非一个"缺酿"可概括。我每次到西山，老李总要送我一些土产带回苏州。秋天橘子上市，装一袋橘子；春来做了新茶，也要给我留着一些明前；家里的黄豆、山芋也都要大袋大袋地给我装。这是让我最过意不去的事，我常推辞不掉，感到似乎理屈词穷，急得说出大白话："这都是可以换钱的！老李！"老李却笑着说："换钱？山芋吃不了，也是喂猪的。"菊英也说："你们城里人讲究个吃豆浆，拿点黄豆去正用得着。我们不做豆浆的，吃不了的黄豆就沤沤做肥料。"淳朴竟如此！典型的西山人哪。

继母来西山上坟，在西山住几天，只要出门，老李总会在我们身边出现。早上，继母说趁凉爽上山去。刚走出门，老李就在我们身边出现了，他总要陪我们去山上的，下午，读读书，看三点多钟了，继母说，我们上街去一趟，买一点菜回来。锁上门，走了几步，就看见老李，像是意外遇见一样，打个招呼，同我们一起上街。继母不来西山，我和我哥哥来，也是同样的情况，总是会看见他，他也总是会陪我们上山。一次女婿随我上山去，在

▲ 6-3 1992 年夏，新亚研究所校友会、新亚书院校友会晋谒钱穆先生墓园

坟地拔一棵野出的小树，山上的树根扎得深，要拔是很费力的，老李看我女婿终于把小树拔了出来，得意之间仍掩盖不住狼狈的样子，风趣地说："你这是鲁智深倒拔杨柳树呢。"每次见了面，他总要告诉我们，有什么人到坟上来过，来人有上海的、无锡的、苏州的，还有香港的、台湾的。有时，他请来人在我家的一本签名簿上留了姓名，有时没有能做到，他就很遗憾，好像自己有什么过失一样。1992 年夏天，香港新亚书院、新亚校友会和新亚研究所的朋友们来西山扫墓，几十个人。当时正是大伏天，事先我与老李通了电话，请他为客人准备一些茶水，老李就在他的家里和继母的家里都准备了西瓜（用井水"冰镇"过）、凉茶。两三张方桌拼在一起，切开的瓜和一杯杯凉茶铺满方桌，朋友们围着桌子，站的站，坐的坐，各取所需。老李还在一个装了井水的桶里绞手巾，给客人擦汗。新亚的朋友们有感于老人的淳朴敦厚，都说父亲若有灵，他定会十分喜欢西山的。

我父亲的坟地，是一块千年未经开发的石皮。虽然周遭都是茶树或果树，但这一块却是石皮。黄石风化后，一小块一小块的碎石布满山坡，石缝中是野草和荆棘，用西山人的话来说，这是一块"野猫不拉屎"的地方。继母很想把坟地整理出个样子来，无奈在西山逗留的时间太短，也没有劳动力，只能捡去几块碎石头表达自己的心意并聊以自慰而已。老李多次随我们上山，听我们谈话，明白了继母的心思。在最初的三五年里，他同林根、菊英全家，为这块石皮做了多少事啊！把泥土从太湖边上挑到山上，把石缝中的土搜集到一起，把石块捡起来垒礓头，把水从山下挑到山上浇小树……如今的坟地再不是一片荒凉，它与周遭的花果山浑然一体，生机勃勃，农民们上山劳作走过这里，停住脚，向四周望望，谁都说好，都会想，过去怎么没有发现呢？老李向我介绍说，坟头上的那棵万年青是不能让它活的，这是西山的风俗习惯。我只觉得好好一棵草，为什么要叫它死呢，于是我让老李把它移到继母家的院子里，靠北墙种在墙根下，他接受了这种变通。几年下来，万年青已经发出许多新叶，变成一大丛，我还把它分了几株带到苏州的家里。坟地上有许多野生的鸟不宿，我说这鸟不宿很好，我喜欢它油亮的带刺的绿叶，老李想不出它有什么好，他说这"戳粒头"有什么用，说是这么说，他还是挖了几棵，种到院子里，竟也成活了，如今一棵鸟不宿的主干已经有小臂粗了。

还有一件事，他也并不十分了解我的意思，但是很热情地迁就了我。他们家粉刷厨房，将厨房里的东西都进行了一番清理，原本挂在墙上的一支旱烟筒被丢在了院子里。这支旱烟筒很别致，通体用竹子制成，烟锅头上包了铜皮，一个装烟的小桶也是竹子的，桶和桶盖由一截竹子一切两半制作。我见了，很是喜爱，就问老李说："你这个旱烟筒不要了吗？"老李说："还有什么用！我现在连香烟都不抽了，还会抽旱烟吗，不用啰。"我直夸这个烟筒好，他显得很不理解，他觉得以后厨房里雪白的墙头，再没有这烟筒的一席之地了。我忍不住向他开口说我想要它，老李立即同意了，还到井边将旱烟筒洗了又洗，洗到竹筒发白，再放到太阳底下晒干。这支旱烟筒就这样归我所有了。

在我们住在西山的日子里，西山的夜总是很长的。六点多钟，村子里就几乎没有行人，吃罢晚饭，也不过七点钟。林根夫妇和两个孩子总要送我们回来，因为继母家没有电视，大家就在楼上海阔天空地聊一会儿，谈两个孙女的学习、茶叶白果的收成、西山的开放和发展等等。老李也参加这种谈天，有时也问问香港、台湾的情形，更多的时候，他只在一旁听，听到八点多钟，就说"早点歇吧"，自己也就下楼去睡了。

香港、台湾是什么样子，那里的老百姓怎样过日子，台湾的气候怎样，有什么物产，老李对这些感兴趣，他向我和继母打听。有时候对有的话题如轻轨、电脑之类，他虽然几乎谈不上一知半解，但还是很有兴趣地听大家说。对发生在身边的事，他就更加倾注了热忱。太湖大桥通车那天下午，镇里有个庆祝活动，我上午就去了，心想，可以利用上午的时间，让老李、菊英他们坐我的车去看看大桥。我失算了。上午九点多钟，我到俞家渡老李家，遇到的是"铁将军把门"，人都到哪里去了呢？后来才知道，他们都去看大桥了！菊英同村里的几个妇女是骑了自行车的，到了大桥不算，还到了胥口，到了木渎，这才觉得过瘾；等回到西山，又参加了下午的庆祝活动，在外边待了整整一天呢！老李靠的是自己的腿，一大早就从俞家渡出发，到镇夏、梅园、东河，一直走到大桥，走得热了，先敞开了怀，再脱了外衣，来回走了四五十里路。老李对我讲起的时候，还是激动不已，他说："这座桥真架得好！现在的人也真能干，太湖上也能架桥！"

最初，我总以为老李平时不做什么事，是很闲的，否则，怎么总能跟我们一起上山呢？其实我的这种猜想很有偏差。老李是闲不住的，常常上山去干活。茶叶季节，采茶叶当然是要参加的。之后，匀枇杷，采枇杷，采杨梅，什么事他不去做呢？他还修剪橘树，修剪茶树。总之，凡是山上地里的活，他都尽可能去做。尽管林根、菊英都觉得他应该歇歇了，但他总认为自己还行。有一年冬天，我们一起吃午饭，正说着笑着，老李放下碗出去了，不一会儿，他提了两个装满枇杷花的马甲袋回来，说是让我们带回苏州去的。原来我们说到枇杷花煎汤喝了有润肺的作用，说者无心，听者有意，他立刻上山去采了枇杷花来。又有一次，我们吃饭的时间没有看到老李，直到吃完饭了，他才回来。他说去修剪橘树了。菊英忍不住说："多谢你，你不要再去干活了，好不好？别人家看见了，会说我们不孝的。这么大年纪，可以歇歇了。"我附和着菊英说："老李，你真该歇歇了。"但我立即想起陆文夫先生写的一篇小说，就给他们讲了这么一个故事：一位老人原来是靠拉车给人家运煤为生的，赚了几个钱还可以给孙子买几颗糖，每每孙子放学回来，他就给孙子吃糖，祖孙俩亲密得很，老人的日子过得很滋润。后来，有人说，不该让这样的老人做这样重的体力活，要"保护老年人的合法权益"，要子女好好赡养老人。于是，老人的生活由子女包了下来，吃喝不愁，人们也不敢再叫老人去拉煤，老人从此整日无事可干，只是坐在躺椅上看太阳。冬天过去了，第二年春天，人们再没有看到老人，老人死了。老李和菊英听了，都笑了，我也笑了。我自己都不明白是要劝老李继续地干活呢，还是要劝他休息。今年春天，我带了几株一尺来长的红豆树苗、石榴树苗到西山去，种在继母家院子里，老李见了，抢着动手，挖坑、浇水全是他。显然，之后他也是经常去照顾这些小树苗的，不过半年时间，一棵红豆树已经有我的个子高了。

◀ 6-4 老李

　　老李闲不住，还有照片为证。我到西山去，有时候带着相机，碰巧就给老李他们也照几张。比如照一张林根同菊英、李霞一起拣茶叶的照片，照一张小静站在紫薇树旁的图片之类。起初，老李面对镜头很紧张，人站得笔挺，僵僵的，后来慢慢地适应了，自如了。一次，我们从山上下来，在山路上遇到老李，他修剪过果树正要回家，我们说"照张相"，他就往路边一棵梅树上攀，双脚分别站在两根树枝上，双手也分别握着两根树枝。梅花正盛开，看老李整个人在花丛中，真是喜上眉梢，老当益壮呀！今年春天，我又去西山，院子里一棵樱花正盛开，我让老李以樱花做背景拍一张相片。他转了一圈，走到一棵桃树边说："在这里照吧，桃花好看，还结桃子，明年我要把这棵桃树好好修剪一下。"他一手握着桃树的主干，一手叉着腰，脸正好在阳光中，桃树的影子落在围墙上，光影斑驳，照片不但很好地表现了老李不老的精神，还有点现代画的意境呢。

不幸的事发生了，采摘枇杷的时候，林根摔了一跤，竟就此告别了人生。老李晚年丧子，白发人送黑发人，其痛苦和悲伤没有什么语言可以描述。尽管两个孙女都已成人，也已经有了未婚孙女婿，但谁能代替林根呢。四十五年含辛茹苦，四十五年满怀希望，如今一旦痛失，老李所受的打击太大了！假如真有一个"天"，那这个"天"太无情了！我不知该如何安慰老李。我情不自禁地回念起与老李相识十年来的情景，内心充满希望，希望老李能挺过来，希望老李能战胜悲痛，仍然拥有站在花丛中的微笑，仍然拥有勤劳、俭朴、平淡的幸福生活。老李，我的朋友，我想你会的！

写于 2001 年 8 月 20 日

石皮山上一棵松

8月30日，临睡前读到梅子的微信，知道当天又有叫不出名字的青年人去西山。微信原文摘录一段：今天这个特殊的日子，西山家里迎来两位客人……他们从山上拜谒下来，寻访到此。于是多停留半小时，看书房、看花草、看蝉蜕，谈读过钱先生的书……

三天前，兄嫂和侄女携孩子们与我们夫妇相约也去了西山，一行七人，去家里上香，去墓前敬礼，纪念我们的父亲（祖父、太祖父），他已离开我们有二十四年了。在山上，墓前的香桌上并排整齐地放置着三束松针，扇形散开，松针下是半个巴掌大小的黄石片，像花瓶。这个造型有寓意，很艺术，又简朴，就地取材，很让我们产生遐想。是谁又来看望老人了呢？从哪里来，到哪里去？是青年还是老人？无论怎样，总是一个爱读书，爱中华传统文化、传统道德的朋友，给我们带来温暖、安慰和希望。只是在我心里，有点不安，真想与这位没有谋面的朋友谈一谈。

下山到阿康饭店吃饭，一见面，阿康就冲动地告诉我："前几天有十几个北京来的学生来我店里，我领他们去山上了。墓地的风景真好！"原来，北京来的学生从网上看到，乘坐 69 路公交车到西山乘场站下车，即到了阿康饭店，到那里可以有人领路去石皮山钱先生的墓地。其实，乘场站距离镇夏小镇有一站路，如果到石公小学站下车，到镇夏、到俞家渡村要近好多。阿康经营一家农家乐饭店，生意上的事够他忙，有几次，路人问上山的路，总是他的老婆丢下手头的工作给人领路，走一圈半小时、三刻钟是必须的。西山人是这样热情好客，常常把我感动。这一次他的老婆不在家，阿康第一次上石皮山，他高兴地对我说："村上人都知道，问谁都会给指路的。"

　　十几个从北京来的学生同用松针表示敬意的朋友有没有联系呢？是同一拨人吗？这又来了一对情侣，八月三十日，人们都还记得这个日子，记得这个老人！

　　在我们上山去的时候，常常可以在墓前看到一束花、一枝小草、一只香炉或者几个橘子之类，它们告诉我们，有朋友自远方来过，我们也常常被深深感动。只是看到松枝的时候，我的心里总有点纠结，想对朋友们讲述这棵松树的故事。

　　新亚书院院长黄乃正先生和刚卸任不久的梁秉中先生来到石皮山，由他们两人合力亲手种植了一棵小松树，以示纪念。

　　小松树一米多高，松针青翠，姿态可人。

　　西山多山，号称有七十二峰，但多数是花果山。村庄近处，山坡和缓，土层厚而肥沃，多见银杏、栗子、橘子、枣和茶树。松柏很难一见，除非到远离村庄的山谷里，满山坡去找。原来在石皮山上也有一棵松树，父亲的墓正好在松树侧前方，可惜，那棵树不知何故枯萎了，也许还是因为土层太薄吧。这一次，菊英她们帮我去山里找，找到的这一棵连同根部的泥团，需两个人抬上山来，颇费心力的。

石皮山千百年都因为只有石头没有泥土而不能全面开发，虽然远看青翠，近看却有东一块西一块的石板，不生一草一木，像癞痢头上的秃疤。这块墓地，就是这样一块荒山坡。墓地上的土，是石缝里抠出来的、石堆里扫拢来的，或者干脆是从太湖边上挑上来的。经过多年劳作和经营，现在小树都已经成活、成长，装扮山坡与周围风景融合一体。种下这一棵小松树以后，菊英对其格外爱护，给它撑上拐棍，希望可以帮助它固定，便于它生根成活。不料事与愿违，在第三年的一场飓风之后，小松树夭折了。反复究其原因，觉得有棍子固定，大风吹来时小树却受力更强，若不加棍子，小松树本身可以随风摇曳，受力反而要小得多，也许更有利于它自己奋斗、自己成长。我们希望新亚两位院长的心意能够达成，为此，之后就又补种了一棵。这一棵小松树还种在原来的位置，菊英设法加了土。又到了第二年还是第三年，又有更大的风过境，墓地上的树也有被吹倒、吹断的，这棵小松树却经过了考验。再一年，看见新枝健壮，看见挂上了松塔，看见小松树伸出了头，好像十五六岁的小青年，长个子了，漂亮了，正欣喜呢，去年却不知什么原因，小松树的头被折断了。人为的，还是风吹的？不知其原因，让我难过了好多天。

2009 年，新亚六十周年校庆，唐端正等校友组团从世界各地回香港，又特地来西山扫墓。校友们都已经七八十岁的高龄，而行程则真正"不远万里"，他们也到山上种了两棵小松树。但是，小松树也夭折了，可能是小苗太小了吧。石皮山上种活松树确实不易呀！不过，我已经与菊英商定，等天气再凉一点，我们还是要去补种上这两棵小松树。

◀ 6-5 父亲的墓地

写于八天长假之后

其实，我是过了一个九天的长假。中秋前一日，我们就开始了节日活动。哥嫂和侄女，我们夫妇和女儿，一行六人一起去西山，陪父母过中秋。在家里，有佛教音乐，有香烟袅袅，有月饼、鲜菱、糖藕、银杏之类应时瓜果点心；到了山上，在亭子里"说故事"总是少不了的一个节目。回忆着我们的父亲和母亲、继母。那种依偎在父母身边的踏实、温馨和幸福成为这一天的主旋律。

假日快结束了，我给菊英打个电话，问她的健康。她最近血糖过高，需要好好控制饮食并积极治疗才好。菊英在电话里，没有多说她的健康，却急切地对我说："又有人到山上来了。"

6日，菊英陪同一个男青年上山，去父亲的墓地。菊英说，这个男青年是南通人，二十四岁，带着几个水果、两本书，放在供桌上，然后，他在墓前长跪不起。

菊英又说，他们上山的时候，供桌上有苹果、月饼和酒，端正地放着，问是不是我们中秋前一日放在那里的，我说不是的。

显然是在长假之中有朋友去过了。

　　与菊英通过电话，我的内心充满感动，也有涌动的感激之情油然而生。认识的和不认识的朋友总是这样来看望父亲，二十年来已有多少？公路边的农家饭店也常有外地人来问询去石皮山的路径，饭店老板娘也不止一次为陌生朋友领路上山。

　　1992年夏天，新亚校友会组团来西山之后，就留下一本签名簿。当时老李还在，每每有外来的朋友上山，他总能遇见，领他们上山并请来人留下姓名。后来老李走了，菊英要做农活，有人来时就不一定能够遇见了，签名簿也就少有作用。然而，我们却常常能看见墓前留有一束鲜花（有时候是几朵野花）、一个香炉或者几个水果，由此知道"有人来过"。有的时候，来人请菊英带路，菊英还留他们喝口水；也有时候，菊英或村上人会遇见在山上找不到路径的来人。总之，无论是村上人还是我们都知道，常常会有人来看看父亲，常常有人前来把自己读书的心得向父亲报告。中秋前一日，我们上山的时候，在山道上遇见一位农人，他就跟我们打招呼问："到钱先生坟上去吗？"

　　到钱先生坟上去的，有长者，也有少年，有本地的，也有来自祖国各地的，港澳台的，或更有越洋而来者。新亚校友会第二次来的，大多是早期的新亚学生，年龄都在八十岁左右了，他们来自世界各地。高龄者还有印永清教授，他来的那一天，正值酷暑，老先生上了山却找不到路，转了一个多小时，无功而返的时候，在村上坐在一户农民家门口喘气，菊英见了，请他进家里歇息。吴新成局长已连续多年清明来扫墓，专从厦门来，向先生报告自己学习《论语》的心得。陈勇老师、刘德隆老师带着各自的学生来了，在这里上课学习。无锡日报社的、吉林电视台的记者来了，他们看了，听了，思考了，感动了，以后写了书，做了专题片……网上常有帖子，都是由不认识的青年（也可能并非青年）所写，他们介绍到西山俞家渡石皮山的交通、先生墓地的情况以及自己的心情。这样的帖子还不止一两个，常常让我看着他们的网名遐想：这一位不知是谁，不知是在什么时候，站在我父亲墓前；我不认识他，但我们的心似乎相通。

我的心感到温暖，被一种庄严的温情笼罩。

感谢朋友们，感谢生活！

还是要准备一个本子，请来人留下姓名和联系方式，我在感动中这样想着。

2012 年 10 月 9 日

开放的墓园

　　端午临近，满山枇杷黄了。今年，枇杷大年，农民们又学会了网上销售，整个枇杷收获的季节，既省了力气，又多卖了价钱。秉常村里，到处洋溢欢乐。菊英来电话叫我们去拿枇杷吃。

　　家里园子不大，花果不少。迎春、玉兰、红枫、菊花和南天竹，还有铺地的吊竹梅，按季节转换，轮流向我们打招呼，陪伴我们在小院读书。夏天的枇杷、秋天的银杏和橘子又饱我们口福。一切全赖菊英照料，单说枇杷，匀果之外，每一只果子都用纸包了起来，避免小鸟儿来尝鲜，此刻又一只只采摘。一棵树竟收获了将近 50 斤，整整五大篮！

　　菊英忙着，我们就去山上。山上有农民采摘枇杷，树林里传出欢声笑语。沿路走着，不时打着招呼。临下山的一刻，一群人上来，一主数客，只听做主人的操着西山口音介绍说："这里是钱穆先生的墓地。"我走上前点头打招呼，对方边说边走，笑着，好像遇见的是自己家人，介绍的是他的骄傲，早已习以为常的。早上刚到小镇上，上街拐弯处小店里走出女主人来，叫我，并介绍说她是我的学生、青儿的同班同学。她说，到她这里问路的人很多的。"钱先生的墓地在哪里？该怎么走？"像她这样遇见问路人的人，至少有三个，最早告诉我的是阿康，他的阿康饭店在公路边，后来有一位农家乐的老板娘，现在又有这个转角上小店里的女主人。俞家渡村上被问询的就更多了。有多少八方来客到石皮山这个开放的墓园静坐一刻，默默追忆先生的故事，回想一下他们读过的先生的书？这个问题，很难有答案，却又是常常叫我苦苦思索。我常常怀念着这些熟悉的或陌生的朋友，怀念着当地亲如家人的农民兄弟姐妹，怀念着亲人和父母。

1990 年秋天，第一次来到这里。不久，这块地就到了我们心上。征地手续办妥了，就有好心的朋友建议继母将我们所征用的山地围起来，建一个高一米二到一米五的围墙。这个建议被继母否决了，继母的态度很坚决，她心里想的就是建一个开放的墓园，不把自己关起来，不把朋友挡在外。父亲生长在农村，从农村走出来，他坚信中国传统道德的生命力，丁龙的故事使我们了解父亲的情思。墓园是开放的，农民都进得来，建个小亭子，大家都可以在此歇一歇，看一看。久而久之，这个墓园也成了当地百姓的骄傲。

这个开放的墓园坐落在石皮山的半山坡，起初，站在这里向前看，只见近处绿树葱郁，山下树林里掩映着农舍，有袅袅炊烟、阵阵人语或鸡犬之声，给人平和安逸的感觉。远处是太湖平静的水面，几处小岛点缀，间或有船驶过，安逸之中不乏活泼。在这里体会什么叫作水天一色，什么叫作如画风景，怎不叫人喜欢！后来再去西山，就能够在湖中认出这个墓地，因为墓地附近有几块石皮，墓地上新建的亭子也夺人眼球。渡轮还在湖心时，我在甲板上远眺，只见湖水那头，西山岛呈一带状，经其上下和左右的中心划线，十字相交处，就是这块墓地。它与山水一体，与整个画面和合不可分割，浑然天成！这样想着，内心十分温暖，想到苏州园林建设中"借景"的理论，毕竟还只是园林，只是借景，不算大手笔，而这个不设围墙的开放墓园，与真山真水一体，是天人合一！日子久了，农民在亭子里歇了几次，站在这里看了几次，都爱上了这块石皮。一个千年荒坡竟有如此美丽风景，百思不解的农民中有人议论说，我们是坐了直升机找到了这么个好地方。其实不然，一切都自然而然，一切都顺理成章，当初站了两三分钟就爱上了，所谓一见钟情。只有继母不筑围墙的决定，是重要的决定，是旁人不一定能做的。

　　开放的墓园，还是有其边界，与自然一致的边界。东边和南边，原来就是农民上山干活要走的路，就以路为界，对大家没有一点影响。西边原来就有一些杂树，把一大片石坡地隔成两半，如今也沿袭旧制，一半我们征用了，一半还是村里的，而这些杂树就成为边界，如今二十多年过去了，界碑没在杂树丛中。另有一些碎石块，堆成一线，不是墙，不是槛，也就成了西边的界。北边是最高处，当年老李费了许多心力，将石缝中的土搜集起来，如同大寨人造了一块地，种几墩茶树和枇杷，这块地的上沿，就成了与北邻相接的界。这个墓园符合俗话所说"前照后靠"的好条件，不久就有当地人来做邻居了。有外地朋友来见了，说钱先生有邻居，读书之余不寂寞。

　　开放的墓园，迎来无数朋友。新亚书院六十周年校庆时，老学生们从世界各地来到这里，十分遗憾的是，种植的纪念树没能成活。新亚黄乃正院长、梁秉中院长手植的松树夭折后，经过补种，目前长势良好，值得欣慰。新亚书院深圳分校徐扬生校长在山上补种的龙柏，也成活了。石皮山这里来过好几个摄制组，台北的、吉林卫视的、央视的，带着温情与敬意，他们在山上拍摄采访，工作到夕阳落到山背后。这里还有各地来的学人，鞠躬致敬。厦门吴新成，一到清明，专程赶来扫墓，一连好几年；台北阿芬，也是专为扫墓而来。德棻全家二十多人一起在为父母扫墓以后来到西山；还有，还有……有人正巧遇见菊英，菊英就为他领路；有人不巧，没有遇到可以为他领路的人，在山上转了两三小时，遗憾而返。有带了香的，焚香礼拜；有带来鲜花的，敬献在墓前。还有贡品，水果之类，常常在墓前能留存十天半月或者更加长久。每每看到或者听到这些，我就深切感受到朋友在身边，朋友在天涯。这友情，地久天长！

怀着温暖、感恩，怀着遗憾、歉疚，我要大声道谢，谢谢各方朋友！谢谢俞家渡和秉常村的老乡！感谢过去和现在始终关心着这块墓园的地方领导！

我还要对耦园后人们说，同这块开放的墓园一样，让我们放开自己的心胸，与天地一体，过好日子！我们一起常来石皮山走走，常来开放的墓园看看，你将看到这里有融融亲情扑面而来。

2017 年 5 月

后记

从耦园到西山

　　去年清明《钱穆家庭档案》新书发布会后，侄女婉约对我说，可以为我出版一本新书，我感到意外。我的文字是写给自己看的，顶多是发给儿子、女儿看看，发给哥哥、姐姐看看，给要好的老同学看看。写了不少，大部分属于自说自话，自己说给自己听。现在说要出书，就翻箱倒柜，寻出这些文字来，凑成一本书。为读者写的只有几篇，比如《落叶归根》，是无锡市政协文史办约稿的，正因为这是临时凑起来的，所以显得没有计划性，没有好的结构，重复、啰唆，等等，缺点不少。不过现在看来，在平时的写写想想中，我对许多事增加了认识，也增加了情感，特别是对我的父亲、母亲……退休后我写的回忆文章有自己当教师的经历、当人大代表的经历、游记、小外孙成长记录，等等，我从中找出与父亲、母亲相关的文字，集成一册。

　　这些文字中涉及不少人物、事件、地点，这本书重要的人物是父亲、母亲、继母，重点的地方是苏州耦园与太湖西山。

耦园留在父亲心中，父亲对耦园的印象很好。他在《八十忆双亲·师友杂忆》中写道：

> 余撰《先秦诸子系年》毕，即有意续为"战国地理考"，及是乃决意扩大范围通考《史记》地名。获迁居一废园中，名耦园。不出租金，代治荒芜即可。园地绝大，三面环水，大门外惟一路通市区，人迹往来绝少。园中楼屋甚伟，一屋题"补读旧书楼"。楼窗面对池林之胜，幽静怡神……

母亲在耦园，养大了我们五个小孩，经历了多少艰苦。我在耦园，有了一个金色的童年和少年。直到现在，做梦回家，都是回耦园。

母亲经过长时期的一个人的生活，终于在西山有五六年比较安定的生活：身边有女儿、女婿、外孙、外孙女，还与"赤脚医生"、幼儿教师做朋友，和淳朴的西山农民做朋友。她最后一个遗憾，或者说担心，是和我说："你拿我怎么办？"当时西山交通极为不便，她不会想到，我们专门请了一只机帆船，送她到苏州，她更想不到，现在太湖大桥通畅，西山有如此巨大的变化……

选地、设计、建造、管理，西山石皮山上"开放的墓园"和俞家渡75号的建设，无不倾注了继母一片心血。她也将永远在这里陪侍先生读书、写作，做他的助手。

父亲在西山有了一个适宜于读书的地方：青山可以代素书，

溪声可以当韶乐，背靠碧绿的树，面对明亮的湖。在这样一个水天一色的天然图画中，三十年过去了，这里迎候了四方朋友，大家读书，讨论，唱起《新亚校歌》，你都听到了吧？

对于我的小家庭来说，西山给了我的子女一个幸福的童年，接近农民、接近大自然的一个童年，儿子、女儿在西山长大。孩子爸爸在西山工作二十多年，我在西山的八年，也是一个钻研教学、打基础的阶段。自己学习了一番，提高了语文修养，老百姓也因此信任我，最后我在西山当选了人大代表。从西山出去，我又步入一个阶段，比较成熟了。

耦园是一个园林，假山假水，人文积累比较深厚；西山是真山真水，太湖风光优美。对于父亲来说，他一世的读书环境是这样的，在这种环境里，他能够忘记个人的困难、艰苦、孤独、痛苦、身上的疾病，读书写作，全身心投入。我常常想，我能做到吗？

从耦园到西山的逐渐成熟变化里，我也从懵懂的儿童、少年时代，开始了解农村，了解农民，了解社会。对我来说，耦园和西山这两个地方一直是非常重要的，在此，我也不断地有新的念头可以想想，因此我这些拉杂拼凑的文字，有可能也能得到你的一些共鸣。

2022 年 6 月 9 日

《**钱穆先生全集**》（新校本）

钱穆先生作品全集，九州出版社新校本，繁体竖排，
平装本共五十六种七十四册，分三辑装箱。

《钱穆作品集》（典藏本）

钱穆先生代表作品精选，繁体竖排，豪华布面精装，收藏级版本，分两辑推出，共十六册。

钱穆家庭档案丛书

1. 《楼廊闲话》，钱胡美琦 著
2. 《钱穆家庭档案：书信、回忆与影像》，钱行、钱辉 编
3. 《温情与敬意：走进父亲钱穆》，钱行 著
4. 《两代弦歌三春晖》，钱辉 著